性犯罪の行動科学

発生と再発の抑止に向けた学際的アプローチ

田口真二・平 伸二・池田 稔・桐生正幸 編著

北大路書房

まえがき

　いたいけな幼い子どもたちが性犯罪の被害に遭う。被害を受けた子どもや親の心情はいかばかりか。被害者だけではなく，加害者の家族も。そして，加害者はどうか。彼はなぜそうしたのか。彼もまた性犯罪者というモンスターなのか？　しかし，最新の科学的エビデンスは，性犯罪者に単一のプロフィールはなく，さらにモンスターどころか，むしろ私たちと同質であることを示唆している。

　日本における性犯罪に関する研究や著作は，これまで，精神医学または犯罪者の更生を主眼とした矯正心理学の領域の研究者によるものが主であった。そして，二つの領域の研究や著作は，犯罪者を対象とした事例的エビデンスに基づいたものが多かった。事例的エビデンスは，犯罪者を理解したり，特定の治療法を検討するうえで重要である。しかし，性犯罪という現象を客観的に，かつ正しく理解するためには，研究対象が犯罪者に限定されない，実証データを使った科学的エビデンスに基づく研究が必要である。また，事例的エビデンスで解釈された事柄は，科学的エビデンスによって裏づけられてこそ確かなものとなる。

　近年になり，実証データに基づく研究が進展してきてはいるものの，日本の性犯罪研究は，いわば片寄った形で発展してきたため，欧米の性犯罪研究に比べ大幅に遅れているといわざるを得ない。

　本書は，タイトルの『性犯罪の行動科学――発生と再発の抑止に向けた学際的アプローチ』という言葉が示すように，性犯罪の抑止にかかわる問題について，複数の学問分野の研究者が，科学的エビデンスに基づいて書き下ろした性犯罪の専門書である。本書を執筆した16名の専門分野は，犯罪心理学，進化心理学，社会心理学，被害者学，捜査心理学，矯正心理学，臨床心理学，統計学，そして医学におよぶ。

　第一の読者層は，性犯罪の研究者と，防犯，捜査，被害者支援，加害者の更生，そして性教育や医療にかかわる機関や団体に従事する人たちを想定している。研究者や実務家の人たちに，まず，性犯罪という現象を正しく理解してい

まえがき

ただきたい。そのうえで，性犯罪というテーマでの研究を行ってほしい。本書の中で，性犯罪の抑止に有益と考えられるいくつかのエビデンスが示されているが，もちろん，これで十分というわけではない。むしろ，日本の性犯罪研究は緒についたばかりである。本書の至るところに，今後研究が必要な課題が示されているように，やるべきことが山積している。性犯罪研究には多くの困難を伴うが，多くの研究者に性犯罪の発生と再犯の抑止という明確な目標に向けて，研究に取り組んでいただきたい。

専門書なので，一般の人には難解な部分もあると思う。しかし，専門家以外の一般の人たちにも本書を読んでいただきたい。それは，一般の人たち，とくに男性の間に性犯罪に対する・・・たちの悪い誤解が広くまん延しており，その誤解を払拭することが，性犯罪の抑止につながることをわれわれが確信しているからである。レイプ神話に代表される性にかかわるいくつもの誤った信念や態度は是正されるべきである。そのような誤解を持つ人は，実は専門家の中にもいる。本書の中で示されるいくつかの科学的エビデンスは，読者の皆さまの（もし持っているとしたら）・・・たちの悪い誤解を是正する手助けになるであろう。誤解したままでは，性犯罪という現象の正しい理解もおぼつかない。正しい理解は，地域の防犯活動や家庭教育に有益であるばかりか，裁判員裁判制度によって司法に参加する機会を得た人たちにも貴重な情報を提供できるであろう。

本書は，最初の企画からすでに4年が経過した。途中，いろいろと紆余曲折があり，挫折するたびに，暖かい励ましの言葉を投げかけ，そして忍耐強く待っていただいた北大路書房の奥野浩之氏に対し，ここに記して感謝の意を表したい。

最後に，日本における性犯罪研究が今後ますます発展することを願うとともに，本書が学術書として，性犯罪に挑む研究者へのエールとなり，そして道標としての役割を果たすことができるとしたら望外の喜びである。

2010年7月

執筆者を代表して　田口真二

CONTENTS

序章 性犯罪とは

1 はじめに ……………………………………………………………… 1
2 定　義 ……………………………………………………………… 1
3 本書の内容 ………………………………………………………… 2
4 研究の緒につく …………………………………………………… 4

第1章 性犯罪研究の現状と問題点

1 はじめに ……………………………………………………………… 9
2 性犯罪に関する研究の推移 …………………………………… 10
3 性犯罪研究 ………………………………………………………… 12
4 司法機関の研究者による研究 ………………………………… 12
5 暗　数 ……………………………………………………………… 13
6 大学の研究者による研究：一般人を対象とした研究 ……… 15
7 性犯罪研究の実施上の問題点 ………………………………… 15

第2章 性犯罪にかかわる要因

第1節　生物学的要因 …………………………………………………… 21
1 究極要因（進化心理学・進化生物学的アプローチ）……………… 22
 (1) 進化的アプローチの特徴　22
 (2) レイプは進化的適応か？　23
 (3) 性的攻撃の合流モデル──社会科学的知見の進化心理学的統合　26
2 至近要因（行動神経内分泌学的アプローチ）……………………… 31
 (1) 男女の性差からみる性犯罪のリスク要因　31

iii

CONTENTS

  (2)　性的欲求と性機能　32
  (3)　短期的配偶戦略への指向性（乱婚性）　33
  (4)　攻撃性　36
  (5)　まとめ　41

第2節　個人要因 ……………………………………………… 41
 1　はじめに ……………………………………………… 41
 2　性的欲求 ……………………………………………… 42
 3　パーソナリティ特性 ………………………………… 43
 4　認知の歪み・レイプ神話 …………………………… 44
 5　多因子によるモデル ………………………………… 46
 6　個人要因と性暴力加害の因果モデル ……………… 48
  (1)　目的と方法　48
  (2)　性暴力加害の発生頻度　50
  (3)　性暴力加害の因果モデルの作成　51
  (4)　性犯罪の抑止要因　53
  (5)　等質性・連続性の検討　54

第3節　状況要因・環境要因 …………………………………… 58
 1　はじめに ……………………………………………… 58
 2　性犯罪が発生しやすい場所と時間 ………………… 59
 3　集団強姦（輪姦）が発生する状況要因 …………… 62
 4　ポルノグラフィーの影響 …………………………… 64
 5　飲酒の影響 …………………………………………… 68
 6　セクシュアルハラスメントにかかわる組織風土 … 71

第3章　性犯罪の被害者

第1節　被害の現状とその特徴 ………………………………… 85
 1　司法統計からみた性犯罪被害の実態 ……………… 86

2　性犯罪被害調査 …………………………………………………… 87
　　3　心理的ダメージ …………………………………………………… 91
　　4　被害調査の意義 …………………………………………………… 92
　　5　通報をためらわせる要因 ………………………………………… 93
　　6　抵抗と被害の関係 ………………………………………………… 94
　　7　子どもが受ける性的虐待 ………………………………………… 96
　　8　性的虐待を受けている子どもの識別 …………………………… 98
　　9　セクシュアルハラスメントによる被害 ………………………… 100
　　10　虚偽通報 ………………………………………………………… 100
　第2節　被害に遭ったら ………………………………………………… 102
　　1　刑事手続の概要 …………………………………………………… 102
　　　(1)　犯人が成人の場合　102
　　　(2)　犯人が14歳以上20歳未満の少年である場合　104
　　　(3)　犯人が14歳未満の少年である場合　105
　　2　警察の取り組み …………………………………………………… 105
　　　(1)　被害者支援の経緯　105
　　　(2)　具体的な施策　107
　　3　検察庁の取り組み ………………………………………………… 111
　　　(1)　検察庁被害者支援員制度　111
　　　(2)　被害者等通知制度　112
　　　(3)　検察審査会への審査申立て　112
　　4　裁判所（公判段階）の支援制度 ………………………………… 112
　　5　民間被害者支援団体の取り組み ………………………………… 113
　　　(1)　全国被害者支援ネットワークおよび加盟団体　113
　　　(2)　犯罪被害者等早期援助団体　115
　　　(3)　財団法人犯罪被害救援基金　116
　第3節　被害者の治療 …………………………………………………… 116
　　1　はじめに …………………………………………………………… 116

2　PTSDをどのように理解するか ……………………………… 117
　3　認知行動療法によるPTSDの治療技法 ……………………… 120
　4　事例：レイプによるPTSDに対するPE治療 ………………… 124

第4章　性犯罪の加害者

第1節　加害者の特徴 ……………………………………………… 137
　1　性犯罪の発生状況 ……………………………………………… 137
　2　犯罪者の分類 …………………………………………………… 142
　　(1)　被害対象による分類　142
　　(2)　犯行形態による分類　144
　　(3)　加害者の特徴による分類　145
　3　性犯罪者の特徴 ………………………………………………… 149
　　(1)　愛着の障害　149
　　(2)　虐待経験　150
　4　性犯罪者の常習性 ……………………………………………… 151
第2節　加害者の再犯抑止：アセスメントと介入の枠組み …… 152
　1　はじめに ………………………………………………………… 152
　2　性加害者のアセスメント ……………………………………… 153
　　(1)　アセスメントの目的　153
　　(2)　リスクの種類　154
　　(3)　代表的なリスク・アセスメント・ツール　156
　3　性加害者に対する介入 ………………………………………… 158
　　(1)　介入の目的　158
　　(2)　介入の種類　159
　4　日本における性犯罪者処遇 …………………………………… 164
　　(1)　処遇プログラム策定の経緯　164
　　(2)　プログラムの基本理念　165

（3）アセスメント　166
　　（4）処遇プログラム　166
　5　まとめ ……………………………………………………………………… 167
第3節　加害者への認知行動療法………………………………………………… 169
　1　性犯罪者処遇プログラムと認知行動療法…………………………………… 169
　2　心理療法における認知行動療法の位置づけ ……………………………… 170
　3　認知行動療法の特徴と犯罪処遇への応用…………………………………… 171
　　（1）問題の理解の方法　171
　　（2）協同的経験主義の考え方　172
　　（3）三項随伴性の考え方　173
　4　認知行動療法で用いられる諸技法 ………………………………………… 175
　　（1）セルフ・モニタリング　175
　　（2）認知的再体制化（認知再構成）　176
　　（3）社会的スキル訓練（ソーシャルスキル・トレーニング：SST）　177
　5　性犯罪者処遇プログラムの実践に向けて…………………………………… 179
　　（1）処遇対象者の特徴と関係性の問題　179
　　（2）認知的再体制化の問題　180
　6　今後の課題 …………………………………………………………………… 181
第4節　医学的治療 ……………………………………………………………… 182
　1　はじめに ……………………………………………………………………… 182
　2　薬剤と機序 …………………………………………………………………… 185
　　（1）抗アンドロゲン療法　185
　　（2）選択的セロトニン再取り込み阻害剤（selective serotonin reuptake inhibitor：SSRI）　187
　3　性犯罪者に対する薬物療法の成績 ………………………………………… 187
　　（1）抗アンドロゲン剤　187
　　（2）LH-RHアゴニスト　188
　　（3）選択的セロトニン再取り込み阻害剤（SSRI）　189
　　（4）治療アルゴリズム　190

CONTENTS

  4 アメリカ合衆国における性犯罪者に対する去勢の実際 ……… 191
  5 最後に ……………………………………………………………… 193

第❺章 性犯罪の発生と再発の抑止に向けて

第1節 研究成果の応用（地域防犯，教育場面への応用）……… 203
 1 防犯への応用 ……………………………………………………… 203
  (1) 地域防犯の現在 203
  (2) 環境設計から加害者行動への対策シフト 205
  (3) 子どもが被害に遭う性犯罪の実状 206
 2 教育場面への応用 ………………………………………………… 207
  (1) 生物学的性教育からのシフト 207
  (2) 防犯教育①：犯罪不安の観点から 209
  (3) 防犯教育②：具体的な内容 211
  (4) 男性中心のセクシュアリティの是正 212
  (5) 女性の性的客体物化（性的モノ化）を防ぐ 213
第2節 座談会：「まとめと展望」に代えて ……………………… 214
 1 研究のスタート …………………………………………………… 214
 2 性犯罪の定義 ……………………………………………………… 218
 3 生物学的要因 ……………………………………………………… 219
 4 状況要因と環境要因 ……………………………………………… 221
 5 ポルノグラフィーとセクシュアルハラスメントに関する問題 … 223
 6 被害者支援 ………………………………………………………… 225
 7 加害者の処遇 ……………………………………………………… 228
 8 多様なアプローチ ………………………………………………… 229
 9 今後の進展 ………………………………………………………… 232

文 献 239

事項索引　259
人名索引　264

Topics　1　キンゼイ研究所　6
　　　　2　性に関連した団体　19
　　　　3　ナンパされやすい人　73
　　　　4　2つの性の発達段階説　75
　　　　5　性的欲求を測る　77
　　　　6　のぞきと性的盗撮の心理　79
　　　　7　色情盗　81
　　　　8　露出症　83
　　　　9　男性の被害　127
　　　　10　痴漢と女性の服装　129
　　　　11　二次受傷　131
　　　　12　婦人科の診察室から　133
　　　　13　電話相談における性の悩みと子どもの犯罪被害　135
　　　　14　性的殺人　194
　　　　15　犯罪者プロファイリング　196
　　　　16　児童ポルノ　198
　　　　17　発達障がいと性犯罪　199
　　　　18　フェティシズム　201
　　　　19　愛と性：ストーカー犯罪　235
　　　　20　売春，女子性非行　237

序章

性犯罪とは

1 はじめに

　本書のタイトルである「性犯罪」という用語は，人によってさまざまな感じ方でとらえられるだろう。多くの場合，自分の日常からは遠く離れた世界の出来事ととらえられているのではなかろうか。あるいは，「性」という語に惑わされ，誤解に満ちた感じ方をする人がいるかもしれない。一方で，性犯罪に何らかのかかわりを持った人であるなら，怒り，恐怖，絶望，後悔，羞恥心といったいろいろな感情をともなう経験を想起するであろう。残念ながら，実際に起きている性犯罪と一般の人々が感じる性犯罪との間には大きく認識のずれがあるばかりか，誤ったとらえ方をしている人も多い。本書のサブタイトルにあるように，性犯罪の発生と再発の抑止のためには，性犯罪に対する一般の人々の誤解を払拭し，性犯罪という現象を正しく理解する必要がある。性犯罪への正しい認識がなければ，性犯罪のない社会の実現に向けて性犯罪に対峙するのもままならない。そこで，この章では「性犯罪」という用語の定義から話を進めてみたい。

2 定　義

　性犯罪とは，一義的には性にかかわる犯罪で，強姦，強制わいせつ，性器露出（公然わいせつ罪），のぞき・盗撮（軽犯罪法，不法侵入，迷惑防止条例），色情盗（窃盗罪），児童ポルノ（いわゆる児童ポルノ禁止法，わいせつ物頒布等）などが含まれる。そして，それぞれの刑罰法規に定められた構成要件に該当する違法かつ有責な行為と定義される。しかし，性犯罪を抑止する目的のためにはこの定義では狭すぎるであろう。なぜなら強姦と強制わいせつは，除外

規定はあるものの親告罪であるため基本的に告訴がないと起訴できない。また，心神の喪失，刑事未成年，公訴時効などで刑事責任を問わない場合もあるし，警察に認知されない暗数の存在も注意されるべき問題である。

一方，性犯罪に関する刑罰法規が，時代の変化や文化によって異なることも考慮されるべきである。たとえば，日本では不倫行為に対して姦通罪が適用された時代があったし，現代でも姦通罪が存在する国がある。アメリカ合衆国の「レイプ」の定義は州によって異なるし，日本の「強姦」の定義とも異なる。

性犯罪という現象を正確にとらえるためには，以上のような時代，文化，社会的通念といった問題に左右されない定義が必要となる。そこで本書では「性犯罪」を次のように定義する。

「**性犯罪とは，身体的かつまたは心理的な性的被害を与える行為であり，被害を受けた人がその被害を認識する必要はなく，加害者に性的な目的があれば行為自体に性的内容がともなう必要もない。**」

本書はこの定義に基づいて性犯罪という行為を理解しようと試みるが，一方で，すべての性的被害を詳細に検討することは紙面の都合上できないので，性犯罪の中でも被害が甚大な強姦と小児わいせつに重点を置いた。本文中からは省略したが，それでも読者にとって必要な情報はトピックスとして紹介する。

3 本書の内容

次に本書の内容について説明しよう。サブタイトルにもあるように，本書は性犯罪の発生と再発の抑止に向けた学際的アプローチをめざす。そのため本書では，実証データを使った客観的な研究（エビデンスベース）をできるだけ網羅するよう心がけた。実験研究や調査研究による知見は，統計学的によく吟味され洗練された手法により，客観的に，誰が扱っても同じ結果が得られるような手続きによって導き出される。一方で，研究者個人の了解や洞察といった手法による事例研究は，個々の事件を詳細に検討しているため一般の読者には興味を持たれるかもしれない。しかしながら，主観的な研究手法から得られた結論は，科学性が乏しく，何らかの施策を検討する際の資料として用いるには説得力がないばかりか，間違った方向に導いてしまう危険性すらある。

まず，第1章では，性犯罪研究の現状と問題点について記述する。

日本ではこれまで実証的な性犯罪研究が少なかった。その理由について，過去に行われた性犯罪研究を概観した後，性犯罪研究の実施上の問題点を明らかにすることで示し，さらにいくつかの解決策について論じた。

第2章は，性犯罪の原因論について論述する。

ここでは実証研究により明らかになった原因論についての科学的な記述に専念する。第1節は生物学的要因について，進化心理学の立場からその究極要因と，行動神経内分泌学の知見からの生物学的要因を検討した。進化心理学になじみのない人には多少取りつきにくいかもしれないので，できるだけわかりやすく説明した。第2節は生物学的要因を除くパーソナリティ要因などの個人要因についての研究を概観し，さらに筆者らが行った性暴力加害の因果モデルの構築と性犯罪行動にかかわる要因構造の等質性・連続性についての一連の研究を紹介する。これらの研究により得られた知見は，性犯罪抑止に有効と考えられるいくつかの要因を示し，また，今後の性犯罪研究の方向性を示すものと考える。第3節は状況要因や環境要因に関する内容である。性犯罪が発生しやすい場所や時間，犯罪行動が状況的に誘発されると考えられている集団強姦，性犯罪との関連性が論議されているポルノグラフィーと飲酒の影響，そしてセクシュアルハラスメントを生む状況要因について述べた。

第3章は，性犯罪の被害に関する内容である。

第1節では被害の現状に関する調査を概観し，被害にかかわるいくつかの問題点にも言及する。第2節は被害者支援を行っている専門家が，刑事手続の概要，警察や被害者支援団体での取り組みを紹介した。性犯罪が発生したらどの様な刑事手続が行われ，被害者はどのように支援してもらえるのかがわかりやすく説明してある。第3節は被害者が被るトラウマのうち，外傷後ストレス障害（posttraumatic stress disorder: PTSD）の治療に最も有効と考えられている認知行動療法（cognitive behavior therapy: CBT）に基づく治療について，その第一人者である大学の研究者が詳述した。

第4章は，加害者に関する内容である。

第1節は捜査心理学と犯罪者プロファイリングに関する業務，研究の第一人者が，性犯罪者の特徴や常習性などについて詳しく説明した。犯罪者プロファ

イリングの詳細については，捜査手法などが犯罪者に安易に利用されることがないようにとの配慮から割愛されているが，ある程度の概要は本書のトピックスや他書で知ることができる。第2節は加害者の矯正機関での処遇について，法務省で矯正を担当する新進気鋭の研究者が担当した。性加害者の再犯防止という観点から，効果的なアセスメントと介入のあり方について概観し，最近の我が国における性犯罪者処遇の枠組について紹介した。第3節は加害者への認知行動療法について，法務省矯正局による性犯罪者処遇プログラムに参加している大学の研究者がその理論と治療効果または限界について論じた。第4節は性犯罪者の医学的治療に関する話題を，実際に性犯罪者の治療を行った経験がある医師が解説する。

　第5章は，性犯罪の発生と再発の抑止に向けて論じられる。

　これまでの研究成果をいかに応用するか，そして今後の性犯罪研究や対策についての展望について論議される。第1節では，性犯罪に対する防犯活動や性教育を視野に入れた防犯教育についての記述である。執筆者は，地域の防犯活動や犯罪不安，犯罪者プロファイリングの研究に精通する大学研究者である。子どもを性犯罪から守るために性犯罪研究が欠かせないこと，男性本位のセックス観の是正も含め防犯教育が構築されるべきことが述べられる。なお，第2節では総括的な意味も含め，編者が全編を振り返りながら自由に語り合い，今後の性犯罪研究の展望について討論を行った。

4　研究の緒につく

　以上の執筆陣をみてわかるように，本書では，学際的な幅広い分野から執筆者を招聘している。これら執筆陣は，2004年から2007年の4年間，日本心理学会で開催された「性犯罪」に関するワークショップの企画者や話題提供者を務めた面々である。

　表0-1のように，4回のワークショップを通じて，われわれは多くの意見を戦わせ，批評に耳を傾けた。その間，研究の方向性を軌道修正しながら，第2章2節に詳述したとおり，性犯罪へアプローチしてきた。

　しかし，研究は緒についたばかりである。各章から垣間見えるように，性犯

表0-1 日本心理学会で開催された性犯罪研究のワークショップ

開催年	学会，企画名	参加者
2004年	日本心理学会第68回大会 性犯罪に心理学はどう取り組むか（1） ―性犯罪に関する心理学的研究の現状と問題点―	企画；田口真二（熊本県警），平伸二（福山大学） 司会；桐生正幸（山形県警） 話題提供；田口真二，薄井朋子（埼玉県警） 　　　　　泊真児（大妻女子大学），曹陽（関西大学） 指定討論；荘島宏二郎（大学入試センター） 　　　　　渡邉和美（科学警察研究所） （注）桐生正幸は現在，関西国際大学 　　　曹陽は現在，大阪工業大学
2005年	日本心理学会第69回大会 性犯罪に心理学はどう取り組むか（2） ―個人の性行動は性犯罪にどのように影響するのか？―	企画；平伸二（福山大学），田口真二（熊本県警） 司会；平伸二 話題提供；池田稔（池田クリニック），田口真二 指定討論；坂口菊恵（東京大学），泊真児（大妻女子大学）
2006年	日本心理学会第70回大会 性犯罪に心理学はどう取り組むか（3） ―性犯罪の抑止と再犯の防止に向けて―	企画；平伸二（福山大学），桐生正幸（関西国際大学） 　　　田口真二（熊本県警） 司会；平伸二 話題提供；田口真二，橋本牧子（法務省） 　　　　　嶋田洋徳（早稲田大学） 指定討論；佐藤健二（徳島大学），桐生正幸 （注）橋本牧子は現在，朝比奈牧子（府中刑務所）
2007年	日本心理学会第71回大会 性犯罪に心理学はどう取り組むか（4） ―エビデンスベースの性犯罪研究に向けて―	企画；田口真二（熊本県警），桐生正幸（関西国際大学），平伸二（福山大学），荘島宏二郎（大学入試センター） 司会；桐生正幸 話題提供；田口真二，坂口菊恵（お茶の水大学），曹陽（関西大学） 指定討論；荘島宏二郎，渡邉和美（科学警察研究所） （注）坂口菊恵は現在，東京大学，曹陽は現在，大阪工業大学に所属する

罪研究が取り組むべき問題は山積している。まさに研究者にとって解決すべき課題は多種多様であり，研究の題材にも事欠かない。にもかかわらず，日本では性犯罪に関する研究を発表する専門の学会がなく，論文や学術書は非常に少ない。性犯罪研究にはさまざまな障壁があるものの，それらを乗り越え，性犯罪のない社会の実現に向けた研究がますます発展することを願うところである。

序　章●性犯罪とは

　Topics 1　　　　　　　キンゼイ研究所　　　　　　

　米国インディアナ大学ブルーミントン校にあるキンゼイ研究所（Kinsey Institute）は、その正式名称を「性，ジェンダー，および生殖に関するキンゼイ研究所（Kinsey Institute for Research in Sex, Gender and Reproduction）」といい，人間の性行動の実体を明らかにするために，1947年に動物学者アルフレッド・キンゼイ（Kinsey, A.）によって設立された性科学研究所（Institute for Sex Research）がその起源である。現在では，人間の性行動に関する学際的な研究を計画・実行し，さらに各種セミナーや出版事業を通じて性知識の普及を図るとともに，心理学や社会学を専攻する大学院生に対しては性科学に関する科目群を提供している。

　キンゼイ研究所設立の経緯は1938年にさかのぼる。当時，インディアナ大学でスズメバチの研究を行っていたキンゼイは，既婚女子学生や結婚を間近に控えた女子学生のための講座の設立を大学当局より依頼された。彼はその準備の過程で，人間の性行動に関する科学的データが著しく乏しいことに気づいた。またすでに公表されたデータであっても，ヴィクトリアニズムと呼ばれる当時のアメリカの厳格な性道徳におもねるような偏向的なデータや，ごく少数の臨床事例に基づくデータしか見いだすことができなかったのである。そこでキンゼイは，人間の性行動をフロイトなどのような精神分析学的・異常心理学的見地からではなく，客観的生物学的見地から明らかにすることに関心を抱くようになり，ポメロイ（Pomeroy, W.）やマーティン（Martin, C.）といったインディアナ大学の同僚とともに，主に大学生を対象とした直接面接法によって，その後約10年の間に1万8千人以上の性行動のデータを収集した。秘匿性を強く求められるこれらのデータを厳重に保管することも，キンゼイ研究所を設立する目的の一つであった。その間，米国学術研究会議（National Research Institute）からの資金援助も行われるようになった。キンゼイはそれまでに収集した研究資料をわずか1ドルの証書と引き換えにキンゼイ研究所に移管し，彼自身が初代所長に就任したのである。

　さて，このようにして収集・分析されたデータは，研究所設立後，『男性の性行動（Sexual Behavior in the Human Male）』（1948），『女性の性行動（Sexual Behavior in the Human Female）』（1953）として相次いで出版された。これらいわゆる「キンゼイ報告」は医学的専門書であったにもかかわらず，20万部を超える大ベストセラーとなった。ちなみに筆者の所有する『男性の性行動』の奥付によれば，1948年1月5日に発行されたこの書籍は，はやくも同年1月19日に第2刷となり，同年3月5日には第7刷となっている。従来，自身の性的経験以上のことは想像の世界でしか知り得なかった人間の性行動に対して，いかに当時の人々が多大なる興味と関心を抱いていたかがうかがい知れよう。

　しかしながら，「キンゼイ報告」が描き出した人間の性行動の実態は，当時のアメリカ社会にすんなりと受け入れられることはなかった。キンゼイらの報告によれば，8割以上の男性が婚前交渉を持ち，既婚男性の約5割

の者が婚外交渉の経験があった。また成人男性のほとんどが自慰行為を経験しており，思春期に同性愛体験を持った者は3割以上であった。女性の性行動についての報告はさらに当時のアメリカ人たちを驚かせたようだ。彼らの報告では，約5割の女性が婚前交渉を持ち，同様の割合で自慰行為の経験があった。また既婚女性の約4分の1の者は婚外交渉の経験があり，思春期における同性愛体験者も6分の1以上にのぼった。常習的な同性愛者は男女ともに人口の1割程度いるという報告もなされた。

　これらの数字は人々の想像をはるかに上回るものであった。当然ながら，キンゼイらによる面接を中心とした研究手法ならびに統計技法に対して，社会学者を中心としてさまざまな批判が浴びせられた。確かにこの種のデータには偏った性体験を持つ人々が多く含まれる傾向がある。しかしながら，約1万8千人というサンプル数はそれだけで十分な迫力を持ち，批判する側の勢力は徐々に迫力を欠いてゆくことになる。19世紀以降，アメリカ国民に大きな影響力をもたらしていると考えられてきたヴィクトリアニズムによる厳格な性道徳はもはや存在せず，人々の性行動は想像以上に自由化されていることは否定しようがなかった。「キンゼイ報告」は，当時のアメリカ人の性に対する厳格な道徳性が単なる神話に過ぎなかったことを明らかにしたのである。

　現在のキンゼイ研究所は，先にも述べたように，インディアナ大学に付設された研究所として，人間の性行動に関する学際的な研究を実施している。キンゼイ研究所といえば「キンゼイ報告」に代表される調査研究が有名であるが，性科学に関する実験的研究も多数行われている。また当研究所が所蔵するセクシャリティに関する資料も有名である。書籍や雑誌類はもちろんのこと，フィルムおよびビデオが約1万2千本あまり所蔵されており，その中には性教育や動物の性行動に関する教育的フィルム・ビデオも存在するが，大多数はポルノグラフィーとみなされる資料である。また絵画や写真に関しては5万点以上が所蔵されており，これらの作品による展覧会なども時々開催されている。

　なお，キンゼイ研究所のホームページのURLを以下に示す。リンクも充実しており，セクシャリティ研究には非常に役に立つサイトであると思われる。

http://www.kinseyinstitute.org/

第1章 性犯罪研究の現状と問題点

1 はじめに

「他の科学,特に自然科学系の科学と比較した場合,心理学の研究が格段に難しくなるひとつの理由は,相対的なものではあるが,ものごとの起こり方に影響を及ぼす条件が多様で,しかも,条件相互の関係(いわゆる交互作用を含め)が複雑な場合が少なくないことである。」(森正・篠原,2007)

このような人間の意識や行動を対象とするゆえの心理学研究の難しさに加え,犯罪心理学では,研究対象となる犯罪という現象そのものが日常的ではなく,また,人間にとって有益とはいえない負の現象を扱うことになるため,犯罪心理学の研究はさらに困難なものになっている。さらに加えて,性というプライベートな内容がかかわる性犯罪は,犯罪心理学の研究領域の中でも研究しにくい分野の一つといえよう。

性犯罪の発生と再発を抑止するために心理学がかかわっていくべき領域は広大である。性犯罪を未然に防ぐためにはどうしたらいいのか,性犯罪が起きてしまった後の対処はどうすればいいのか,被害者にはどのような支援が必要で,性犯罪者を捕まえるのはどうしたらいいのか,そして,性犯罪者に対する処遇はどうしたらいいのか。そして何より,そもそも性犯罪はなぜ発生するのか。それぞれの領域において,実証的な研究の積み重ねが必要である。そうすることによって性犯罪という現象への理解が深まり,そして効果的な働きかけが行われることで,性犯罪の発生と再発の抑止という目標に貢献できるものと考える。

本邦において,性犯罪にかかわる研究は少なからず進められてきたが,抑止のための効果的で施策に結びつく知見の蓄積は進んでいるとはいいがたい。

2 性犯罪に関する研究の推移

　国内の性犯罪や性暴力，性非行を対象とした研究を次の要領で調査した。国立国会図書館の雑誌記事検索を使って，タイトルに「性犯罪」「性非行」「性暴力」「強姦」「強制わいせつ」「性被害」「性的被害」「セクシュアルハラスメント」のいずれかの用語を含む論文で，掲載雑誌名に「心理」「行動」「科学警察」「矯正」「法務」「犯罪」のいずれかが入っているものを抽出した。抽出した期間は，犯罪心理学研究が創刊された1964年から2007年までとした。抽出したリストから，事例研究，展望，評論，書評，講演・シンポジウムの抄録は省いた。さらに筆者が把握している範囲で抽出から漏れた論文を加えた。その数65である。年代別にその推移をまとめたのが図1-1である。90年代まではきわめて低調といわざるを得ないが，2000年代になって急増した。研究者の所属別でみると，法務省や警察といった司法機関に属する研究者の発表数は変わらないが，大学に所属する研究者の研究が増えている。研究内容別の推移をみると性的被害に関するものが増加しており（図1-2），2000年代に出された大学の研究者の発表のほとんど（19本中16本）が性犯罪被害に関する内容である。

　次に，海外での現状をみてみよう。アメリカ心理学会（American Psychological Association: APA）作成による心理学分野のデータベースであるPsycINFOを使って，次の用語「sex crime」「sexual offending」「sexual victimization」「rape」「sexual molestation」「sexual violence」「sexual harassment」のいずれかをタイトルに含むもので，書籍，学位論文，事典を除くものを検索した。期間は2000年から2007年10月までの間とした。その結果845タイトルが該当した。さらにこの中で論文審査がある査読誌に掲載されているのは798本であった。

　日本国内で検索した65本のうち，2000年以降のもので査読誌に掲載された論文は12本であった。APAのPsycINFOに収録されている約800の論文において，国内の12本が多いか少ないかは，全論文の国別本数を調査していないので明らかにできないが，日本で十分な性犯罪研究が行われているとはいいがたいであろう。

　なお，調査した時点からすでに3年が経過しているため，国内に限り2008年

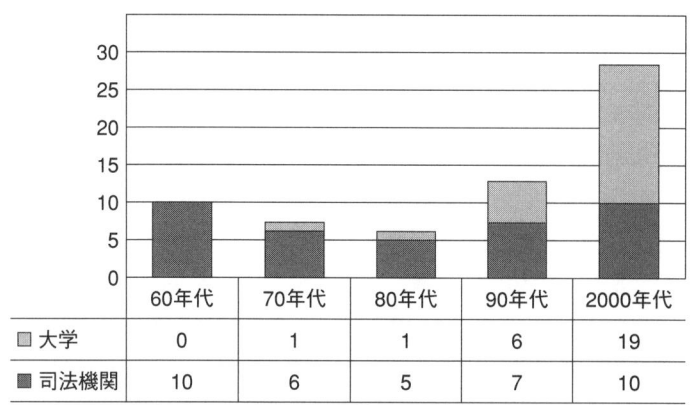

図1-1　国内の性犯罪研究の研究者所属別推移

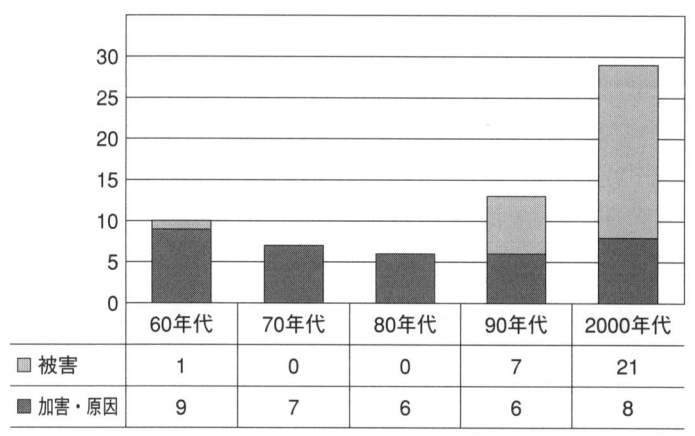

図1-2　国内の性犯罪研究の研究内容別推移

と2009年に掲載された論文の調査結果を補足すると，同期間に掲載された論文は5本で，やはり性犯罪研究が十分に行われていない現状に変わりはないようである。5本のうち性的被害に関するものが2本，残る3本は性的加害または原因に関するもので，そのほとんど（4本）が大学に所属する研究者の論文であった。

3 性犯罪研究

　性犯罪に関する研究分野は，その対象と目的によって以下のように分けられる。性犯罪という枠組みからみると，本書で主として取り上げる，強姦，強制わいせつのほかに，性器露出，のぞき，盗撮，色情盗，児童ポルノ関連犯罪，セクシュアルハラスメントなどが対象となる。これらの性犯罪を防ぐという目的から，教育的見地，防犯的見地，犯罪者矯正の見地があり，さらに犯罪への対峙という目的からは，被害者支援と捜査活動にかかわる分野がある。

　また，性犯罪研究は加害に関するものと被害に関するものに分けることもできる。近年，日本で性犯罪研究が増加しているのは，そのほとんどが性犯罪被害を扱ったものである。性犯罪被害研究については第3章で詳細に述べられる。性犯罪被害研究は大学の研究者を中心として発展してきている一方で，性犯罪者や犯罪の原因といった犯罪加害に関する研究は研究数をみるかぎり進展しているとはいえない。それは受刑中の加害者にアプローチすることが大学の研究者には困難であることが原因で，実際，性犯罪者を扱った研究のほとんどは司法機関の研究者によって行われてきた。

4 司法機関の研究者による研究

　1960年代から70年代は，日本における性犯罪研究の黎明期といってよい。法務省に所属する研究者が受刑者を対象とした主に心理検査を使った研究（たとえば橋本・藤田，1964；見神，1968）を行い，警察に所属する研究者が犯行記録の記述統計から性犯罪行動についての研究（たとえば山岡，1965，1966a，1966b，1968；小宮山ら，1970a，1970b）を行っていた。特に山岡の研究は，「犯罪行動の形態」という一連の罪種研究の一部で，大量データによって犯行の特徴や犯人像を記述している。今でこそ，犯罪者プロファイリングという枠組みで，犯罪捜査の場面で犯罪心理学の知見が利用されるようになったが，当時は捜査現場からは見向きもされなかったようである。皮肉なことに，山岡が一連の犯人像研究に終止符を打った頃，アメリカ合衆国では犯罪者プロファイリングの方法論が確立されつつあった。欧米で犯罪者プロファイリングの研究

が盛んに行われる以前に，日本で犯罪者プロファイリングと類似した研究が存在していたことはあまり知られていない。もし山岡の研究が，早期の段階で捜査実務に導入されていたら，日本は，犯罪者プロファイリングの先進国になっていた（Takamura, 2007）という主張は当を得ている。

1980年代は性犯罪研究が少ない10年である。法務省関係者の研究は心理テストではなく受刑者に対する質問紙を使った研究（山口ら，1984）になり，警察関係では同じく質問紙を使った女子少年の性非行の研究（伊藤，1985，1987a，1987b）が行われた。

1990年代以降になると受刑者を使った法務省関係の性犯罪研究がほとんど掲載されなくなり，主に犯行記録を使った犯罪者プロファイリングの研究が主流になってくる。1992年に発表された田村の研究（1992a，1992b）は，1988年から1989年にかけて首都圏で連続して発生した幼女誘拐殺人事件のあと，日本でも犯罪者プロファイリングを捜査手法として使う必要性を感じて始められたものである。これ以降，性犯罪を対象とした犯罪者プロファイリング研究が始まる（たとえば，渡邉・田村，1999a，1999b；岩見ら，2005；横田ら，2007）。

5 暗　数

以上のような受刑者や被疑者あるいは犯行情報を扱った研究は，「暗数（dark figure）」という問題を抱えている。暗数とは，警察などの刑事司法機関に認知されない犯罪の数をいう。暗数を知る一つの術として犯罪被害調査で回答された警察など司法機関への申告率をみるとよい。法務省の第2回犯罪被害実態（暗数）調査（法務省法務総合研究所，2005）によると，性的暴行は，多くの犯罪の中で，重大性の認識が高いにもかかわらず申告率が低い犯罪の最たるものである。この調査での警察への申告率は14.8％（27人中4人），2008年に行われた第3回調査でも13.3％であった（法務省法務総合研究所，2008）。法務省の調査での「性的暴行」の中には，強姦や強制わいせつのほかに痴漢やセクハラといった行為も含まれているため，被害内容を限定したいくつかの犯罪被害の調査結果をもとに，警察に届けられなかった数を見積もってみよう。まず「意に反する性交」という内容で行われた3つの調査（笹川ら，1998；性

暴力被害少年対策研究会，1999；岩崎，2000）で被害にあった人の合計は90人で，そのうち警察へ通報したのはわずか3人（3.3％）であった。「レイプ」という用語による分類を使った2つの調査（Dussich & Shinohara, 2001；小西ら，2000）では，レイプ被害を受けた40人中2人（5.0％），未遂をあわせても117人中6人（5.1％）しか通報していない。アメリカ合衆国の研究者によるレイプ被害の申告率は8％（Russel, 1983），16％（Kilpatrick et al., 1992），21％（Koss et al., 1988）と幅は広いものの，それに比べれば日本の3〜5％は，はるかに低い申告率である。調査によって，調査対象者の年齢と調査対象の期間が統一されていない上，レイプという定義も調査間で一致しているわけではないので，この数字をもって日本におけるレイプ被害の暗数と結論づけることはできないが，レイプ被害を受けた女性が警察にその被害を申告したのは多く見積もっても全体の約5％しかなく，残りの95％，すなわち警察が強姦事件として認知した段階において，認知件数の少なくとも20倍は暗数があると見積もられることになる。

　そして図1-3のように有罪判決までのいくつかの段階を経て有罪判決を受けて受刑する受刑者はさらに少なくなっていく。この漏斗状の過程をバートルとバートル（Bartol & Bartol, 2005）は漏斗効果と表現した。漏斗は注いだものがすべて落ちる（通過する）ので，濾過効果といった方が適切かもしれない。この濾過される過程には，被害者の不通報のほか，被害届や告訴の取り下げ，構成要件不足などによる不送致や不起訴などが存在する。このように受刑中の犯罪者や被疑者を対象とした研究は，その研究対象となったデータがその加害行為者全体を必ずしも代表していないという批判がつきまとう。

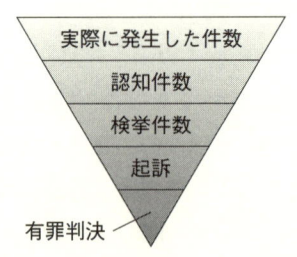

図1-3　有罪判決に至るまでの濾過効果

6　大学の研究者による研究：一般人を対象とした研究

　一般人を対象とした性犯罪加害に関する研究がなかったわけではない。次章で詳細に述べられるが，大渕ら（1985）と湯川と泊（1999）の研究は，男性大学生を研究協力者として性犯罪加害に関してアプローチを試みた研究である。このような一般人を対象とした研究は，精神疾患の生起メカニズムを実証的に研究する領域ではアナログ研究と呼ばれる（坂本，2000）。アナログ研究は，臨床サンプル（犯罪研究では受刑者：犯罪者サンプル）と非臨床サンプル（非受刑者：非犯罪者サンプル）との間に量的差はあるが質的な差はないという前提に立っている（坂本，1995，2000）。この前提についての論議はあるものの，犯罪研究が大学の研究者にも浸透していくことは，犯罪研究の発展にとって追い風になるであろう。

　このほかにも，一般人を対象とした性犯罪被害以外の研究として，セクシュアルハラスメントに関する田中（2000）と角山ら（2003）の研究はそれぞれ興味深い内容である。もちろんセクシュアルハラスメントの被害に関する研究も進められている（小俣，1997，2003；河上，2000；佐野，2006）。このほか，女性の服装と痴漢被害の関係を扱った曹と高木の研究（2005），痴漢とストーカー被害を網羅した安香らの研究（2001），高齢者の性的加害についての山上と渡邉の研究（2005），性的虐待についての越智の研究（2006）はユニークな研究である。

7　性犯罪研究の実施上の問題点

　性犯罪研究を行おうとすると困難ないくつかの問題に遭遇する。本章の始めでも述べたが，性犯罪研究の実施上の問題点は，いずれも性というプライベートな内容でかつ犯罪あるいは暴力という負の現象を扱うこの分野の特異性によるものである。なぜなら，研究者が性暴力を観察したり，性暴力を完全に再現することができないからである。

　性被害に関する調査研究では，被害の定義の問題，回答者のプライバシーをいかにして守るかという問題，そして回答することによって苦痛な被害体験が

喚起されるという問題が指摘されている（性暴力被害少年対策研究会，1999）。

とくに研究者が配慮しなければならない重要な問題の一つが二次的被害への配慮である。小西（2001）は，調査に協力した回答者が，調査を受けたことによって「小学生のときにあったことを今まで思い出したことはなかったけど，アンケートをやって思い出したから嫌だった」など，調査を受けたことによって受けた心の苦しみをいくつか紹介している。小西の調査でも配慮されているが，性暴力被害少年対策研究会（1999）は，質問紙調査を行う場合，メンタルヘルスの関係機関を紹介するなどのフォロー体制を整えて心理的苦痛を最小限にとどめるべきだと主張している。さらに，性的被害にあった被害者に落ち度はなく，すべての原因は加害者側にあることを質問紙の中で示すことも必要かもしれない。

用語の定義の問題は性犯罪研究に限ったことではないが，特に性犯罪の被害については定義に多様性があり，得られた結果の比較を困難にしている（Krahé, 2001）。また，実際に受けた被害（加害者も同様であるが）と被害程度の認識にズレが存在する。たとえば，屋外で見知らぬ男から暴力によってレイプされることが「本当のレイプ」（Krahé, 2001）で，それ以外はレイプではないという誤解があり，被害の調査研究では十分に注意する必要がある。被害内容の定義とともに，加害者—被害者関係の定義も，性暴力被害少年対策研究会（1999）のように明確にしておく必要があろう。

また，想起バイアスの影響を受けて，被害または加害時の情報が正しく想起され，そして正確に記述されたかという問題も調査研究の際に注意する必要がある。津富（2003）は，より正確な回答が期待できる方法として想起期間を限定することを性的被害調査の一つの要件として取り上げている。また，第2章第3節で詳しく述べられるが飲酒と性暴力は頻繁に同時発生しており，酩酊時の記憶はさらに不確実なものが多いであろう。一方，回答者の調査時に置かれた立場や状況しだいでは，被害や加害経験の過小報告，社会的望ましさに影響された回答の歪曲や露悪的傾向（山口，2006）も生じるため注意を要する。少年鑑別所などに入所している非行少年を対象とした研究では，質問紙調査において社会的に望ましい方向に回答することが報告されており（田村，1993；井上・岡本，1997；山口，2006），とくに，非犯罪者である一般群と犯罪者群の

得点をそのまま並べて両群を比較するのは慎重に行うべきである。社会的望ましさバイアスがないことを示す基準関連妥当性を検討したり，あるいはバイアスがあるようであれば何らかの補正があって初めて両群の比較が可能となる。

犯罪被害者に対する調査研究だけでなく，加害調査においても回答者のプライバシーの保護という問題は大切である。無記名のうえ，封をして回収するなど個人情報が特定されないような配慮がされているのか，調査票は分析終了後確実に裁断処理するなどの措置がとられるのかなどについて具体的に調査票に明示しておく必要がある。さらに協力してもらった大学や企業などの名称の記載も，データの概要を説明するのに必要な最低限の情報にとどめることが望ましい。

性犯罪の加害者や加害行為に関する研究での問題点として，研究対象にアプローチすることが一般の研究者にとって困難なことは前述したとおりである。そこで一般人を対象としたアナログ研究の有用性が出てくるが，反面，調査研究での質問紙の回収率の低さは深刻な問題である。

もう一つの性暴力の発生に関するアプローチに実験研究がある。実験研究はポルノグラフィーや飲酒などの性暴力への影響過程を検証しようと欧米で行われている。実験研究の長所は，ある条件が特定の行動に及ぼす効果を検証できることである。しかし，従属変数（つまり特定の行動）として性暴力そのものを扱うことはできない。それに変わる測度として，たとえば「性的攻撃への誘引度（Malamuth, 1981）」という概念で説明しようとする。そしてこの「性的攻撃への誘引度」として測定されたものが果たして性暴力という現象を正しく表しているのか，つまり性的攻撃への誘引度が高い人ほど性的攻撃を実際に行いやすいのかという疑問の余地がある。これは非犯罪者を対象として性犯罪とそれにかかわる変数間の関係を調べる相関研究でも同様にみられる研究上の制限である。

調査研究は高い外的妥当性があるが明確に因果関係を示すことはできない一方で，実験研究は内的妥当性が高いが現実に起きる性暴力を測定できない（Abbey et al., 2002）。そこで研究者は，両方のタイプの研究を行う必要性があることをアビイらは強調している。

最後に性犯罪研究における重要な問題として，研究成果の公表のあり方を取

り上げる。本書のサブタイトルにもあるように，性犯罪研究の目的はその発生と再発の抑止にあるといってよい。研究成果が犯罪者に利用されたり，裁判の中で意図的に歪められて利用されることがないよう注意を払わなければならない。本書においても，とくに捜査や矯正に関する情報が安易に犯罪者に利用されないよう，詳細な内容については言及されていない。また，性暴力の責任は性的加害を加えた加害者にあることは，本書の中で繰り返し強調される筆者らの基本姿勢である。

Topics 2 — 性に関連した団体

2005年7月モントリオールで開催された第17回世界性科学会は,性の健康世界学会（World Association for Sexual Health：WAS）とその名称をあらため,同時に,性の健康を推進するための宣言書（モントリオール宣言；ミレニアムにおける性の健康）を採択した（http://www.worldsexology.org/index.asp）。このなかには,すべての人々に性の権利が保障されることと,あらゆる形態の性暴力や性的虐待は排除されなければならないことが謳われている。本邦においても,アプローチに違いはあるが,人々の性の健康をめざして活動している団体があるので,そのいくつかを紹介する。

日本性機能学会　The Japanese Society for Sexual Medicine：JSSM

日本性機能学会は,1978年に組織されたインポテンス研究会を前身とし,性機能の研究および隣接科学の進歩,普及に寄与することを目的として設立された医学団体である。学術集会（年1回）の開催,学術誌（年3回）の発行,日本性機能学会専門医の認定を行っている。

日本性科学会　Japan Society of Sexual Science：JSSS（http://www14.plala.or.jp/jsss/）

セクシュアリティは人間にとっての性のあらゆる面を包括する概念で,セクシュアル・ヘルス（性の健康）はこれに関する身体的,心理的,社会的に幸福（well-being）な状態をいう。日本性科学会は,1979年に設立された日本セックス・カウンセラー・セラピスト協会を前身とし,臨床的な研究や診療を通じてセクシュアル・ヘルスの推進をはかることを目的とした団体である。基礎医学,精神医学,泌尿器科学,産婦人科学,看護学,心理学,社会学,教育学など,約300名の会員を擁し,学術集会（年1回）・研修会（年1回）・研究会の開催,学術誌（年2回）・情報誌（年4回）の発行,セックス・カウンセラー,セックス・セラピストの認定を行っている。

日本家族計画協会　Japan Family Planning Association：JFPA（http://www.jfpa.or.jp）

社団法人日本家族計画協会（ジャフパ）は,1954年に設立された厚生労働省認可の公益法人である。「全国どこでも,誰もが望めば,リプロダクティブ・ヘルス（家族計画,母子保健を含む,生涯を通じた性と生殖に関する健康）サービスが受けられる社会の実現」を目標に掲げ,受胎調節・思春期保健・健康教育・性教育・母子保健・不妊相談・中高年女性保健・性感染症・性暴力と児童虐待の防止・子どもの事故予防・国際協力に関する事業を,医師・保健師・助産師・看護師・保健担当者・養護教諭・ソーシャルワーカーなどの関係者が協力して行っている。

日本性教育協会　The Japan Association for Sex Education：JASE（http://www.jase.or.jp）

財団法人日本性教育協会は,1972年に設立された文部大臣認可の公益法人である。家庭と学校と社会を結び,性教育の理想実現のためにという目標を掲げて性科学や人間の性

にかかわるさまざまな事業を行っており，性教育の実践課題の研究やセクシュアリティにかかわる国内外の動向を紹介する「現代性教育研究月報」の発行，性教育・性科学全般の研究助成，ほぼ6年ごとに全国規模で実施される，青少年（中学生・高校生・大学生）の性行動調査などを行っている。

"人間と性" 教育研究協議会（性教協）The Council for Education and Study on Human Sexuality (http://www.seikyokyo.org)

"人間と性" 教育研究協議会は，「科学・人権・自立・共生」の4つのキーワードをもとに，子どもの切実な要求にこたえ，正確な情報を伝え，子どもとともに「性」のあり方や生き方を考えるという姿勢で性教育を実践している民間団体である。性教育に関する雑誌「季刊セクシュアリティ」の編集も行っている。

CAPセンター・JAPAN (http://www.cap-j.net)

特定非営利活動法人CAPセンター・JAPANは，子どもへのあらゆる暴力を許さない安全な社会を創ることを目指し，全国のCAPグループの支援とネットワークの推進を行っている団体である。1978年に米国オハイオ州コロンバスのレイプ救援センターで開発実施されたCAP（Child Abuse Prevention＝子どもへの暴力防止）プログラムは，1985年日本に紹介され，CAPプログラムを実施する専門家（CAPスペシャリスト）を養成する講座が各地で開催された。現在国内には130を超えるCAPスペシャリストのグループがあり，子どもたち自身が人権意識をしっかり持ち，暴力から自分を守るための知識や技能を持つことを願って，普及活動を行っている。

第2章 性犯罪にかかわる要因

第1節 生物学的要因

　生物学的な特徴（行動を含む）の説明には，至近要因に着目するものと，究極要因に着目するものがある。従来の一般的な研究は，ある特徴の発現を引き起こす直接的な要因を対象としているため，至近要因に関するものであるといえる。遺伝学，生化学，生理学，発達心理学，社会学など，さまざまな学問分野が行動の至近要因の解明に役立つであろう。一方で進化的なアプローチでは，ある生物学的な特徴が現在にいたるまで存続しているのは，その特徴を持つ個体が進化上の環境において子孫を残すのに有利であったためであると仮定し，それが進化的環境圧に対するどのような適応（adaptation）であるか，もしくはそうでないのかを検討する。これが究極要因に関する研究である。至近要因に関する研究が生物学的な特徴をかたちづくるメカニズムや発達の経路，いわばどのように"how"という問題を扱うものだとすれば，究極要因に関する研究は，それがなぜあるのか"why"を進化的背景やその機能に照らし合わせて検討するものである。この二つの問いは互いに相補的なものであり，究極要因に関する理解が的を射たものであれば，至近要因に関して新たな知見をもたらす鍵となると期待される。本節ではまず，性犯罪に関する近年の進化心理学的研究を概観して究極要因について検討し，次に行動神経内分泌学の知見を紹介して生物学的な至近要因について検討する。

1 究極要因（進化心理学・進化生物学的アプローチ）

(1) 進化的アプローチの特徴

ヒトが生物である以上，その体や心理的機能も進化の産物であると考えられる。問題は，どの進化的モデルがより正確であるかである。性的な葛藤に関する進化的なモデルの中にもいくつかの説があり，研究者間で必ずしも見解が一致しているわけではない。本節ではその中で，いくつかの代表的なものを紹介する。また，人の行動に対する進化的なアプローチは，日常的な思考の仕方や一般的な研究方法と比較して特殊な面があるため，前もって注意を喚起しておきたい。

行動を進化的な枠組みで理解しようとする際に，継承されると考えられるのは特定の行動そのものではなく，人の進化してきた過去の環境において生存・繁殖に有利にはたらくよう感情・思考・行動を導いたような"心的器官（心理的メカニズム）"である。ある心理的メカニズムのはたらきが結果的に繁殖成功度（より多くの子孫を残すこと）の上昇に寄与しているのならば，それは"適応的（adapted）"であると呼ばれる。人は意識的に自分の生存や繁殖を有利にしようと行動を選択することもできるために混同されやすいが，進化的適応を検討する際に問題にされるのはむしろ，そうした思考を可能にする認知メカニズムや感情のパターン，生理的反応などである。また，ある行動もしくは心理的メカニズムが適応的であるというとき，それは自然であるから「善い」とか「許容できる」ということを意味していない。ものごとに対する自然科学的な記述と，道徳的判断は混同すべきではない。

もう一つ，行動に対する進化的なアプローチに特徴的なのは，"領域特異的な心"という考え方である。進化心理学者は，人の心は経験によっていかようにも色づけできる，無限の可塑性を持ったものであるというようにはとらえていない。生活に必要なあらゆることをそれぞれの個体が一から構築し，学習するのでは，膨大な認知的コストがかかるだろう。それゆえ，生存や繁殖の効率に密接にかかわる適応課題に関しては，それに対処するためのおおまかな型が遺伝的に組み込まれていると考えている。たとえば，言語を獲得する能力や，社会の中で裏切り者を検知する能力などが相当するものとして考えられている

（長谷川・長谷川, 2000）。人の心のそれぞれのはたらきがどれだけ領域特異的なものであるか，もしくはより汎用の心理的メカニズムから流用されているものであるかについては諸説あり，その考え方の違いが，性的強要に関する進化的モデルの違いを生じさせる大きな要因となっている。

(2) レイプは進化的適応か？

性犯罪に関する進化的なアプローチの中で，最も特徴的かつよく知られていて議論も多いのが，「人におけるレイプは進化的に適応した一つの繁殖形態である」というソーンヒル（Thornhill, R.）の説である（Thornhill & Palmer, 2000; Thornhill & Thornhill, 1992）。彼らの説は，レイプを性的なものというよりも，暴力による権力の誇示ととらえるフェミニズム社会科学に見られる主張（Brownmiller, 1976; Sanders, 1980）に対するアンチテーゼ（Palmer, 1988）でもある。レイプを人の悪しき文化が生んだ社会的な構成物としてのみとらえる立場では，性的強要に関する生物学的な背景を考慮に入れることができない。これに対し，生物学的な要因に着目する研究者は，程度の差こそあれ性的強要はさまざまな人の社会で広く共通してみられること（ヒューマン・ユニバーサル）および，人以外のさまざまな生物において性的強要が見られること（Palmer, 1989; Smuts, 1992）は，何らかの適応的な利益（自らの子孫を残すこと）をレイプする側の個体が得ていることと対応していると考える。一方で，被害者のこうむる心理的苦痛は，レイプによってこうむる生物学的な不利益に対応し，そのような不利益を最小にしようとする心理的メカニズムであるという主張もされている（Thornhill & Palmer, 2000）。

繁殖戦略の雌雄差に関する現在の進化的理論のおおもととなっているのが，トリヴァースによる親の投資理論（Trivers, 1972）および，潜在的繁殖速度（Clutton-Brock & Vincent, 1991）の考え方である。雄と雌の間には，現在いる子に対する投資の度合いに差がある。雌は配偶子（卵子）に対する初期投資が雄よりも多い関係上，子に対するその後の保護や養育といった投資も多くなる傾向がある。ヒトは哺乳類であるから，女性は280日の妊娠期間と長期間の授乳といった多大な投資をしなければ子孫を残すことができず，一生の間に生むことのできる子どもの数は限られている。一方，男性は一度の性交のみの投

資で子孫を残し，膨大な数の子孫を残すことが理論的には可能である。よって，女性は男性が繁殖のために競争して求める貴重な資源となるだろう。繁殖において有利になるために，男性は性的なパートナーを選ぶ際にあまりえり好みをせず，より多くのパートナーとの性行動を望み，また性交に積極的であるだろう。女性は限られた繁殖の機会を有効に活用するため，性的なパートナーを選ぶ際に慎重で，簡単には性交に応じようとしないだろう。世界の多くの地域・文化を対象とした調査で，短期的な性関係への積極性は女性と比較して男性の方が高いという性差が見いだされている（Buss & Schmitt, 1993; Buss, 1994; Oliver & Hyde, 1993; Schmitt et al., 2003）。

　レイプを進化的適応であると考える研究者は，男性が配偶相手を獲得する際の戦略を，①正直な自己宣伝と求愛，②偽りの自己宣伝と求愛，③性的強要，の3つに分け（Shields & Shields, 1983），その男性の資質と環境の状況により，性的強要戦略をとることによって利得がコストを上回るならば，男性はレイプによって配偶機会を得ようとするだろうと考えている（Thornhill & Thornhill, 1992）。先に述べたように，不特定のパートナーとの性行動への積極性には男女間で差があるから，男性の要求と女性の要求との間に葛藤が生じやすく，それを身体的な攻撃によって解決しようとするのがレイプである。ソーンヒルらの理論に特徴的なのは，性的強要は男性ならばだれでも持っている性行動のレパートリーの一つであるとし，強制的でない性行為との間に本質的な区別はないと考えていることである。そして，性行動の中に攻撃的な要素が含まれることはヒトという種の男性に固有な特徴であり，レイプする傾向の個人差に与える遺伝的な影響はほとんどないとする。

　レイプを男性の進化的適応とする仮説に基づくと，以下のような予測が立てられる（Thornhill & Thornhill, 1992）。①男性は，配偶行動の状況が強制的でないとあるとにかかわらず，高い性的な動機付けと実行能力を示すだろう，②嫌がる性的パートナーを力ずくで意のままにするのは，男性にとって性的に興奮することであろう，③10代半ばから20代前半の男性は，繁殖の機会をはじめて得ようとするためにリスクを冒しがちであり，性的強要をする傾向があるだろう，④女性は配偶相手に高い社会経済的地位を望むため，社会経済的地位が低い男性は好ましい配偶相手を得ることが困難であり，レイプをする傾向が高

いだろう(「配偶相手欠乏仮説」)，⑤性的な強要をする傾向は，発見されたり，罰や否定的な社会的帰結を生じたりする可能性に非常に敏感に影響を受けるだろう，⑥固定した女性パートナーの不貞は，その子に投資しようとする男性にとって，父性の不確実性を生じさせる脅威である。パートナーの女性が性交に積極的でないとすると，男性は女性の不実を疑うだろう。そして，パートナーの不貞を疑うか発見したときに，嫌がるパートナーに対して性的強要をする可能性が最も高いだろう。

　以上の予測にはそれぞれある程度の実証的裏づけがあるものの，②以外のケースはいずれも，男性の性行動の一般的な特徴や攻撃性といった，性的強要に特化しない心理的メカニズムの副産物としても説明が可能である (Palmer, 1991)。性犯罪者を生じさせるリスク・ファクターに関する仮説の中心的なものである，④の配偶相手欠乏仮説について検討してみよう。たしかに，レイプ犯として逮捕されたり有罪判決を受けたりした男性は，低い社会経済的階層の出身である場合が非常に多い。犯罪率の差は，社会的影響力による起訴率の違いを差し引いても実在すると考えられる (Thornhill & Thornhill, 1983)。しかしながら，社会経済的地位の低さは，レイプにかかわらずさまざまな犯罪や暴力の生起率と関連がある。また，配偶相手に恵まれない男性がレイプにはしるという簡単な図式は誤りであるといういくつかの証拠がある。多くのレイプ犯は結婚している (19%～43%) し，ほとんどのレイプ犯は特定の性的パートナーを持っている (Macdonald, 1971; Rada, 1978; Sanford & Fetter, 1979)。性犯罪者の多くは極度に活発な性生活を送っており (Gebhard et al., 1965)，投獄されていないものの性的強要をする傾向のある男性は，そうでない男性に比べてより多くの性的パートナーを持っている (Kanin, 1985; Malamuth et al., 1991)。ラルミエール (Lalumière, M.L.) らは学生を対象として配偶相手欠乏仮説の検証を行った。性的に攻撃的な学生は自分のことを性的に成功していると認識し，実際に性的経験を多く積んでいた。一方で親の職業や自己の収入の見込みと性的な攻撃性との間に統計的に意味のある関連性は見いだされなかった (Lalumière et al., 1996)。

　性犯罪者も対人スキルや社会経済的能力の有無などをもとにいくつかのタイプに分類することができることが知られている (Bartol & Bartol, 2005)。もし

性犯罪が特定の環境圧のもとで必然的に出現する，領域特異的に確立された適応行動のパターンであるならば，そのような複雑なタイプの違いは生じにくいのではないか，と筆者は考える。進化的アプローチをとる研究者の中でも，ソーンヒルらの議論に異を唱える者は少なくない（Palmer, 1991, 1992; Symons, 1979; Travis, 2003）。レイプ自体が進化的適応の産物ならば，ほとんどの男性が潜在的にレイプを可能にする能力を持っており，またレイプをすることによってその男性の子孫が明らかに増えるという直接的な利益が存在したはずだが，レイプ犯の中でも性行動を完遂できない者が多いという事実はこれらの仮定に反するものであるように思われる（Groth & Burgess, 1977）。また，社会学や社会心理学などの知見を取り入れておらず，従来の研究と連続性がないこと，また男性の中での素因の個人差を考慮せず，人の男性に固有な適応行動の，状況依存的な戦略の発現の違いとしてすべてを説明しようとする傾向が強いことが，批判をまねく要因であろう。

(3) **性的攻撃の合流モデル―社会科学的知見の進化心理学的統合**

進化的アプローチを従来の社会科学と独立し，対立しているものとしてとらえるのではなく，さまざまな領域の研究対象を，互いに相互作用して行動に影響を及ぼしている複数のレベルの要因として進化的枠組みのもとで統合しようと試み，数多くの実証研究を行っているのがマラムス（Malamuth, N.M.）である（Malamuth, 1993; Malamuth & Malamuth, 1999）。図2-1では，低い階層は究極要因に相当し，階層が上がるほどより至近的な要因が示されている。実線の矢印は，因果的な影響をあらわしている。それぞれの要因の配偶戦術におよぼす影響は，その要因を生み出す別のレベルの文脈の中でよりよく俯瞰することができる。たとえば，文化や個人の発達を理解する上で，進化の結果である人の心理的メカニズムもしくは「心的器官」のありようを考慮に入れることが有効である。心的器官の中には，社会的モジュール，生物学的モジュール，身体的モジュールが含まれる。いわば，ヒトという種に特有な制約と言い換えてもよいだろう。

フェミニズム社会科学より前の研究者や，レイプを適応行動の一つと考える研究者たちは，レイプの性行動としての側面に着目してきた。つまり，満足さ

第1節 ● 生物学的要因

表出される行動：性的強要戦術　操作的戦術　協調戦術
← 配偶戦術

至近要因
現在の特徴（例：パーソナリティー）
その場の状況の影響（例：飲酒していたなど）

仲間
家族
胎生期
遺伝・ホルモン

文化
個人の発達

究極要因
「心的器官（適応モジュール）」の進化

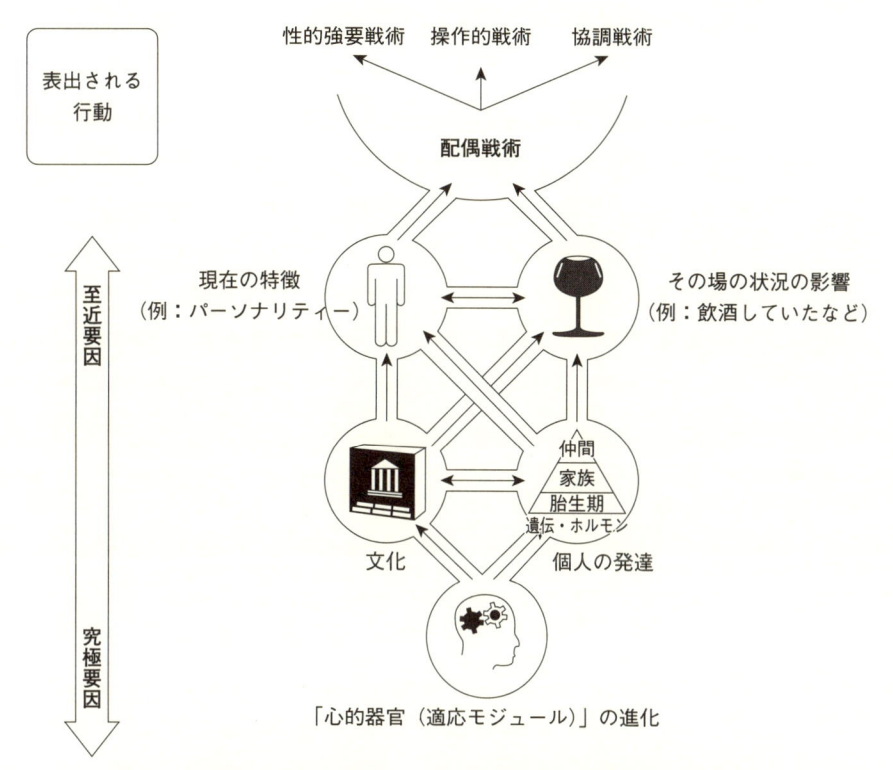

図2-1　複数のレベルの分析と，それらの相互関係を統合するアプローチ
（Malamuth & Malamuth, 1999に加筆）

せられていない性的な欲求のはけ口の一つと見なすわけだが，前節で述べたように，レイプ行動の要因が性的なパートナーが十分に得られないことのみに帰結するという考え方には問題があり，レイプを一般的な性行動のレパートリーの一つとして捉えるのは不十分であると考えられる。一方で，レイプは支配的暴力や女性に対するコントロールのあらわれであるととらえ，性行動としての本質は認めない考え方もある（Brownmiller, 1976; Sanders, 1980）。こちらの立場では短期的な快楽のためではない，欺瞞がなく愛情に満ちた安定的な性的関係のみを「性行動」と見なすわけだが，これもやはり「性」という定義を不当かつ恣意的に狭めているという点で問題がある。以上のような一面的な見方から生じる困難を克服するために，性的な側面と支配的なコントロールの両方

を考慮したモデルが立てられている（Ellis, 1989; Malamuth, 1993; Malamuth & Malamuth, 1999; Malamuth et al., 1991, 1996; Mosher & Anderson, 1986）。

　マラムスは，前節での議論にもみられたように，人格的かかわりの乏しい，短期的な性関係への指向の高さの違いを男女間で性的強要が生じる要因として想定している。しかし，配偶戦略の違いを「男性―女性」と二極化するのではなく，男性の中での短期的な配偶行動（short-term mating strategy/promiscuity; 乱婚性，複数の性的パートナーを持とうとする傾向）への指向性の高さの違いを説明変数とし，女性に対して性的強要戦術をとる傾向を予測しようとする。もう一つの主要な説明変数は，文化的・社会学習的観点において強調されてきた要因で，「敵対的な男性性（hostile masculinity）」と名付けられている。これは単なる「過剰な男らしさ」（Mosher & Anderson, 1986）ではなく，男性が女性の性行動およびその他の行動をコントロールしようとすることや，女性に対する敵意に特化した測度となっている（Malamuth et al., 1996）。アメリカ合衆国において全国的に集められた2,652名の男子学生の代表サンプルを用いて，この二つの要因が，女性に対して性的な強要をした経験の78％を説明することが見いだされた（Malamuth, 1993; Malamuth et al., 1991）（図2-2）。この二つの要因を用いた合流モデルの妥当性は，別の参加者を用いた調査でも繰り返し確認されている（Dean & Malamuth, 1997; Malamuth et al., 1995）。なお，乱婚性と敵対的な男性性の間には統計的な関連性は見いだされておらず，互いに独立して影響を与える要因であると考えられる（Anderson et al., 1997; Malamuth, 1993）。さらに，性的な攻撃性と非性的な攻撃性の両方の質問に回答した1,713名のデータを用い，性的な攻撃性と非性的な攻撃性のそれぞれが二つの要因と対応する様子が検討された（図2-3）。性的・非性的いずれの攻撃性も高い男性は，乱婚性も敵対的な男性性もいずれも高かった。非性的な攻撃性のみ高い男性は，敵対的な男性性がある程度高く，乱婚性に関しては平均的であった。性的な攻撃性のみ高い男性は，乱婚性が比較的高く，敵対的な男性性もある程度高かった。

　乱婚性と敵対的な男性性という二つの要因が，実際の性的な攻撃に結びつくか否かを調節する要因となっていると考えられるのが支配性（dominance; 男性性）／慈愛性（nurturance; 女性性）の次元である（Dean & Malamuth,

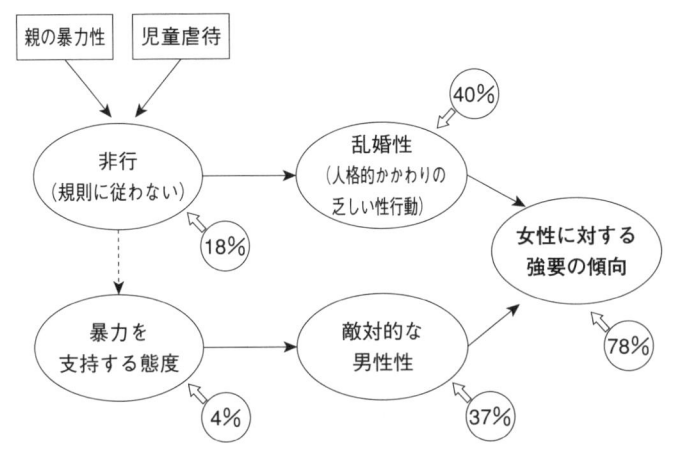

図2-2 女性に対する強要の傾向の強さを説明する要因を示すパス図
パーセントは各変数により説明される分散の割合。実線は強い関係，破線は弱い関係を示す。(Malamuth, 1993)

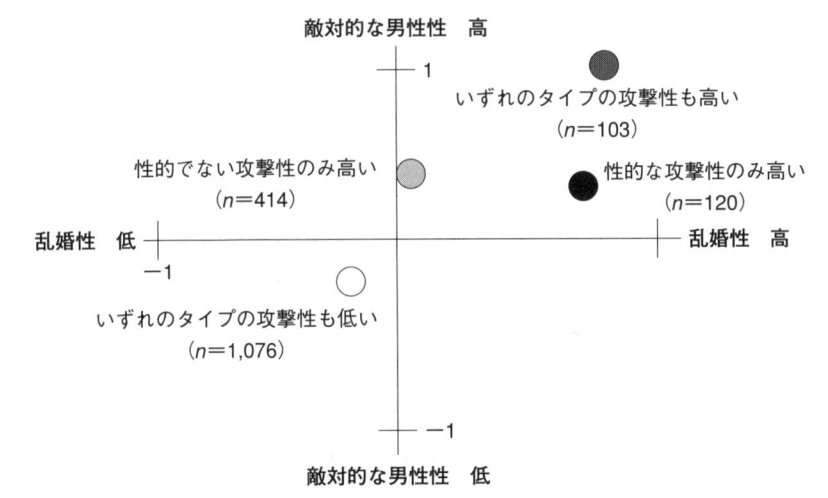

図2-3 性的・非性的攻撃性の得点により分類された参加者の，「敵対的な男性性」と「乱婚性(短期的配偶戦略への指向性)」次元の平均点
nは該当者数 (Malamuth, 1993)

1997; Malamuth, 1993; 1999)。支配的で，自己中心性の高いパーソナリティを持った男性は，乱婚性と敵対的な男性性といったリスク要因が高いと，実際に

性的な攻撃を行っている率が高くなった。一方，支配性よりも慈愛性が高い男性は，乱婚性と敵対的な男性性が高くなるにつれ性的な攻撃を空想する程度は上昇したものの，実際に性的な攻撃を行った経験はほとんど上昇しなかった。以上の結果から，短期的な配偶戦略，敵対的な男性性，および支配性と比較して低い慈愛性，といった三つの要因の合流モデルによって性的強要戦術を用いやすい男性がもっともよく特徴づけられることが示された。

マラムスはさらに，短期的な配偶戦略に先行する要因として，過酷な家庭環境や青年期における非行の行動化を想定している（図2-2；Malamuth et al., 1991, 1996）。マラムスら（1995）のサンプルでは，親の暴力性や児童虐待の存在といった生育初期におけるリスク要因から，性的攻撃性を予測する直接の経路も見いだされた。また，敵対的な男性性に先行する要因として，女性にたびたび拒絶されたり，裏切られたり，傷つけられたという認識（これらは，男性の短期的配偶戦略に対する妨害である）を想定している。このような認識は，レイプ神話の受容（第2章第2節）を含む「暴力を支持する態度」を構成する（Anderson et al., 1997; Malamuth, 1993）。

以上のように，マラムスのモデルは進化的枠組みを用いながら，従来の研究知見をうまく取り入れたものになっている。ただし，注意しなければならない点は，変数間に統計的な関連性が見いだされたからといって，因果関係が証明されたことにはならないということである。短期的な配偶戦略への指向性の個人差は，父親の不在をはじめとする幼少期の過酷な社会環境によって配偶戦略が適応的に調節される結果であるという説が根強く唱えられている（Belsky et al., 1991）。そうした説では，幼少期に十分な投資が得られないストレスの多い環境に育つと性的成熟が早くなり，子どもを多く生んで，自らも十分な投資ができない埋め合わせとするような繁殖戦略をとるようになる，またパートナーとの安定した関係を期待せず，短期的配偶戦略をとるようになるとする。しかし，家族関係が子どもの特徴におよぼす影響は，双子を用いた研究などで遺伝的な継承の影響を統制して検討しなければ明らかにすることができない。こうした実証研究の大部分は女性を対象としており，遺伝的な影響を除いた場合，性成熟や繁殖戦略に対する家庭環境の因果的な影響の割合は小さいと報告されている。一方で男性に関しては，きょうだいの共有する環境の影響が遺伝

の影響と同じくらい大きいという報告もある（Bailey et al., 2000）。また，子どもの頃に受けた性的虐待が，幼少期の社会環境や家庭環境の一般的なバリエーションとは独立に，性成熟や繁殖戦略の違いに影響を及ぼす可能性は否定できない（Vigil et al., 2005）。繁殖戦略の違いに影響を及ぼすと考えられる至近的な要因については，次項でさらに考察する。

2 至近要因（行動神経内分泌学的アプローチ）

(1) 男女の性差からみる性犯罪のリスク要因

性犯罪の加害者の大部分が男性であることから，男女の行動の性差とその神経内分泌学的要因を，性犯罪のリスク要因の候補として検討することは見当違いではないだろう。また，その方向性は前項で紹介した進化心理学的な合流モデルとも合致している。取り上げる要因は，性的欲求，短期的な配偶戦略への指向性，および攻撃性である。短期的配偶戦略への指向性は女性よりも男性において強い傾向があることはすでに紹介した（1-(2)）。攻撃性も，ヒトに限らず多くの動物種において雄の方が高い傾向にある（Mitchell, 1981; Wrangham & Peterson, 1996）。多くの種の雄は，貴重な繁殖資源である雌や，繁殖の地盤となるなわばりをめぐって互いに争うために，とくに繁殖期において高い攻撃性を示す。

行動の性差をかたちづくるのに中心的な影響を及ぼしているのが，テストステロンに代表される男性ホルモンである。男性ホルモンは精巣，卵巣，副腎皮質，神経組織において合成される。男性における血液中のテストステロンは主に精巣由来であると考えてよい。ホルモンのはたらきに影響を与えるのはその濃度だけではない。受容体の数や感受性，脳内での分布領域などの変異がホルモンの作用の個人差を生じさせる要因となっていると考えられる。また，男性ホルモンのはたらきが単独で行動の性差を生み出しているというわけではなく，バソプレッシン（抗利尿ホルモン，配偶戦略や攻撃性と関係する）やセロトニン（不安や抑うつ，性行動の制御，攻撃性と関係する）といった，より密接に行動を制御している神経伝達物質のはたらきを制御している場合もあるだろう。さらに，多くのホルモンは体内環境を最適な一定の状態に保つ役割を担ってい

るため、ホルモンが十分に作用すると、ホルモンの産生に対してネガティブフィードバックがはたらいたり（避妊用ピルの作用原理である。第4章節4節参照）、受容体の数に下方調節がはたらいたりして過剰な作用を抑えようとする。ものごとの因果関係をあきらかにしようとする際にはそのシステムに対して実験的な操作を加えるのが常道であるものの、生体のホルモンレベルを去勢や薬物によって抑制したり、あるいは高濃度のホルモンを投与したりした場合のはたらきは生体の通常の制御機構の範囲を超えている。そのため、このような実験的な操作や病気によるホルモン濃度異常の影響は、健常者内でのホルモン濃度の高低の影響とは必ずしもパラレルに論じることができない点に留意する必要がある。

(2) **性的欲求と性機能**

　性犯罪に性的な動機づけがかかわっている以上、性的欲求のメカニズムを探ることは性犯罪の原因解明と抑止に知見をもたらすと期待される。テストステロンに代表される男性ホルモンは、男性／雄の性的欲求や性機能に影響を及ぼす主要な要因である（Nelson, 2005）。性犯罪者の男性を外科的に去勢することによって、再犯率を劇的に下げることができると報告されている（Weinberger et al., 2005）。もう一つの方法は、薬物による性的欲求の抑制である。合成プロゲステロンである酢酸メドロキシプロゲステロン（MPA）は、女性の避妊薬として利用されているが、男性に投与された場合には男性ホルモンの産生を抑制し性欲を減退させる効果があり、性犯罪者の再犯防止に役立つと考えられている（Cooper et al., 1992; Meyer et al., 1992）。酢酸シプロテロン（CPA）は男性ホルモンの拮抗薬であり、男性ホルモンの受容体での作用を阻害する一方、プロゲステロンとしてのはたらきも持ち、MPAと同様性ホルモンの産生を抑制する効果がある（Bradford & Pawlak, 1993a, 1993b）。性ホルモンの産生指令を出す経路でもっとも上位にある性腺刺激ホルモン放出ホルモン（GnRH）の類似物質であるトリプトレリンは作用期間が長く、性ホルモンの抑制とパラフィリア（性嗜好異常）の治療により強力な効果を持つと報告されている（Rosler & Witztum, 1998）。

　去勢によって、性的能力が完全に損なわれるわけではないという点は留意さ

れるべきである。外科的な去勢を経て長期間たった男性の中にも，性交可能な者が少なからず存在するし，中には性行動にまったく影響が生じない者もいる（Heim & Hursch, 1979; Weinberger et al., 2005）。男性ホルモン抑制薬の効果は主に性的空想やマスターベーション頻度の減少にあらわれ，性交能力自体への影響は少ない。つまり，外科的・薬理的な去勢の効果は性交を不可能にすることに起因するというより，主に性的な動機づけを低下させることによっていると考えられる。パラフィリアの中には極端にテストステロン濃度の高い者も存在するが（Bradford & Pawlak, 1993a, b），健康な一般人を対象として調査するならば，性行動の頻度や性的欲求の高さと男性ホルモン濃度との間に関連はほとんど見られない（Brown et al., 1978; Sadowsky et al., 1993）。一定のホルモン濃度が性行動に及ぼす影響については個体差が大きく（Grunt & Young, 1952），またホルモン濃度は体内のさまざまなフィードバック機構によって調節を受け，維持されているためである。

(3) 短期的配偶戦略への指向性（乱婚性）

短期的配偶戦略への指向性の高さには，男性の方が高いという性差があることが知られているが，この行動の特徴にも男性ホルモンが影響を及ぼしているのだろうか。テストステロン濃度の高さが男女において複数の性的パートナーを持つ傾向を予測するという報告がいくつかあるものの，配偶戦略の違いに影響を与える神経内分泌メカニズムについては，より決定的なものがげっ歯類を対象とした研究で明らかになってきている。

哺乳類の中で一夫一妻の配偶システムをとる種は少なく，大部分は一夫多妻もしくは乱婚である。ヒトの属する霊長類においても一夫一妻の種はまれであり，系統樹上に離散して存在しているにすぎない（坂口，2006）。このため，配偶システムの違いを生み出している生理的背景をヒトに近い種を用いて比較研究することは容易ではない。一方，北アメリカに住むハタネズミのいくつかの種は，同じ属のなかまで生息域の相違を除けば非常によく似ているが，配偶システムが大きく異なることで知られている。プレーリーハタネズミ（*Microtus ochrogaster*）は一夫一妻であり，サンガクハタネズミ（*M. montanus*）やアメリカハタネズミ（*M. pennsylvanicus*）は乱婚である。これらの近縁の種

を用いて，オキシトシン（射乳ホルモン；子宮収縮作用があり，陣痛促進剤として用いられる）やバソプレッシンといった，互いによく似たホルモンが一夫一妻性の確立に必要不可欠であることがわかってきた。これらのホルモンはアミノ酸が9個連なったペプチドであり，雌では主にオキシトシン，雄では主にバソプレッシンが一夫一妻性の確立に必要である。オキシトシンは女性ホルモン，バソプレッシンは男性ホルモンによってはたらきが増強される特徴をもつ。いずれも中枢神経ではたらくと社会的な記憶や認知に影響を与えるホルモンであり（Young & Wang, 2004），さらにオキシトシンは母子間の愛着形成，バソプレッシンは雄のなわばり行動や攻撃性を司るホルモンとして知られている。

　オキシトシンやバソプレッシンの脳内での量を増減することによって，もともと一夫一妻性であるプレーリーハタネズミの配偶行動を調節することができる（Insel & Young, 2001）。しかし，乱婚性の生物でもこれらのホルモンは持っているので，ホルモンの量自体が配偶システムの種差を生み出している必要十分条件ではないことが予想できる。代表的なバソプレッシンの受容体（*AVPR1A*）については遺伝的な研究が進んでおり，プレーリーハタネズミと乱婚性のハタネズミの間でほとんど相同であることがわかっている。しかし遺伝子の転写領域より上流に存在するDNA配列の繰り返し構造（マイクロサテライト）にわずかな違いがあり，脳内での受容体の分布領域を異ならせている。一夫一妻の種では，脳内で快感情や薬物依存のメカニズムとなっているとされる報酬回路および報酬回路と関連の深い部位において受容体が発現しているのに対し，乱婚の種ではこれらの部位ではほとんど発現が見られない。雌においては前頭前野と側坐核，雄においては淡蒼球と呼ばれる部位におけるオキシトシンもしくはバソプレッシン受容体の発現が，一夫一妻の配偶行動を引き起こすのに必要である（Insel & Young, 2001; Young & Wang, 2004）。

　一夫一妻のプレーリーハタネズミの中でも，オキシトシンやバソプレッシン受容体の脳内での分布のしかたには個体差があり，そうした個体差が行動の個体差にも影響を及ぼしている可能性について研究が進められている（Hammock & Young, 2002, 2005; Phelps & Young, 2003）。また，マウスの脳内バソプレッシン受容体の分布を遺伝子操作によりプレーリーハタネズミ型にすることによって，一夫一妻的な行動パターンを示すようになることが報告されている

(Young et al., 1999)。霊長類などげっ歯類以外の動物においても同様なメカニズムが働いているかについても研究が進められてきている。たとえば，バソプレッシン受容体の脳内分布をハタネズミで一夫一妻型にしている遺伝子領域が，人の男性において結婚相手とのきずなの強さと関係していることが示唆された (Walum et al., 2008)。また，オキシトシンの低濃度やバソプレッシン受容体の分布の特殊性は，人においては対人コミュニケーションの障害や常同行動などで特徴づけられる自閉症や，自分の意に反して同じ考えが繰り返し浮かんだり同じ行為を繰り返したりしてしまうという強迫神経症の発症と関連があると報告されている (Bartz & Hollander, 2006; Lim & Young, 2006)。

　一夫一妻のハタネズミは，乱婚のハタネズミと比較して，脳内報酬回路においてオキシトシンやバソプレッシンの受容体が多く発現していることはすでに述べた。報酬回路は，快感情の伝達を司るドーパミンという神経伝達物質の作動経路である。一夫一妻性の確立に，オキシトシンやバソプレッシンによるドーパミンのはたらきの制御がかかわっていることは容易に想像できる。側坐核は報酬回路の中でも薬物依存など中毒症状の形成に中心的な役割を果たすことで知られているが，この部位におけるドーパミンの受容体D_1とD_2の活動が，雌雄のペア形成に必要であることがわかっている。ペアが新しく形成されるときには受容体D_2が，すでに形成されたペアが新たに別の個体と関係を持つことを阻害するのには受容体D_1がはたらいている (Young & Wang, 2004)。人においては，側坐核におけるドーパミンの受容体D_2の過剰活動は，統合失調症の陽性症状を引き起こすものとして知られている。

　この研究分野は近年進展がめざましいが（近藤ら，2010），注意を喚起しておきたい点がある。ホルモンや遺伝子がかかわっているということは，その形質がすべてあらかじめ決まっていて，環境の影響を受けないということを意味しない。ホルモンの濃度やはたらきと社会行動との間の関係は通例双方向的であり，保有している遺伝子のうちどれがどのようなタイミングで発現するかに関しては，環境からの手がかりが重要な要因となる。発達初期の養育環境や思春期の性ホルモン環境がオキシトシンやバソプレッシンのはたらきに影響を及ぼす可能性について，検討が進められている。

(4) **攻撃性**
① **男性ホルモン**

　攻撃性とその神経生理学的な背景を検討するにあたって考慮しておかねばならない点がある。まず，ひとくちに攻撃性といっても，その表出される状況によっていくつかの異なるカテゴリーに分けられると考えられており，それぞれ異なる生理学的基盤を持っていると示唆されている。たとえば，モイヤー（Moyer, K. E.）は生物学的・進化的観点から，攻撃性を①他種の獲物に対する捕食性の攻撃，②中立区域での雄間攻撃，③恐怖によって引き起こされる攻撃，④隔離・電気ショック・食物欠乏などのストレスによって高められる易怒性の攻撃，⑤なわばり性の攻撃，⑥母親による攻撃，⑦上記のいずれの状況によっても誘発されうるが，学習によって強化される道具的攻撃，の7種に分類した（Moyer, 1968）。げっ歯類などを用いて，何世代か交配を続けることにより，特定のタイプの攻撃性のみ高い，もしくは低い系統の動物を作ることができることが示されている（Popova et al., 1993）。雄間攻撃，なわばり性の攻撃は性行動や社会的順位に関連する攻撃と関係が深く，いずれも男性ホルモンの媒介を受けていると考えられる。これに対し，捕食性の攻撃に性ホルモンが関与しているという証拠はあまりない。

　もう一つの注意点は，攻撃行動とその生理的背景との関連は，動物種間で大きく異なるということである。さまざまな家畜やハツカネズミ，ラット，ハムスターなどにおいて，雄の去勢は攻撃性を低下させるのに有効であり，とくに精巣が増大してくる思春期以前の去勢は効果が高いことが知られている（Nelson, 2005）。一方，げっ歯類の中でも，一夫一妻性のカリフォルニアマウスやプレーリーハタネズミでは，雄の成体を去勢しても攻撃性には変化が見られない。また，イヌを思春期前に去勢しても攻撃性や性行動には影響が現れない。霊長類の場合も，思春期や繁殖シーズンにおける男性ホルモン濃度の上昇は攻撃性の上昇と対応せず，また去勢や男性ホルモン投与によっては個体の社会内順位は変化しない（Dixson, 1980; Rose et al., 1978）。このような種差が生じる要因の一つは，男性ホルモンが個体の発達の際に作用するタイミングの違いにあると考えられる。男性ホルモンは胎児期・周産期に作用して，脳の組織やホルモンへの反応性を雄型に変える。思春期に精巣が増大する時期にも，脳

への組織的な影響がある程度存在すると考えられる。成長後に分泌されるホルモンは，このように発達期に準備された作用経路を用いて活性化作用をする。ヒトを含む霊長類においては，攻撃性など行動の性差を生じさせるのは胎児期の男性ホルモンによる組織的な影響が大きいとされている（新井，1999）。また，男性ホルモンのかかわる繁殖行動における攻撃性の意義が種の繁殖形態によって異なるのに対応し，攻撃性が男性ホルモンに依拠するか否かも異なってくると考えられる。さらに，複雑な社会生活をいとなむ哺乳類においては，ホルモンが直接行動を制御しているというより，学習が行動に及ぼす影響が大きい。

　このように，男性ホルモンと攻撃性との関連は複雑であり，人を対象として男性ホルモンの濃度と攻撃性との間の関連性を検討した研究においては，ほとんど関連がないか，あっても関連性は小さいとする研究が少なくない（Archer, 1991; Book & Quinsey, 2005; Zitzmann & Nieschlag, 2001）。主に自己報告の質問紙調査を用いている一般人を対象とした研究のみならず，囚人などとくに暴力的な被験者群を用いて比較を行った研究の中でも，テストステロン濃度と攻撃性との間の関連は一貫していない。霊長類における攻撃行動は，ラットなどで見られる性ホルモン依存性の攻撃行動に見られる典型的な特徴を欠いており，現象として別のものなのではないかという指摘もなされている。人においては，内分泌学的な疾患やその治療によりテストステロン濃度が大きく変化する場合でも，攻撃性に変化が見られるという一貫した証拠がない（Albert et al., 1993）。思春期の男女において，テストステロン濃度の上昇と攻撃性の上昇との間に対応は見られない（Susman et al., 1987）。男性ホルモンはタンパクを同化し筋肉を作る作用があるため，スポーツのトレーニングや美容の効果を上げる目的で多用されることがある。使用者の中には攻撃性や短気さの上昇を示すケースがあり，「ステロイド性激怒」（roid rage）と呼ばれている。しかしながら条件を統制した実験参加者を対象にタンパク質同化男性ホルモンを投与した研究では，一部の参加者で攻撃性の上昇が見られたものの，参加者の大部分はそのような変化を示さなかった（Pope et al., 2000）。合成男性ホルモンの濫用者は規定の用量をはるかに超える量を使用していることが多く，またもともと高い攻撃性や精神疾患の傾向を持つ場合が多いという指摘もなさ

れている。

以上のような証拠から，人においては攻撃性と血液中の男性ホルモン濃度との間の関係は，どちらかというと間接的なものであると考えられる。以下では，攻撃性の変異とより直接的な関連を持つと考えられる要因について紹介する。

② **受容体**

テストステロンが受容体を通じて攻撃行動に影響をおよぼす際に，大きく分けて4つの経路の存在がわかっている。主要な経路は，脳の中で芳香化と呼ばれる代謝経路を経てエストラジオール（代表的女性ホルモン）に変化し，エストロゲン（女性ホルモン）の受容体に作用するものである（図2-4）。他に，5α-リダクターゼという還元酵素によりジヒドロテストステロン（DHT）という作用が強く芳香化できない男性ホルモンに代謝され，アンドロゲン受容体に作用する経路がある。さらに，これら2種類の代謝物による相乗作用による経路と，テストステロンが単独で直接アンドロゲン受容体に作用する経路がある。特定の種におけるすべての雄において，これらの経路が必ずしもすべて存在しているわけではない。攻撃行動発現の系統や個体による変異は，特定の作用経路の有無を反映しているのかもしれない（Simon et al., 1996）。

エストロゲンの受容体にはαとβの2種類が知られており，マウスを対象とした研究では，攻撃性発現にかかわっているのはα受容体であることが示されている。一方で，霊長類の敵対行動に関しては，β受容体が重要な役割を担っている可能性が示唆されている（Simon et al., 2004）。

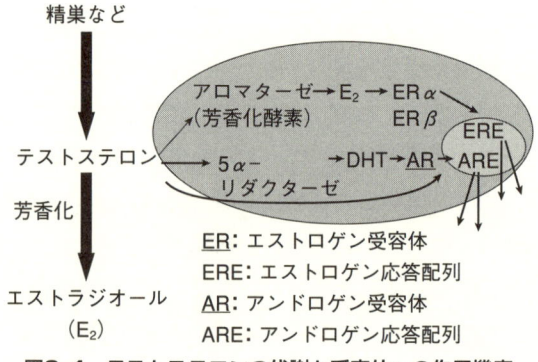

図2-4　テストステロンの代謝と受容体への作用機序

ER: エストロゲン受容体
ERE: エストロゲン応答配列
AR: アンドロゲン受容体
ARE: アンドロゲン応答配列

第1節●生物学的要因

③ 神経伝達物質

　抑うつや強迫神経症の発症にかかわる神経伝達物質の一つとしてよく知られているセロトニンは，攻撃性と深い関連性が指摘される神経伝達物質でもある。セロトニンの機能や受容体の活性が低いと攻撃性が高くなるという関係は節足動物，げっ歯類，ネコ，ヒトを含む霊長類など幅広い種で確認されている。テストステロンや，その代謝産物であるエストラジオール・DHTはセロトニンの作用経路に影響を及ぼすことによって，攻撃行動を調節しているのではないかと考えられている。セロトニンの代謝経路や受容体の多型が攻撃行動の発現の違いをもたらすケースがいくつも報告されている（Ferrari et al., 2005）。

④ 特定の脳部位の障害

　感情や動機づけを司る脳部位は大脳辺縁系と呼ばれ，大脳の深部に位置しており，進化的にみても古い部位である（図2-5）。そのため，動物実験の結果と人におけるメカニズムとをある程度対応させて論じることが可能となっている。視床下部には飲食や性行動，恐怖，怒りなどを引き起こす中枢があり，脳下垂体からのホルモン分泌や自律神経系を制御することによって，身体の反応

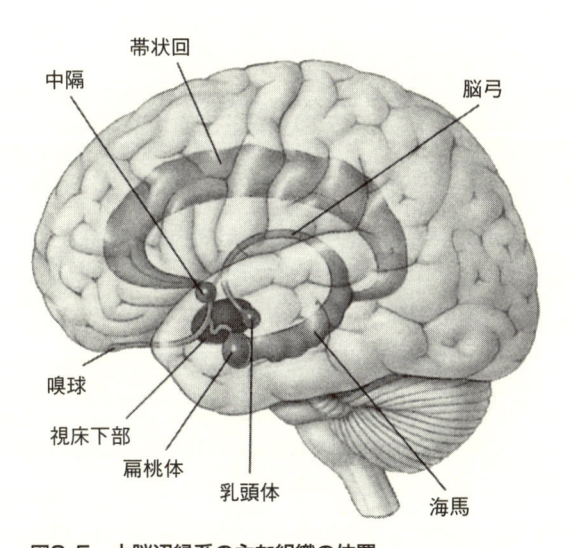

図2-5　大脳辺縁系の主な組織の位置
全体的には，正中線近くに，視床を中心に輪状に配置されている。（Pinel, 2003）

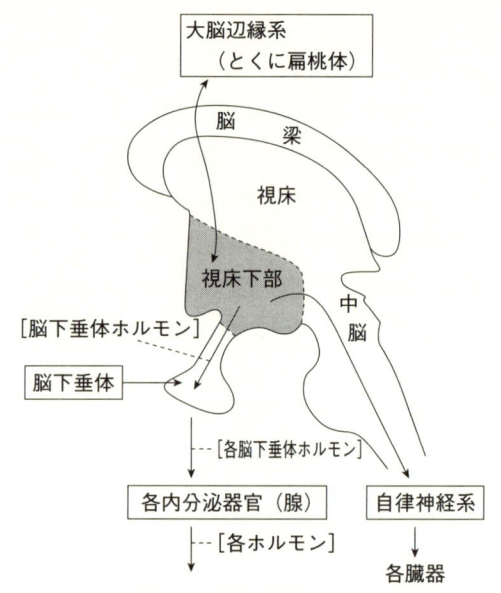

図2-6　視床下部と大脳辺縁系，内分泌系，自律神経系の間の調節関係（金城，1996）

を制御する（図2-6）。視床下部のはたらきを上位から統御する大脳辺縁系の脳部位のうち，情動との関連が最も深い部位が扁桃体であり，次いで中隔である。扁桃体は対象の「生物学的意味づけ（価値判断）」を行い，その判断結果に基づいて視床下部のはたらきを調節している。

　人において，腫瘍などによる損傷が攻撃性を上昇させることが知られている部位は，視床下部内側および中隔である。一方，扁桃体の異常な発作的活動は攻撃性を高め，損傷は攻撃性を低下させる。これらの脳部位のうち，視床下部内側の損傷による攻撃性の上昇は，生育環境の調整によって回復させることが困難であることがラットを用いた研究で示されている。暴力犯罪者の多くが頭部の外傷を経験しており，しばしば脳波の異常を示すこと，また児童期に身体的な虐待を受けている率が高いことも，特定の脳部位の損傷と攻撃性の高さとの間の関連性を示唆する傍証となっている（Albert et al., 1993; Norris, 1988）。

(5) まとめ

　物理的・生理的な去勢は男性の性行動に対する動機づけを弱め，性犯罪の再犯を抑止する効果がある。しかし，テストステロン濃度の高さを性犯罪の主要なリスク・ファクターと考えることには問題がある（Giotakos et al., 2003）。性的強要を予測する要因として重要な，短期的配偶戦略への指向性と攻撃性に関しては，男性ホルモンの影響は間接的なものであると考えられるからである。セロトニンなど神経伝達物質のはたらきの個人差や脳の器質的な障害が，性犯罪へのリスクをより直接的に説明する可能性がある（Kafka, 1997）。

第2節 個人要因

1 はじめに

　性犯罪・性暴力にかかわる要因を大きく分けると，個人要因と状況要因に分けることができる。たとえば，同じ状況下に置かれても性暴力を行う者と行わない者がいる。両者間にある差違は個人要因により生ずる。一方，性暴力を行う者であっても常時，暴力を振るっているわけではない。人を性暴力に向かわせようとする周囲の状況がその人に影響を及ぼすのである。

　これらの要因を研究するのは，犯罪という現象に向き合う心理学の領分である。本節では，性犯罪，とくにレイプや強制わいせつといった性暴力にかかわる要因のうち，生物学的要因を除く個人要因として，性的欲求，パーソナリティ要因，認知の歪みについて概観したあと，いくつかの要因を統合したモデルを紹介し，最後に筆者らの個人要因と性暴力加害の因果モデルに関する研究を紹介する。

2 性的欲求

　一般には，性暴力の最大の原因，あるいは最も根底にあるものは性的欲求と考えられているようである。レイプ神話の構成要素（大渕ら，1985）でも，その冒頭に「性的欲求不満：男性は女性に比べてはるかに強くまた抑えがたい性的欲望を持っているから，レイプはやむをえないこともある。」と取り上げられている。性的欲求が原因だという加害者の主張は，暴力行為自体を合理化しようとする主張に利用される。さらに「つい，むらむらっときて」などというような性的欲求への原因帰属は，「むらっ」としたのは被害者のせいだという言外の意味さえあるかもしれないと，藤岡（2006）は指摘している。このように性暴力の原因が加害者の性的欲求にあるという主張は，加害者（犯罪者）の合理化を助長し，被害者への責任転嫁にさえ利用されるおそれがあるためからか，性犯罪研究では加害者の性的欲求に関する要因はあまり重視されてこなかった。

　しかし，加害者の性的欲求が性暴力の唯一の動機であるとは言えなくても，少なからず性的欲求が性的暴力行動にかかわっているであろうことは推察される。エリス（Ellis, 1991）は，理論的研究論文の中で，性的暴力を予測する一つの要因として，性的な支配欲求とともに性的欲求の概念を強調した。そして性的な攻撃行動は学習されたものであるが，性的攻撃への動機づけは基本的に学習されるものではないとしている。

　第2章第1節で紹介された合流モデルは，階層的媒介合流モデル（Malamuth, 2003）（Hierarchical-Mediational Confluence；以下，HMCモデルと呼ぶ）へと発展し，このモデルを使った最近の研究でも，乱婚性または非人間的性交（Impersonal Sex）という概念を構成する一つの変数として性的欲求が含まれている（Vega & Malamuth, 2007）。性的欲求単独では，性的暴力との関連性は有意に結びついていない（Malamuth et al., 1995, Vega & Malamuth, 2007）が，非人間的性交という概念を構成する主要な変数の一つとして重要な役割を果たしている。非人間的性交という概念は，少年期の非行経験，一般的性欲，そして非人間的な性欲（自慰行為の頻度と面識のない女性に対する性的興奮の頻度）から構成されており，信頼性係数は十分ではないものの，性的攻撃を予

測する重要な因子とされている。

　一方，性的欲求が単独で性的加害行為に関連するという報告もある。湯川と泊（1999）は，大学生のサンプルを使った実証データに基づいて，性的欲求が性暴力にかかわっていることを明らかにした。彼らは「つき合っている女性を抱きしめたいと思うのは男として当然のことだ」といった一般的性欲を質問紙によって測定し，それが，彼らが想定した因果モデルのすべての段階とかかわっていた。彼らが測定した一般的性欲は，ポルノグラフィーとの接触，友人・先輩との性的な情報交換，性犯罪神話の形成と関連し，さらに性犯罪行為可能性へも直接，有意に結びつくことが示されたのである。

　以上の研究知見からすると，性的欲求が性暴力への一つの動因になっているのは確かなようであり，そしてそれは直接的にも間接的にもかかわっているようである。性的欲求については後述する筆者らの研究でも取り上げられる。その中で性的欲求がどのようにかかわるのか示される。

3　パーソナリティ特性

　性犯罪や性暴力と関連があるパーソナリティ特性で検討されているものとして，共感性（Malamuth, 2003；Vega & Malamuth, 2007），非協調性（湯川・泊，1999，田口ら，2006），自尊感情または自尊心（Marshall et al., 1997），恥の意識と罪の意識（Bumby et al., 1999，田口ら，2006），冷淡さと情緒性の欠如（Knight & Sims-Knight, 2004）などがある。ここでは，共感性について概観するが，他の特性のいくつかについては後で触れられる。

　共感性とは，「傷ついて脅えた，あるいはそうでなくてもネガティブな経験にさらされている他者に気づき，その人を心配し，思いやりと哀れみの感情を経験すること」（Ward et al., 2006）と定義される。とくに性犯罪の場合，共感性の果たす役割も重要のように感じられるが，これまでの研究は必ずしも一つの方向を示していない。日本における非行研究では，共感性の高低と非行との関連性が否定されているばかりか，非行群の方が一般群より共感性が高い結果が報告されている（大住・浜井，2000；出口・大川，2004；稲葉・新堂，2007）。一方，共感性が性暴力にかかわっていることを示す研究がある。デイ

ビス（Davis, 1983）は共感性の4因子構造を提唱し，28項目からなる対人的反応性指標（Interpersonal Reactivity Index：IRI）を作成した。4因子とは，「共感的配慮」「個人的苦痛」「想像力」「視点取得」である（Davis, 1983）。このIRIを使った研究によれば，共感性が低いと性暴力へのリスクが高い個人的特徴を持った男性は，そうでない男性に比べて性暴力経験が多い。そして，高い共感性はリスクが高い男性にとって性暴力に対する「防御因子」である可能性がある（Wheeler et al., 2002）。さらにベガとマラムス（Vega & Malamuth, 2007）は，IRIの下位尺度の一つである「共感的配慮」尺度（7項目）を使用して共感性の測定を行い，ネガティブな男性性（自己中心性）や衝動性と共に共感性が低いと性的攻撃のリスクが高くなることを明らかにしている。

共感性が性暴力にかかわる役割は複雑で，共感性の欠如が性暴力への寄与を説明するには不十分であるという指摘もある（Rice et al., 1994）が，性暴力と共感性の関係を扱った実証的研究によれば，共感性の獲得は性暴力を抑制する方向にはたらきかける可能性があるといえよう。

4　認知の歪み・レイプ神話

認知の歪みも性犯罪者に特有のものである。認知の歪みにはレイプ神話の問題の他に，非言語的コミュニケーション能力の相違（佐渡, 1999）やデートレイプにおける女性の行動に対する誤解（Muehlenhard, 1988）なども含まれる。

レイプ神話とは，レイプの責任を被害者に転嫁したり，加害者側の正当性を主張してその責任を否定し合理化しようとする誤った信念や態度である。大渕ら（1985）はこれまで多くの研究者によって指摘されてきた信念を7項目にまとめ，さらに大きく二つに分類した。一つは，男性の条件を取り上げてレイプを合理化しようとする「（男性の強い）性的欲求不満」，「（男性の）衝動行為」，「女性の性的挑発」の3項目である。二つめは，女性の条件を取り上げて責任転嫁しようとする「暴力的性の容認」，「女性の被強姦願望」，「女性のスキ」そして「（女性による）ねつ造」の4項目である。このレイプ神話のまん延は，性犯罪の防止という観点からも望ましくない社会的影響をもたらすとして大渕ら（1985）は，次の三つの問題を指摘している。まず，「レイプ神話は被害者

表2-1　レイプ神話の構成要素（大渕ら，1985）

性的欲求不満
　　男性は女性に比べてはるかに強くまた抑えがたい性的欲求を持っているから、レイプはやむを得ないこともある。
衝動行為
　　レイプは一時の激情によるものだから、厳しくとがめるべきではない。
女性の性的挑発
　　女性の性的魅力に圧倒されてレイプに走ったのだから、女性の性的挑発も原因の一部である。
暴力的性の容認
　　女性は男性から暴力的に扱われることで性的満足を得るものである。
女性の被強姦願望
　　女性は無意識のうちに、強姦されることを願望している。
女性のスキ
　　行動や服装に乱れたところがあり、自らレイプされる危険を作り出している女性は被害に遭っても仕方がない。
ねつ造
　　レイプ事件の中には、女性が都合の悪いことを隠したり、男性に恨みを晴らすためにねつ造したものが多い。

が軽率であるか、素行の良くない女性であるといった偏見を生みだすことになり、被害女性の人権を傷つけ、また彼女たちの精神的治療の妨げになる」（Osborne, 1982）。次に、「このような考え方が一般化することは、人々がレイピストに対して寛容になり、レイプが行われやすい社会的雰囲気を作り出すことになりかねない」（Burt, 1980）。さらに、「被害者の責任を強調することはレイピストの罪を軽減させることになり、当然弁護側の法廷戦術としてよく使われてきた」（大渕ら，1985）ことは看過できない。

　レイプ神話にはレイプを矮小化（被害者の心的外傷の程度を小さく推定）し、そして正当化（加害者の責任を小さく認知）する働きがあり、それは加害者と被害者の関係が他人である場合より既知である場合に大きい（北風ら，2009）。性的攻撃性の高い男性とそうでない男性との認知的処理過程の差違についての実証的研究のレビューによれば、性的攻撃性の高い男性はレイプ神話に対する受容度が高く、被害者の責任を追及する傾向が強く、右翼的態度を支持していることが示されている（Drieschner & Lange, 1999）。レイプ神話の構成要素を分けて検討した研究では、暴力的性の容認（湯川・泊，1999；大渕ら，

1985），被強姦願望（大渕ら，1985），女性性欲の誤認（湯川・泊，1999）がレイプに関与する要因として指摘されている。とくに，小児わいせつ犯は被害者に対して利己的で歪められた認知をしている（Bartol & Bartol, 2005）。そして，彼らの行為を正当化するために利用され，子どもとの接触を促進する。性的関係にある子どもはセックスを望んでおり，身体的な怪我がなければ傷を負うことはない，そして自らは本当は悪くないと思っている（Mihailides et al., 2004）。

5　多因子によるモデル

　多因子モデルでは，個人要因以外の要因も含まれてくるが，それは個人要因だけでは性犯罪に至る過程を説明しにくいためである。本章第1節でも紹介されたマラムスらの「合流モデル（confluence model）」は，実証研究に基づく性的攻撃の至近要因についての洗練された統計モデルで，フェミニストと社会科学の枠組みを組み合わせたものである（Ward et al., 2006）。合流モデルでは，乱婚性または非人間的性交と敵対的な男性性という二つの経路が女性に対する性的強制に結びつく。このモデルで中心となる個人変数は，乱婚性と女性に対する敵対的な男性性である（図2-2参照）。乱婚性は，相手の人格を尊重しない非人間的な性的関係を求める行動で，敵対的な男性性は，女性に方向づけられた防衛，敵意，不信感，そして不安という要素と，女性を支配し屈辱を与えることによって得られる満足という二つの要素から構成されるパーソナリティ特性である。この二つの要因は単独でも性的強制と関連しているが，両方を持ち合わせた男性は性的強制の可能性がさらに高まることを仮定している。
　小児わいせつ犯罪の説明モデルとして知られているものにフィンケラー（Finkelhor, D.）の理論がある。性的小児虐待に関する総合的なモデルで，なぜ男性が子どもに性的虐待を加えるかについて理解するのに系統だった枠組みを提供するだけでなく，明確な治療目標を示し，臨床上の改革に導いた（Ward et al., 2006）。基本的な四つの理論は，①情緒的一致理論，②性的覚醒理論，③遮断理論，④脱抑制理論である。それぞれの内容については，バートルとバートル（Bartol & Bartol, 2005）が解説しているので参照していただきたい。
　日本で性犯罪にかかわる要因を分析した最初の実証研究は大渕らの研究

(1985) である。大渕らは，レイプ神話と性犯罪について研究を行った。彼らは，まずレイプ神話が一般人や性犯罪者に支持されているかを調査し，次にレイプ神話と性犯罪の関係を検討し，そしてレイプ神話を形成するパーソナリティ条件を探索しようとした。男女を含む大学生143人，拘置所で受刑中の一般犯罪者56人（男性），性犯罪者16人（男性）を対象とし，レイプ神話への支持4項目（暴力的性の容認，潜在的被強姦願望，女性のスキ，ねつ造），レイプ神話の形成要因を探るための経験変数3項目（家庭内暴力被害，両親間暴力の目撃，性的暴力メディアとの接触）とパーソナリティ要因4項目（性的ステレオタイプ，性に関する保守主義，女性に対する敵意，性的自己評価）について調査した。その結果，レイプ神話の支持率をみると，暴力的性の容認と被強姦願望について，性犯罪者が最も高く支持していた。次いで一般犯罪者，男性大学生，女性大学生の順に支持率が下がる。性犯罪者にはレイプ神話に対して強く支持する者がおり，さらに一般男性大学生だけでなく女性大学生の中にも支持する者がいる，すなわち，一般の人々に多くはないものの幅広くまん延している誤った信念といえよう。この誤った信念はレイプに対する許容的な態度を助長する危険性があり，実際に性犯罪者が一番多く支持していたことは，レイプ神話がレイプを促進する要因であることを示唆しているとしている。また，レイプ神話を形成するパーソナリティ要因として最も強い関係を示したのが，女性に対する敵意であった。女性に対して敵意や不信感を持っている者ほど女性の被強姦願望を強く信じる傾向が明瞭にみられたのである。女性に対する敵意はマラムスらの合流モデルでも重要な要因として検討されている。

性的攻撃性が高い男性の方が児童期に性的虐待を受けた率が高いという報告がある（Hall & Hirschman, 1991）。また，上述した合流モデルの枠組みでは，両親の暴力と子どもへの虐待の両方またはどちらかが，青年期の非行の発生率に大きくかかわっており，さらにそれが，非人間的な性嗜好と性的乱婚性につながる（Vega & Malamuth, 2003）。大渕らも，バート（Burt, 1980）の家庭内暴力被害や両親間暴力の目撃はレイプ神話との関係があるとする研究結果を参考に，性犯罪者の児童期の被暴力経験と両親間暴力の目撃を検討している。それによると性犯罪者は，一般犯罪者や男子大学生にくらべて両親間の暴力を多く体験していた（大渕ら，1985）。児童期の不幸な家庭環境がその後の性犯罪

に結びつくというのは，原因論としては飛躍していると指摘されるかもしれないが，性的攻撃の予測という面では有用であろうし，性的攻撃に関連するパーソナリティ要因や認知の歪みを生じさせるに至った背景要因として考慮する必要がある。

湯川と泊 (1999) は，大渕らの研究で使用されたレイプ神話をセクハラや痴漢行為にまで広げた性犯罪神話という概念を構成し，20項目からなる性犯罪神話尺度を作成，これに性欲，パーソナリティ特性，ポルノグラフィーへの接触，友人・先輩との性的情報の交換などを加えた項目を165人の男性大学生に尋ね，あわせて実施された性犯罪行為可能性との関係について分析を行った。仮定された因果モデルは，個人内要因（性経験，交際相手，一般的性欲，パーソナリティ）が性的メディア接触をうながし，それが友人・先輩との性的情報交換につながり，さらに性犯罪神話の形成を通して，性犯罪行為の可能性に結びつくというものである。因果モデルの分析にはパス解析が使われた。分析の結果，性欲が強いことや性体験があることがポルノ情報への接触をうながし，身近な友人や先輩との誤った性的情報の交換を介して，性犯罪を合理化する性犯罪神話を態度として形成し，性犯罪へと結びつく可能性が示された。性犯罪神話の中で性犯罪へ結びつく可能性があるのは「女性は強引なセックスを望んでいる」と「女性の方が性欲が強い」という誤った認識である。また，個人のパーソナリティ特性として非協調的な性格，つまり自己中心的な思考や対人的な不信感があると，誤った性情報に接触しなくても女性の性行動や女性観をゆがめ，性犯罪に結びつく可能性も示唆している。

6　個人要因と性暴力加害の因果モデル

(1) 目的と方法

これらの研究に鼓舞されて筆者らは，性犯罪にかかわる要因を検討するために自己報告研究を行った（田口ら，2006，2007b）[注1]。自己報告研究は，回答

注1：この研究は日本学術振興会から平成18，19年度科学研究費補助金（奨励研究：課題番号18905011，19905009）の助成を受けて実施された研究の一部である。

者が社会的望ましさの影響（田村，1993）を受けて自らの加害経験を少なく報告する可能性や，逆に自らの犯罪行為を大げさに回答する露悪的傾向（山口，2005）が影響する可能性が指摘されているが，多くの研究者が司法機関の統計より犯罪の実態を正確に示していると考えている（Bartol & Bartol, 2005）。

　湯川・泊研究は，従属変数に性犯罪行為可能性尺度で測定された性犯罪行為可能性を使ったのに対し，筆者らは実際に性的加害行為を行った者の加害行為の頻度や対象などを従属変数にしている点が異なっている。性的加害を行った経験は刑務所などに収容されている受刑者を対象にすればサンプルは豊富に集まるが，第1章でも述べたように収監されている受刑者は性犯罪者の母集団を必ずしも代表していない。そこで一般の社会人男性に対して性的加害行為を自己報告させてサンプルを抽出した。性的加害経験の調査には，性的経験調査 Sexual Experiences Survey（SES）（Koss et al., 1987, 2007; Koss & Gidycz, 1985; Koss & Oros, 1982）が使用されるが，文化差や利便性を考慮して独自に調査票を作成した。

　質問紙の内容は次のとおりである。性暴力加害の経験をスクリーニング（第3章第1節，90頁参照）するため「相手が望んでいないのに，無理やり相手の乳房や性器に触ったり，セックスしたりしたことがありますか？　妻や恋人への行為や未遂も含めて答えてください」と尋ね，該当する場合は，相手との関係，人数，回数，一番新しい加害に関する相手，告訴の有無，加害人数，双方の年齢，場所，制圧方法，加害内容，直前の状態，相手の反応等について回答を求めている。次に，加害に至った原因帰属を5件法により尋ねた。加害行為をしようと思ったが想像しただけの経験と，実行に移さなかった原因帰属についても同様に尋ねている。また，のぞき，色情盗，買春などの経験とその頻度についても尋ねている。性的加害行為を説明する個人変数として，性格特性については新性格検査（柳井ら，1987），女性に対する認知に関して，性犯罪神話尺度（湯川・泊，1999），平等主義的性役割態度スケール短縮版（鈴木，1991，1994），女性に対する敵意（大渕ら，1985），女性に対するスキルに関して，KiSS-18（菊池，1988）から対人場面を抜粋して対象を女性に変更したもの，そして男性用性的欲求尺度（田口ら，2007a）が実施された。調査対象者は，東北地方から九州地方に居住する20歳以上の刑務所等の施設に収容されて

いない男性1,100人である。なお有効回答率は40.3%（443人）であり、高いとは言えないが、同種の調査研究に比べて低くはない。

(2) **性暴力加害の発生頻度**

未遂を含む性暴力の加害経験を76人（17.2%, $N=443$）があると報告した。被害者は妻が一番多く、次いで恋人や元妻、知人と続き、面識のない他人は15人（3.4%）であった。回収率が低く、また回答しても性暴力加害経験を隠す者もいると考えられるので、これらの数値は少なく見積もった数値とみるべきであろう。

具体的な加害の内容と被害者の反応を表2-2に示す。制圧方法は、物理的な強制力を伴ったものと言葉によるごまかしで大半を占めている。被害者によって制圧方法が相違しており、面識のある被害者には強制力が多く使われ、他人には言葉によるごまかしが多いのが特徴である。加害行為は姦淫した者が4割を超えている一方で、乳房に対する加害で終わる者も少なくない。被害者の

表2-2 被害者別にみた加害の内容と被害者の反応

	妻 $N=26$	恋人 $N=26$	知人 $N=14$	他人 $N=9$	全体 $N=75$
制圧方法					*
強制力を行使	34.6%	30.8%	35.7%	11.1%	30.3%
言葉でごまかして	26.9%	46.2%	7.1%	66.7%	34.2%
寝ているのを	30.8%	7.7%	7.1%	11.1%	15.8%
酔わせて	3.8%	11.5%	28.6%	0%	10.5%
その他	3.8%	3.8%	21.4%	11.1%	7.9%
加害行為					
姦淫	35.7%	56.0%	42.9%	55.6%	46.1%
陰部対象	35.7%	32.0%	14.3%	0%	26.3%
乳房対象	25.0%	16.0%	35.7%	44.4%	26.3%
その他	0%	0%	7.1%	0%	1.3%
被害者の反応					*
身体での抵抗	57.1%	64.0%	35.7%	22.2%	51.3%
言葉での抵抗	10.7%	4.0%	7.1%	33.3%	10.5%
無抵抗	21.4%	28.0%	50.0%	11.1%	27.6%
その他	7.1%	0%	7.1%	22.2%	6.6%

*$p<.05$, **$p<.01$

反応は被害者によって差がみられる。全体では，身体での抵抗が多く，言葉での抵抗とあわせると6割以上に及ぶが，無抵抗の被害者も3割弱みられる。とくに知人に無抵抗が多いが，妻や恋人，あるいは他人に比べ，相手に遠慮するなど抵抗しにくい状況または人間関係が関与している可能性が考えられる。

(3) 性暴力加害の因果モデルの作成

次に，性犯罪にかかわる要因間の相関構造を探索的に検討した。未遂を含む性暴力の加害経験があると報告した76人について，加害相手との「間柄」が遠いほど，および「行為内容」の被害が重大であるほど悪質であると仮定して得点化し，加害対象となった相手の「加害人数」とあわせた三つの観測変数から潜在変数「性暴力加害」を構成した。そして，各心理学的変数と「性暴力加害」との因果モデルを構造方程式モデリングにより探索的に検討した。

図2-7に最終的に採択した因果モデルを示す。GFIを始めとするモデルの適合度は高く，データとモデルの当てはまりはよい。強姦や暴力メディアに興奮しやすいほど，そして性的欲求が高いほど，買春，違法ポルノやのぞき等の

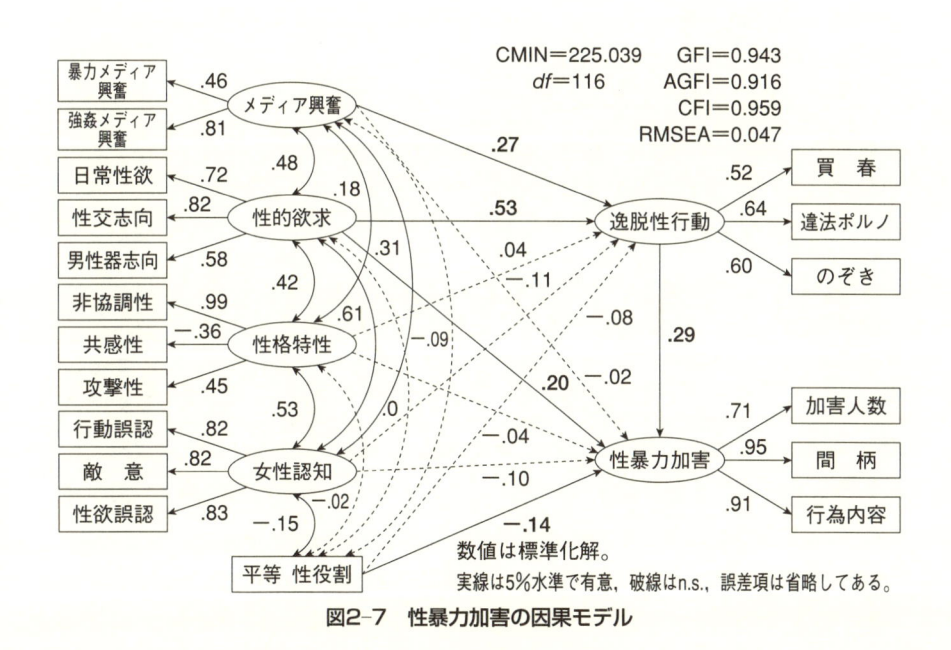

図2-7 性暴力加害の因果モデル

逸脱した性行動をしやすく，逸脱した性行動をしやすいほど，そして性的欲求が高いほど，および平等的性役割観が低いほど，悪質な性加害行為を実行しやすくなる。

協調性と共感性が低く，攻撃性が高い性格特性と関連があり，「女性は暴力的な性を望んでいる」「女性の方が男性より性欲が強い」といった誤った認知と女性に対する敵意からなる女性に対する認知の歪みは，性加害実行へ直接影響を与えていないが，性加害実行に関連する性的メディア等への興奮しやすさと性的欲求の高さには，相互に関連性がみられる。また女性に対する認知の歪みは平等的性役割観が低いことにも関連している。

前述したマラムスらの合流モデルでは，非人間的性交と敵対的男性性の二つが女性に対する性的攻撃行動をもたらすパスとして示されている。非人間的性交は非人間的な性行為をできるだけ多く持とうとする性志向で，本モデルの買春を含む逸脱性行動とほぼ同じものといえる。また，敵対的男性性は，本モデルの女性に対する認知の歪みに含まれる概念と考えられるが，本モデルでは性加害行動への関連性は認められなかった。しかしながら平等的性役割観からのパスが有意に結びついており，フェミニズムとの融合を試みた合流モデル（Krahé, 2001）を支持する結果といえよう。

一方，本モデルでは，性的欲求の性加害実行への直接効果（.20）のほかに，逸脱性行動を経由する間接効果（.15）があり，両者を加えた総合効果（.35）からすると，個人要因の中では性的欲求が性加害実行への影響力が最も高い。性的欲求は，性犯罪の発生にかかわる要因として重要な役割を果たす変数と考えられる。

本モデルをマラムスらの合流モデルと比較すると，本モデルでは敵対的な男性性からのパスに相当するパス，女性に対する敵意や攻撃性からのパスが有意には結びついていない。犯罪者プロファイリングに寄与するための一連の研究では，日本の強姦犯が犯行時に示す身体的暴力の程度がイギリスの強姦犯に比べると低く，女性を辱めるような行為（たとえば冒涜的な言葉によって侮辱するなど）も日本では少ない（田口・猪口, 1998）。日本人は欧米人と比較して攻撃性が低く，それが性暴力のモデルでも反映されたのかもしれない。

(4) 性犯罪の抑止要因

　得られた結果から，性暴力加害にかかわる個人要因として，性犯罪の抑止に関連する可能性がある要因が浮かび上がってきた。それは性暴力加害を実行しなかった原因帰属の内容を調べたもので，女性に性的暴力を加えようと想像したが実際には加えなかった経験がある130人について，過去に性的加害経験がある群（62人）と性的加害経験がない群（68人）に分けて比較した結果である。両群間に差のある項目，すなわち性的加害経験がある群の得点より未加害群の得点が高い項目があるならば，それは抑止にかかわる要因と考えることができる。表2-3は，それぞれの原因帰属の理由に「あてはまる」から「あてはまらない」までの5段階に分けて得点化（5～1点）した平均である。未加害群の中で原因帰属の得点が最も高く，かつ加害経験群よりも得点が有意に高かったのは恥の意識と罪の意識であった。次に高かったのは「社会的立場を失うので」や「家族から見捨てられるので」という原因帰属で，刑罰を含む社会的制裁への恐れ，すなわち性的加害行動を行ううえでの知覚されるリスクである。このことから，性犯罪の抑止や再犯防止に関連する要因として，少なくとも性的加害に対する恥や罪の意識，そして刑罰や社会的制裁の抑止効果がかかわっていると考えられる。しかしながら一方で社会的制裁がないと判断するような状況下に置かれるならば，68人の未加害群のうち，「社会的立場を失うので」

表2-3　性暴力加害を実行しなかった原因帰属の得点

加害を実行しなかった原因帰属	想像のみ群	加害あり群	
罪・恥の意識			
悪いことなので	3.94	3.27	**
人間として恥ずかしいことなので	3.87	3.15	**
知覚されるリスク			
社会的立場を失うので	3.15	2.29	**
家族から見捨てられるので	3.13	2.24	**
訴えられると思ったので	2.79	1.87	***
知覚される労力			
拒否されそうなので	3.54	3.53	n.s.
抵抗されそうなので	3.75	3.82	n.s.
勇気がなかったので	3.06	2.74	n.s.

*$p<.05$, **$p<.01$, ***$p<.001$

に「(やや)あてはまる」と回答した45.6％の男性は性犯罪にかかわる可能性があることもこの結果は示している。

さらに，絶対に罰を受けないのならレイプするかもしれないと思っている人が男子大学生の中に約35％いるという報告がある（Malamuth, 1981）。筆者らが行った研究（田口ら，2007b）の中で使用された性犯罪行為可能性尺度（湯川・泊，1999）のデータを再分析した結果においても，成人男性442人中131人（約30％）が，同様にレイプする可能性があると報告している。

ところで，性犯罪の抑止にかかわる要因として指摘された恥の意識と罪の意識は，性犯罪者の再犯にかかわる要因としてそれぞれ違った作用をするようである。性犯罪にかかわる恥と罪の影響についての理論モデル（Bumby et al., 1999）によれば，性的加害行為の後に恥ずかしいと感じる者と罪の意識を感じる者では，再犯の可能性が増大するまでの認知過程が相違しており，再犯行の可能性を減少させるには恥の意識はむしろ減少させ，罪の意識を大きくする方がよいとしている。この「恥と罪」仮説は性犯罪者の治療領域で生まれたものであるが，今後の実証研究が望まれる興味深い仮説である（越智，2007）。越智は子どもに対する性犯罪の再犯率が高い理由の一つとして，子どもに対する性犯罪者が罪の意識を感じるより恥の意識を感じることが多いという指摘を取りあげている。

(5) 等質性・連続性の検討

性的攻撃に関する研究は対象別でみると二つの領域，非犯罪者のサンプルを研究対象とした領域と，犯罪者のサンプルを研究対象とした領域があり，表面上は異なった特徴を検証しながらそれぞれ独立して発展してきた（Vega & Malamuth, 2007）。ベガとマラムスによれば，この二つのラインを統合する試みも行われたようであるが，犯罪者サンプルによる研究で強調された「冷淡さと情緒性の欠如」に反映されるパーソナリティは，非犯罪者サンプル研究で確立されたマラムスのHMCモデルに間接的にリンクする変数として含まれているとしている。

ここで非犯罪者サンプルを使った研究から得られた知見が，妥当性のあるものであるかという問題が生じる。犯罪研究は，犯罪者を対象とした研究でなけ

第2節●個人要因

れば意味がないという意見もあるであろう。性犯罪者が一般人とは異質な集団であるならば，性犯罪研究は性犯罪者を対象とした研究でなければ意味がないが，性犯罪者と一般人が等質な集団であるとすれば，あるいは性犯罪者と一般人とには連続性があり，性犯罪者は一般人の極端な例だとすれば，一般人を対象としたアナログ研究が有用であるといえる。

この性犯罪者群と非性犯罪者である一般人群の等質性，連続性を検討するために，田口らが行った自己報告研究（田口ら，2007b）のデータに新たに収集したデータを加えた新しいデータセットを作成し，構造方程式モデリング[注2]の2母集団同時分析を試みた（田口ら，2007c）[注3]。

調査は東北地方から九州地方に居住する18歳以上の刑務所等の施設に収容されていない男性2,045人に対して質問紙を配布し，回答が有効であった785人（38.4％）のデータを用いた。785人の内訳は，会社員319人，公務員205人，学生213人，自営業等その他48人である。平均年齢34.1歳（$SD = 13.09$, 18—69歳）。質問紙の内容は田口ら（2006, 2007b）と同じ内容である。785人のデータを性暴力加害群（151人）と性暴力非加害群（634人）の二つに分割し，まず，性暴力加害群の要因構造を検討した。分析にはAMOS7.0J（SPSS）を用いた。性暴力加害群について探索的因子分析により次の4因子を抽出した。

「性的欲求因子」；日常性欲，男性器性欲，性交志向性欲
「性格因子」；攻撃性，非協調性
「女性認知因子」；女性に対する敵意，女性の性欲誤認
「性行動因子」；のぞき経験，強姦シーン興奮，ナンパ経験，違法ポルノ接触

抽出された4因子を使ったモデルとしては，図2-8のような2因子または3因子の因果モデルと相互の相関をみた因子分析モデルが考えられる。一般には性行動の上位概念として性的欲求，性格そして女性認知があると仮定する因果モデルの方がわかりやすいが，必ずしも性行動の背景に女性に対する認知があるとは限らない。集団の等質性，連続性の検討が主目的である今回の分析で

注2：構造方程式モデリングは，豊田秀樹著『原因をさぐる統計学　共分散構造分析入門』（講談社）が初学者にとってわかりやすい。
注3：この研究は日本学術振興会から平成18, 19年度科学研究費補助金（奨励研究：課題番号 18905011, 19905009）の助成を受けて実施された研究の一部である。

第2章 ● 性犯罪にかかわる要因

2因子　因果モデル

3因子　因果モデル

4因子　因子分析モデル

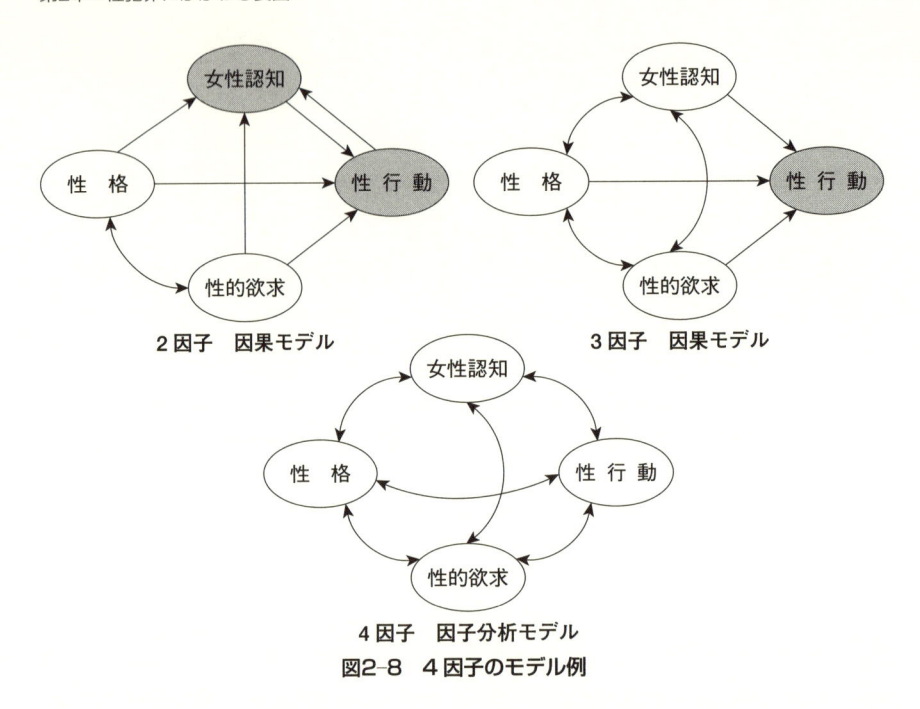

図2-8　4因子のモデル例

は，因子間の相互関係をみていけばよいので，因果関係を確認する必要がない因子分析モデルを採用した。モデルの適合度は十分高い（$\chi^2 = 49.394$，$df = 38$，$p = .102$，GFI $= .946$，CFI $= .972$，RMSEA $= .045$）。

　加害群から得られた因子分析モデルを使って，加害群と非加害群の2母集団同時分析を行い，両群間の等質性・連続性について検討した。群間に等値制約を置かないモデルで十分な適合度が得られたので，確認的因子分析モデルが非加害群にも適用できることが示された。両群のモデルにおいて確認的因子分析のパス図が等しい，すなわち因子不変が成立しているので，加害群と非加害群は質的な構造が同じであると仮定することが可能である。次に，測定モデルのパス係数と観測変数の切片に等値制約をかけたモデルでも高い適合度が得られた。これは集団間で測定不変が成立しており，両群の因子構造の同等性についての強い証拠といえよう。図2-9は，そのときの非標準化解であり，図2-10は標準化解である。加害群は，非加害群と比べて因子平均が高く，とくに，偏差値換算で「性的欲求」は6.1，「性行動」にいたっては12.8と非常に高い。ま

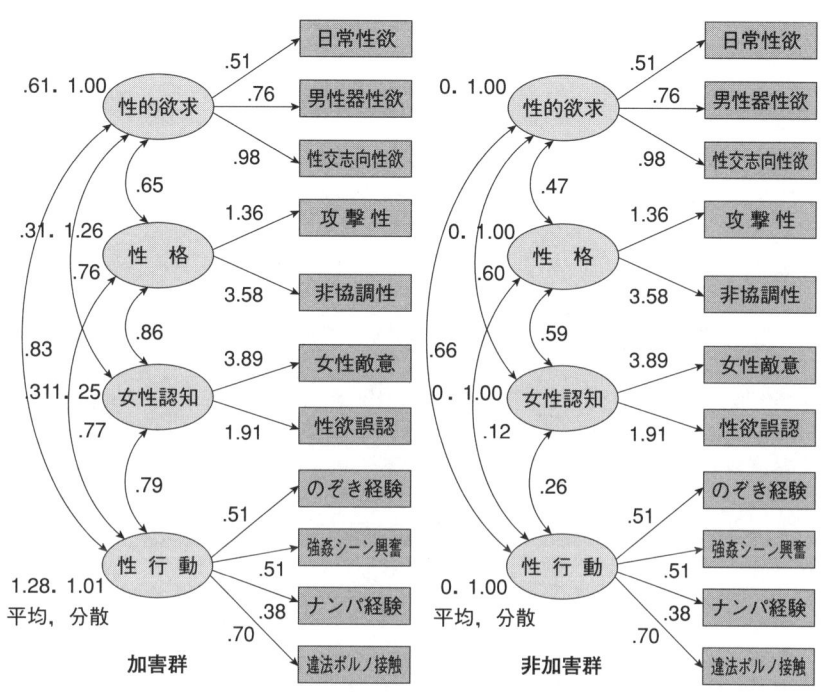

図2-9 測定モデルのパス係数と観測変数の切片に等値制約をかけたモデル（非標準化解）

た因子間相関をみると，加害群の方が「性行動」と「性格」，「性行動」と「女性認知」の相関が大きい。すなわち加害群は非加害群に比べ，とくに違法ポルノへの接触などの性行動がより多く，性的欲求や，攻撃的で非協調的な性格で女性に対する敵意や女性の性欲を誤認するといった誤った女性認知をより多く持っているといえる。以上から，加害群と非加害群は，質的構造は同じであるが因子の推定値が異なる，すなわち連続性があるということができる。

性暴力行為すなわち広義の性犯罪を加害者として経験した群とそうでない群が，異質というよりはむしろ同質であり，違いは連続的な差であることが確認されたことは，大学生や一般社会人を対象とした性犯罪研究の正当性を裏付けるものである。今後，性犯罪研究の分野における一般人を対象としたアナログ研究の進展が期待される。

第2章 ● 性犯罪にかかわる要因

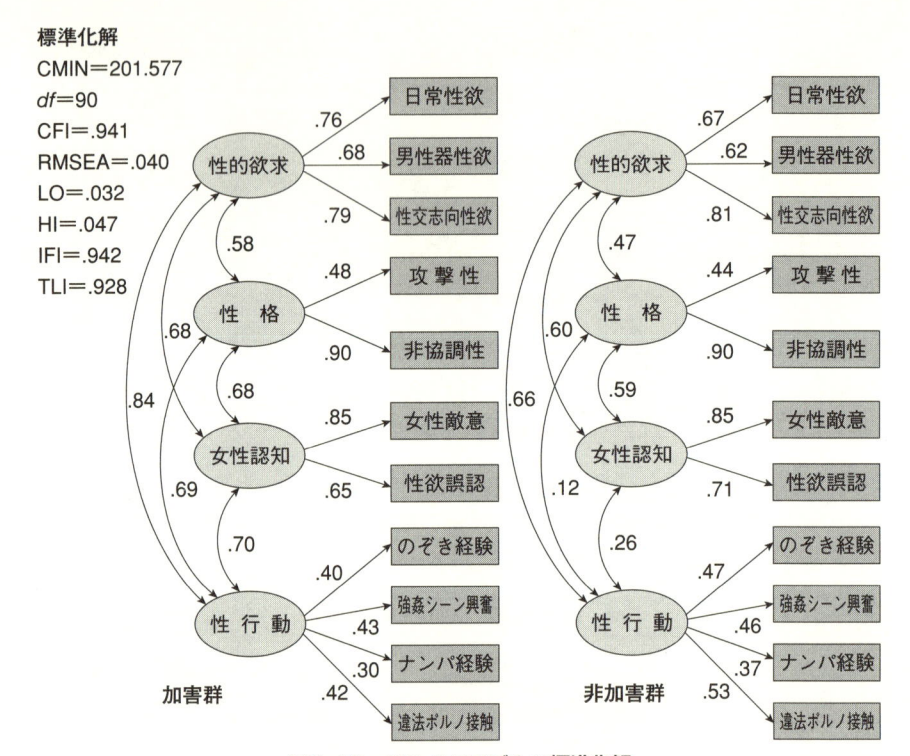

標準化解
CMIN＝201.577
df＝90
CFI＝.941
RMSEA＝.040
LO＝.032
HI＝.047
IFI＝.942
TLI＝.928

図2-10　図2-9のモデルの標準化解

第3節

状況要因・環境要因

1 はじめに

　「最新の（人間行動に関する）理論と研究の多くは，人間行動がパーソナリティ変数と状況的変数との相互作用の結果であるという見方を支持している」(Bartol & Bartol, 2005)。犯罪研究の分野においても，「犯罪者は環境の特性と

その時の状況との両方の影響を受け，（その）場所や状況からの影響は個人の中の動機，知識，その他の心理的状態によって変化する」と多くの研究者が考えている（羽生，2005）ように，犯罪という現象も犯罪性にかかわるパーソナリティ要因と状況要因の相互作用の結果と言いかえることができよう。環境要因への注目は，「割れ窓理論」に代表される状況的犯罪予防論につながる。この状況的犯罪予防論を内包する環境犯罪学（守山と西村，1999）は，個人の資質には目を向けないで，犯罪が発生する環境あるいは潜在的犯罪者を取り巻く環境や状況を操作することで犯罪抑止に貢献しようとするものである。また，犯罪環境心理学（羽生，2005）は，環境犯罪学よりさらに犯罪性を持つ者との交互作用を重視した立場である。これらの環境を重視したアプローチは，犯罪を減少させる施策や活動に活かされている。たとえば，アメリカでは女性のヒッチハイカーがレイプ被害に遭うのを減少させるために公共バスの深夜運行が試みられているし（守山と西村，1999），日本でも痴漢が多発する道路にスーパー防犯灯を設置したり，あるいは地域住民による防犯パトロールや通学する児童の見守りなどが行われている。また，子どもや女性に（目立つように）防犯ベルを持たせるのも，性犯罪が発生する状況を減少させる要因操作の一つである。防犯活動などについては第5章第1節で詳細に述べられる。

　本節では，まず，性犯罪が起きやすい場所や時間について概観する。この話題は防犯活動だけでなく，広くは都市計画，公園の整備，住宅建築，児童・生徒や保護者への防犯教育にも関連する内容である。次に，犯罪行動が状況的に誘発される要因の一つとして注目される集団強姦（輪姦）の発生過程と発生にかかわる要因について検討する。そして，性犯罪との関連性が論議されているポルノグラフィーと飲酒の影響をみていく。最後にセクシュアルハラスメントを生む状況要因に関する研究を紹介する。

2　性犯罪が発生しやすい場所と時間

　警察で認知された性犯罪の発生場所は，図2-11のように公然わいせつ，強制わいせつは屋外での犯行が多く，強姦は屋内での犯行が多い。とくに年少者をねらった性犯罪の調査（法務省，2006）によると，路上での犯行が最も多く，

次いで住宅敷地内，公園の順に多い（図2-12）。このデータは全国のデータであるため，この数字から個々の具体的な抑止策を論ずるのは難しいが，性犯罪の種類によって発生が多い時間と場所が異なることが指摘され，抑止策が，これに準拠することが示唆できよう。

　防犯対策をめざした都市計画や防犯環境設計を行うために，集合住宅の共用空間，都市公園など都市空間における性犯罪の防止対策についての研究（都市防犯研究センター，1999）によれば，過去に発生した性犯罪（強姦と強制わいせつ）の発生場所は，マンションなどの集合住宅内では，エレベーター，階段（屋内，屋外），屋上，ダスト室などが多く，公園等を含む都市空間ではトイレや団地内の通路や公園の園路などである。報告書によれば，それらの場所が選択される要因として，発生場所への近接性と自然監視性をあげている。発生場所への近接性とは，犯罪企図者が近づきやすく，逃走しやすい環境をさす。具体的には，その現場が幹線道路に近いとか，抜け道または近道として利用されている道路に面している環境で，近くにコンビニやショッピングセンターがあることも犯罪企図者が近づきやすい立地条件である。自然監視性は，文字通り人目につきにくい場所である。窓のないエレベーターや階段，屋上，あるいは駐輪場などは人目につきにくく，公園の生い茂った植栽も人目をさえぎる。また公衆トイレも中に入ってしまえば外からは見えにくい。道路に近い場所にあるトイレは犯罪者からは近づきやすい場所になるので，トイレ周囲の自然監視

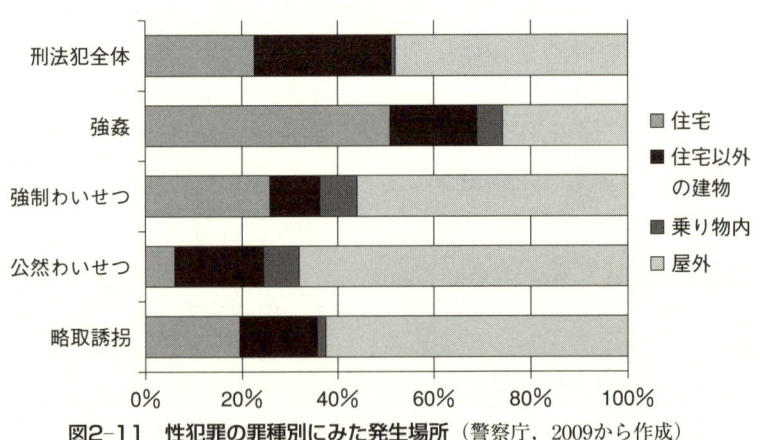

図2-11　性犯罪の罪種別にみた発生場所（警察庁，2009から作成）

第3節 ● 状況要因・環境要因

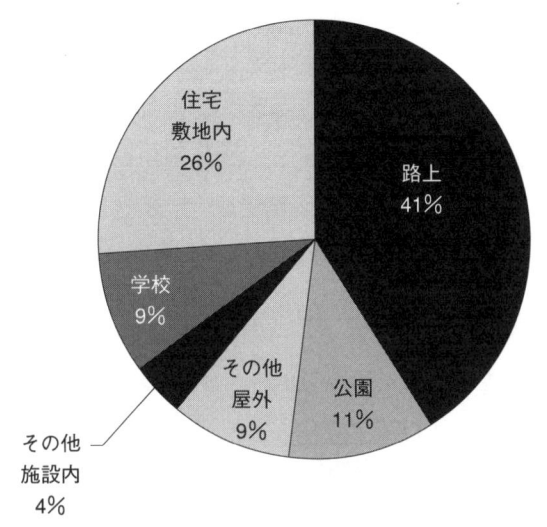

図2-12 年少者をねらった性犯罪の犯行場所別事件数（法務省, 2006から作成）

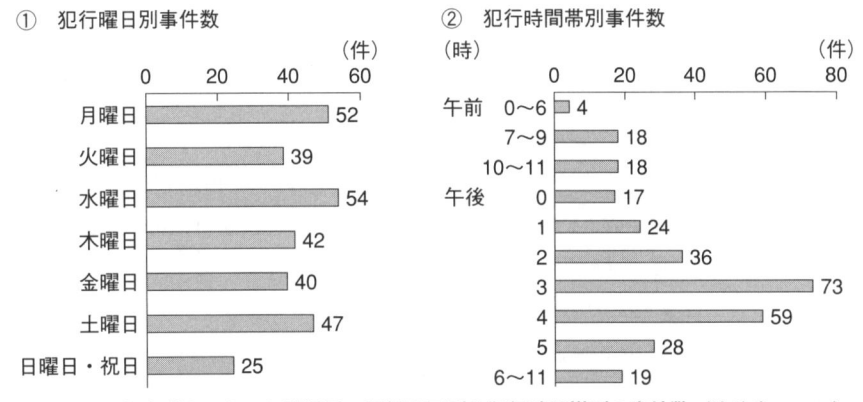

路上 41%
住宅敷地内 26%
公園 11%
その他屋外 9%
学校 9%
その他施設内 4%

① 犯行曜日別事件数 (件)

曜日	件数
月曜日	52
火曜日	39
水曜日	54
木曜日	42
金曜日	40
土曜日	47
日曜日・祝日	25

② 犯行時間帯別事件数 (件)

時	件数
午前 0〜6	4
7〜9	18
10〜11	18
午後 0	17
1	24
2	36
3	73
4	59
5	28
6〜11	19

図2-13 年少者をねらった性犯罪の犯行曜日別と犯行時間帯別の事件数（法務省, 2006）

性が良くても安全とはいえない。

次に，発生時間をみると強姦と強制わいせつは夜間の犯行が多く，公然わいせつと略取誘拐は6時から18時の犯行が多い。先の法務省の調査では，年少者をねらった性犯罪の特徴として，曜日別では日曜日と祝日が平日に比べて少なく，時間帯では午後2時から4時台に集中している（図2-13）。子どもが定期的に活動する時間帯，すなわち学校や幼稚園が終わって帰宅するまでの時間が

61

多く発生している。筆者がこれまで従事した犯罪捜査の経験からすると，多くの場合，犯罪企図者は公園や学校近くの通学路で物色し，監視者がいない状況であれば直ちに，監視者がいれば監視者がいなくなる場所まで追尾する。中でも自宅直前が危険である。自宅近くでは一緒にいた友達とも別れ，道も細くなることで自然監視性が著しく悪くなる環境なのである。

3 集団強姦（輪姦）が発生する状況要因

　大学生が集団で性的暴行を行ったという報道が時折大きく取り上げられる。集団強姦（group rape / gang rape）の認知件数は単独犯による強姦よりも少ないが，2008年中の強姦の検挙件数のうち共犯を伴うのは全体の7.2%（警察庁，2009）を占めており，また，強姦罪で受刑している者の約18%は集団強姦タイプに分類される（法務省，2006, p.249），この集団強姦は単独犯による強姦とは異なった要因が絡んでいるようである。そして，一人では性犯罪を起こしそうにない人も集団という状況要因に作用されて集団強姦に加わるようである。

　集団で強姦する犯罪者と単独で強姦する犯罪者を比較した研究によれば，犯罪者の特性や犯行の形態が異なることが示されている。集団犯は単独犯より年齢が若く（法務省，2006; Porter & Alison, 2006; Lloyd & Walmsley, 1989），また，被害者の年齢も単独犯の被害者より若い傾向があり（Lloyd & Walmsley, 1989），一方で13歳未満の小児に対する犯行は少ない（法務省，2006; Porter & Alison, 2006）。集団犯を構成するメンバーの年齢の幅をみるとほとんどの集団が1～2歳の範囲にある（Porter & Alison, 2006）。さらに，出所した元受刑者の性犯罪の再犯率が，単独強姦タイプは約10%であるのに対し，集団強姦タイプは0%，執行猶予者についてもわずかであるが，集団強姦タイプのほうが再犯率が低い（法務省，2006）。

　加害者と被害者の関係は国によってまちまちのようである。イギリスと日本では集団犯の犯行が，単独犯に比べて面識のある被害者を対象にする割合が多いが（Wright & West, 1981；見神，1968），アメリカ国内のデータを使った研究では集団犯による事件のほとんどが面識のない被害者を対象としていた

(Greenfeld, 1997)。イギリスとアメリカの両方のデータを含む研究（Porter & Alison, 2006）によれば，何らかの面識を有するケースは4割強と報告されている。既遂率も集団犯の方が高い（見神，1968）という特徴がある。

集団犯の性格についての研究が日本における初期の犯罪研究で行われている。見神（1968）によれば，内田クレペリン精神作業検査によって分類した結果，集団犯は単独犯に比べて性格偏奇が少なかった。このことから，集団による性非行は，個人の性格偏奇や非行性を反映しているのではなく，非行性の進んだ者と行動を共にした感応機制によるもので，性格偏奇の少ない者でも集団では性非行に陥りやすいのではないかと推論している（見神，1968）。高桑ら（1971）も，未遂を含む強姦で受刑中あるいは少年鑑別所に収容中の168名を対象とした研究で，集団犯は外向的な者が多く，ロールシャッハの偏奇の程度も軽微で，日常生活は安定しており，犯罪前歴を有する者は少ないことを見いだしている。さらに高桑らは，集団犯は反社会性や情動変調の程度に関係なく犯行しており，輪姦事件の多くが群集心理に基づく抑制力の低下から，同調的に快楽欲に押し流されて犯行に及んでいるとしている。

抑制力の低下は，ジンバルドによって発展した没個性化理論での理解がわかりやすい。バートルとバートル（Bartol & Bartol, 2005）は，没個性化の現象は次のような連鎖に引き続いて起こるというジンバルドの仮定を紹介している。まず，多くの他者の存在によって匿名であるという感覚がもたらされる。次に，アイデンティティを失いその集団の一部になると感じる。この時点でもはや一人の人間として特定されることがなく，行動に対する責任を問われないと感じてしまうのであろう。こうした過程が進んで性暴力に対する抑制が減少する。トルネード仮説（水田ら，2001）では，没個性化や同調などが働いて集団内での抑制力が低下し，さらに強気の論理や力の支配といった集団内の状況から反社会性をあたかも竜巻のようにエスカレートさせ，反社会的行動につながっていくと仮定している。没個性化によって起こる抑制力の低下とともに性犯罪への誘引となる集団内の状況として，集団内での地位の維持（仲間はずれにされたくないという心理）ないしは上昇したいという動機が指摘されている（守山・西村，1999）。

また，犯罪者プロファイリング研究で行われている犯行のテーマ分析が，集

団強姦についても行われている（Porter & Alison, 2004）。そして，ポーターとアリソン（Porter & Alison, 2006）のデータをみると，集団強姦は国によって犯行のスタイルが異なるだけでなく，殺害率も大きく異なっているのがわかる。集団強姦についても日本国内のデータを使った今後の研究が待たれる。

4 ポルノグラフィーの影響

　ポルノグラフィーとは，アレンら（Allen et al., 1995a）の定義を参考にすると，性的覚醒を高めるために使われる，もしくは，性的覚醒を高めようと意図された，メディアを介して視聴される材料と定義されよう。そのうち，暴力の描写を含むものを暴力的ポルノグラフィーという。

　ポルノグラフィーと犯罪の関連性については，1960年代のアメリカで論争が始まった。アメリカ横断女子大生連続殺人事件の犯人として1989年に処刑されたテッド・バンディが，逮捕後にポルノグラフィーに強い影響を受けて性犯罪を重ねるようになったと述べたことから，両者の関連性がさらに注目されるようになった（瀬川，1998）。若い男性ばかり33名をレイプし殺害したジョン・ゲイシー，連続強姦犯の「ザ・フォックス」ことマルコム・フェアリー，5人の幼児を殺害したイアン・ブレイディも，バンディ同様，犯行前にしばしばポルノグラフィーを利用していたと認めている（Wilson, 1995, p.132）。彼らは犯行前の興奮を高めるためにポルノグラフィーを利用していたという。

　性犯罪に及ぼすポルノグラフィーの影響は，性犯罪にかかわる専門家の間でも長きにわたって論争が続いている問題である（Bartol & Bartol, 2005; Kingston et al., 2008）。アレンらのメタ分析（Allen et al., 1995a, b）によれば，全体としてポルノグラフィーと攻撃性の関連性を示している（Kingston et al., 2008）ようであるが，一方で関連性を否定する報告も存在する（Bauserman, 1996; Diamond & Uchiyama, 1999）。

　性犯罪とポルノグラフィーの関連を調べるにはいくつかの重要な視点がある。その一つは研究対象のレベルが集団レベルか個人レベルかという視点である。集団レベルの研究は，ポルノの流通量と性暴力の結びつきを相関的分析や時系列分析により検討しようとするものである。レイプの発生率とポルノの流通量

第3節 ● 状況要因・環境要因

の関係についての相関研究のレビュー（Bauserman, 1996）によれば，レイプの発生率とポルノの流通量の間に一貫した関連性はなく，見つかった関係は曖昧なものであった。日本におけるポルノグラフィーの流通量と性犯罪の認知件数を検討したダイアモンドと内山（Diamond & Uchiyama, 1999）は，1972年から1995年の23年間にポルノグラフィーの流通量が増え，そしてこの期間に強姦から公然わいせつに及ぶすべての性犯罪の認知件数が減少したと報告している。この結果から言えることは，23年間に日本の性犯罪の認知件数は減少したが，減少した理由の一つとしてポルノグラフィーの流通量の増加が影響している可能性があるということだけである。実は，同じ期間に殺人と性的ではない暴行事件の認知件数も減少しているが，この減少の理由をポルノグラフィーの流通量に求めるのは無理があろう。このような社会的要因と犯罪との関連を調べるマクロレベルの研究領域は，計量犯罪学（朴，2001）と言われており，たとえば，経済変動（失業率）から犯罪率の変化を予測しようという研究が行われている。経済変動が犯罪発生に及ぼす影響には，経済動機効果（経済の下降が犯罪を促進する）と経済機会効果（経済の上昇が犯罪を促進する）があるとされており，儀間（2009）は精緻なモデルを使い日本の仮釈放者の再入所に及ぼす経済変動の効果を実証的に検証している。ポルノグラフィーが性犯罪に及ぼす影響についても，促進効果と抑制効果の両面からのモデルを構築して，実証的に検証していく必要があろう。現段階で集団レベルでの研究から実証されるものは少ないようである。

　一方，個人レベルの研究からはもう少しはっきりしたことが言えるようである。ただし，ここでも研究を評価する際の重要な視点がある。それは従属変数が何かということである。つまり，ポルノグラフィーによって影響されるものとして何を見ているかという問題である。そして，それが実験研究か相関研究かというもう一つの視点が絡んでくる。これまでの研究で検討されてきた主な従属変数には，実験室で測定される攻撃行動と自己報告された性的攻撃への誘引度，そして性暴力を支持する態度がある。

　まず，実験室での攻撃行動は，性的な内容を伴わない攻撃行動（たとえば他人へ電気ショックを与える量）を測定している。アレンら（Allen et al., 1995a）は33の研究について行ったメタ分析において，単なる女性の裸体，非

暴力的な男女の性的交互作用，暴力的な男女の性的交互作用の三つの刺激が攻撃行動に及ぼす影響について検討した。その結果，単なる裸体の呈示は攻撃行動を減少させるが，性的交互作用の描写は攻撃行動を増加させた。とくに暴力的な性的交互作用の方が非暴力的交互作用より効果量は大きいが，両者間に統計的な有意差は認められなかった。ポラード（Pollard, 1992）は，非暴力的ポルノもその大半が男性による支配・強制・搾取を主題としていることから，性差別的な態度を助長する可能性があるとしており，非暴力的な性的交互作用の映像であっても，女性の品位を下げるような描写が含まれていれば，間接的に攻撃行動を促進するであろう（湯川，2005）。つまり，暴力的ポルノと非暴力的ポルノとの間で攻撃行動に及ぼす効果量に有意な差がみられなかったのは，非暴力ポルノの映像の中に性暴力を支持する態度を助長するような内容が含まれていたことに帰因する可能性がある。

次に自己報告された性的攻撃への誘引度は，性犯罪行為可能性（湯川・泊，1999）やレイプ可能性（大渕，1991）として扱われるが，これは性犯罪を犯す可能性を測定する最も簡易な方法で，たとえば「逮捕されたり，罰せられたりする恐れが絶対にないとしたら，レイプを行うと思うか」と尋ね，その可能性を5段階で自己評定するもの（Malamuth, 1981）である。測定されるものは，もしそのように行動するかという仮定の話であり，実際にそのように行動するかは，個人の動機づけの程度と抑制，そして行為を犯す機会（環境）などの幅広い要因によって決定されるので，性的攻撃への誘引度が高い実験参加者が潜在的な性犯罪者という結論を意味してはいない（Bartol & Bartol, 2005）。性的攻撃への誘引度へのポルノグラフィーの影響は，相関研究（Boeringer, 1994）でも実験室研究（Davis et al., 2006）でも実証されている。

今まで概観した実験室での攻撃行動と自己報告された性的攻撃への誘引度の二つの測度は，ポルノグラフィーの視聴からの直接効果を調べたもので，メディアの影響過程の理論の中では注射針理論（西村，1992）と呼ばれている。もう一つの理論として介在変数を想定した多段階理論がある。三つめの変数は性暴力を支持する態度である。性暴力を支持する態度は，実験研究と相関研究の両方からのアプローチが行われているが，研究の中では従属変数として扱われており，性暴力にいたる多段階理論では介在変数にあたる。具体的には，レイ

プ神話を支持する態度,すなわちレイプ神話受容尺度(大渕,1991)などによって測定される構成概念である。レイプ神話については前節で詳説した。全部ではないが,多くのレイプ犯罪者がこの態度や信念を持っている(Bartol & Bartol, 2005)。メタ分析によれば,実験室研究と相関研究の両方において,ポルノグラフィーは性的攻撃を支持する態度に影響を及ぼしていることが示されている。実験室研究について検討したメタ分析(Allen et al., 1995b)によれば,暴力的ポルノは非暴力的ポルノよりレイプを支持する態度により強く関連していることがわかった。また,相関研究を検討したメタ分析(Hald et al., 2010)では,ポルノ視聴が多いほど性暴力を支持する態度を強く持っており,暴力的ポルノグラフィーは非暴力的ポルノグラフィーより性暴力を支持する態度により強く関連していることが示された。さらに,非暴力のポルノグラフィーでさえ性暴力を支持する態度に少なからず影響を及ぼしていることを実験室研究と相関的研究の両方のメタ分析は示している。そして,性暴力を容認する態度は,女性に対する性暴力につながる可能性が示されている(湯川・泊,1999)。

　ポルノグラフィーの影響をみた三つの従属変数,攻撃行動,性的攻撃への誘引度,そして性暴力を支持する態度のほかに,性的逸脱,性的犯罪性,性的関係に関するたとえば支配的な態度,レイプ神話への信念についても,それぞれ9ないし34本の論文を対象としたメタ分析によって,ポルノグラフィーの視聴がネガティブな影響を与えることが示されている(Paolucci et al., 1997)。

　性犯罪者のポルノグラフィーの使用について検討した文献のレビューによれば,性犯罪者が非犯罪者に比べてポルノに接触した年齢が早かったり,異常だったりはしなかった。しかしながら,少数の犯罪者は犯行の中でポルノを使用したと報告している(Bauserman, 1996)。一方,341名の小児わいせつ犯の再犯のリスクとポルノグラフィーの使用(頻度と内容)についての相関研究(Kingston et al., 2008)では,ポルノグラフィーは再犯を有意に予測するものであった。つまり,ポルノグラフィーの使用が多い小児わいせつ犯は再犯率が高かった。とくに,性暴力へのリスクが低い犯罪者に比べると,リスクが高い犯罪者にとってポルノグラフィーの使用頻度は再犯にとって危険な因子であった。また逸脱したポルノグラフィーを見る人は,見ない人に比べて再犯する可能性が高く,逸脱したポルノグラフィーは性暴力へのリスクレベルが低くても

一貫して影響を及ぼしていた。この逸脱したポルノグラフィーには暴力的ポルノと児童ポルノが含まれている。

　これまでの実証的な研究からすると，ポルノグラフィーが性暴力にネガティブな影響を及ぼす可能性が直接的にも間接的にもあることは確かなようである。とくに，暴力を描写したポルノグラフィーは暴力的ではないポルノグラフィーより性暴力を引き起こす可能性が高い。バートルとバートルは次のように述べている。「もし今日，すべての暴力的なポルノグラフィーが撲滅されたならば，性犯罪はたぶん減少するだろう」（Bartol & Bartol, 2005）。そして，小児わいせつ犯にとって児童ポルノは危険な存在である。

5　飲酒の影響

　性犯罪の状況要因として見逃せないのがアルコールの影響である。性犯罪者の多くが犯行時に飲酒していたことを示すデータがある。欧米の調査研究では，研究者達は一貫して，すべての性暴力の約半数が飲酒した男性によって犯されていたことを見出している（Abbey et al., 2001）。日本においても，399名の性犯罪者のうち犯行時に飲酒していたのは約51％に及ぶ（山岡，1966）。最近の調査（内山，2000）でも比率は少ないが，それでも533名の性犯罪者のうち，飲酒や飲酒の影響があった者は17.4％であった。松本ら（1972）は，強制わいせつの被害者を低年齢群（14歳以下，50名）と高年齢群（15歳以上，62名）に分け，加害者の特徴として犯行時の飲酒や薬物の使用を分析した結果，低年齢群で接触時に飲酒や薬物を使用しているのは8％であったのに対し，高年齢群では約60％に飲酒などの使用がみられたと報告している。また，少年鑑別所に入所した少年103名（単独強姦59名，単独の強制わいせつ44名）のデータ（上芝ら，1972）でも，犯行時のアルコールによる酩酊が犯行の主な要因であると考えられるのが，少年でさえ強姦で13.6％，強制わいせつで9.1％あると報告されている。

　このように，飲酒と性暴力が頻繁に同時発生するけれども，このことが飲酒が性暴力の原因であることを示してはいない。バートルとバートル（2005）が「アルコールが暴力を引き起こすのか，それとも暴力的な人々がアルコールに

引きつけられるのか。」と指摘するように，同時に発生するだけでは両者の因果関係は明らかにできない。さらに，性暴力を犯したいという欲求が，実際には飲酒の原因，たとえば，自らの行動を正当化するために性暴力を犯す前に飲酒するのかもしれないし（Abbey et al., 2001），アルコールの攻撃促進効果（Krahé, 2001）を期待して飲酒する場合があるかもしれない。

　飲酒が性暴力に影響を及ぼすのかどうかを検討するために，性暴力の被害者と加害者に対する調査法による研究と巧妙に計画された実験研究の二つのアプローチが行われている。そして，これまでの両方のアプローチによる研究は，飲酒は性的攻撃と高い関連性があることを示している（Abbey et al., 2001）。また，飲酒による酩酊状態で暴力的ポルノグラフィーを視聴すると性的な攻撃をする可能性が増すことが実験研究で見いだされている（Norris et al., 2002; Norris & Kerr, 1993）。しかしながら，偽薬計画によって行われた最近の実験研究（Davis et al., 2006）によれば，アルコールによる酩酊が男性の性的攻撃性を直接増加させるとはいえないようである。偽薬計画とは実験参加者に対して，対照群として，アルコールを飲んでもらうと伝えるが，実際にはアルコールが入っていない炭酸水を飲ませ（偽薬群），アルコールを実際に飲ませた実験群との差を検討する実験計画である。実験によれば，性的覚醒がより高いと自己報告した参加者は，性的覚醒が低いと報告した参加者より性的に攻撃的に行動する可能性が高いと自らを評価した。しかし，両変数の関係は，重回帰分析の結果，性的覚醒という変数を介在していることが明らかになった。つまり，アルコールによる酩酊は暴力的ポルノグラフィーに対する（自覚する）性的覚醒を促進し，それに続いてレイプする可能性が高まるのである。研究では，飲酒の影響の他に，飲酒する女性は性的に無防備であるというアルコール関連の信念と被害者の反応（暴力的ポルノグラフィーの中で被害者が喜んでいるように描写されるレイプポルノ：被強姦願望というレイプ神話）も同時に検討されているが，それぞれ独立して性的覚醒を増大させており，飲酒の量に関係なく，また直接的にレイプの可能性には結びついてはいない（図2-14）。

　アルコールが性暴力に及ぼす影響についての因果関係を検証する実験計画には，上述した偽薬計画のほかに偽薬＋対照計画と釣り合い型偽薬計画がある。これらの実験計画は，アルコールの薬理学的効果やアルコール関連の信念の影

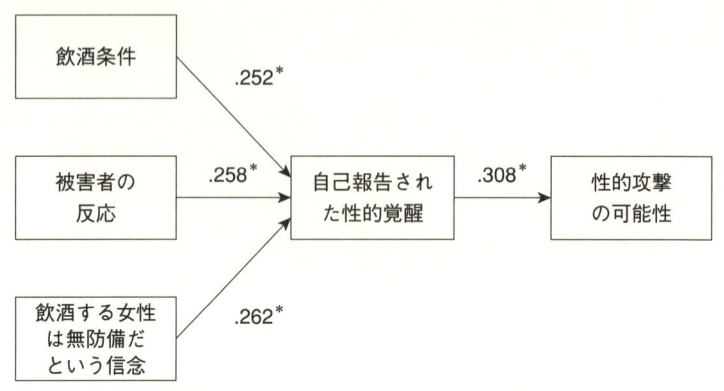

図2-14 飲酒等の変数と性的覚醒および性的攻撃可能性のパスモデル
（Davis et al., 2006）

響を検証することができる。しかし，偽薬条件や逆偽薬条件（ノンアルコールを飲ませると教示したのに実際はアルコールを飲ませる）において，実験の最後まで実験参加者が教示どおりの予期を保っていたという担保が必要である。つまりアルコールを飲まされたと思ったのに実際には酔っていないと途中で気づいた，あるいはノンアルコールを飲んだのに酔っていると途中で気づいた参加者は実験から除外するなどの措置が最低でも必要であるが，方法論的な限界も残るようである。

飲酒と暴力との関係についての説明モデルのうち，クラーエ（Krahé, 2001）は三つの主要なアプローチとして「脱抑制仮説」，「期待仮説」および「注意仮説」を紹介している。詳細はクラーエを参照していただきたい。これまでの実証的研究によれば注意仮説（飲酒による認知的混乱モデル）は，上述したデイビスらの研究でも支持されているように性暴力との関係においても実証的に裏付けられているが，残る二つの説明モデルは今のところ証明されていないようである。

性暴力を行おうとする者が自らの行動を正当化するために性暴力を犯す前に飲酒する可能性や，アルコールの攻撃促進効果を期待して飲酒する可能性は，上記モデルの期待仮説に含まれるもので今後の実証研究が必要である。

6 セクシュアルハラスメントにかかわる組織風土

　セクシュアルハラスメントのうち,「職場におけるセクシュアルハラスメントには,職場において行われる性的な言動に対する労働者の対応により当該労働者がその労働条件につき不利益を受けるもの(対価型セクシュアルハラスメント)と,当該性的な言動により労働者の就業環境が害されるもの(環境型セクシュアルハラスメント)がある」(事業主が職場における性的な言動に起因する問題に関して雇用管理上講ずべき措置についての指針(平成18年厚生労働省告示第615号))。このようにセクシュアルハラスメントには,上司の立場を利用して性的関係を求める行為(対価型)からヌードカレンダーを見せたり飾ったりする行為(環境型)なども含まれてくる。いずれにしろ職場などの公的要素という環境要因がかかわって発生する性的侵害といえる。

　これまでの研究によると,セクシュアルハラスメントには,性にかかわるハラスメントのほかに,ジェンダーに基づくハラスメントがあり(佐野,2006;小林,2006,2009;田中,2006),また職場環境だけでなく大学などの教育環境におけるセクシュアルハラスメントも研究対象となっている(小俣,1997,2003;佐野,2006)。

　セクシュアルハラスメントを発生させる要因として,個人の要因と職場環境に関する要因が検討されている。個人内要因では,職位,結婚状態,男女平等意識(佐野,2006),問題の行為を女性に対する親しみや友愛の気持ちから生じたとみなす誤った知覚,女性に対する敵対的な性的態度,性的魅力を持つ女性性役割への期待(田中,2000)がセクシュアルハラスメントを生む要因として示されている。一方,ジェンダーハラスメントは,年齢が高く,性役割に関して平等的でない男性ほど実行する頻度が高い。そして,セクシュアルハラスメントの実行度とジェンダーハラスメントの実行度は無相関であったことから,両者を分けて検討する必要が指摘されている(小林,2006)。環境要因としては,職場の男女差別的風土と事業所内の男女比に起因する職場の雰囲気(佐野・宗方,1999)が関連する要因として示されている。

　セクシュアルハラスメントの先行要因とその結果についての統合過程モデル(integrated process model)では,セクシュアルハラスメントを生む先行要因

として，セクシュアルハラスメントを放置する，あるいはセクシュアルハラスメントに寛容な組織風土と男性優位の職務状況がセクシュアルハラスメントの発生を促し，職務満足や健康状態に負の影響を及ぼすことが示されている（Hulin et al., 1996）。また，モデルでは被害者の傷つきやすさ傾向と反応スタイルが調整要因として作用することも仮定している。

　角山ら（2003）は，日本の女性従業員161名に対してこのモデルの（完全に同じモデルではないが）追試を行っている。彼らは，日本でも女性従業員からセクシュアルハラスメントに寛容であるとみなされている組織では，セクシュアルハラスメントが起きやすいことを明らかにしたが，一方で男性優位の職務状況はセクシュアルハラスメントの先行要因としては機能していないことを示している。また，結果要因としての職務満足，心理的ストレスおよび身体的ストレスとは，（関連はありそうではあるものの）十分に有意といえる関係は支持されなかった。反応スタイルにかかわる調整要因では，被害者の傷つきやすさ傾向が高いと身体的ストレスが生じるとしている。自尊心についても検討しているが，その調節機能は検証されなかった。先行要因としての職務状況と結果要因については統合過程モデルを支持していないが，調査を対象とする職種とサンプル数を拡大して検証を重ねていく必要があろう。

Topics 3 ― ナンパされやすい人

　同じくらいの年齢で，容姿の良さもさほど変わらないのに，頻繁に異性からアプローチを受ける人とそうでない人が身の回りにないだろうか。住んでいる環境もさして変わらないとすると，アプローチする側を引きつける何らかの手がかりを，アプローチされる側の人が発している可能性が考えられる。ここでは，女性が意図や予期をしていないときに，見知らぬ男性から性的なアプローチを受ける場合に特定し検討してみたい。

　男性が見知らぬ女性にアプローチしようとする際に，性的なパートナーを手っ取り早く得ようとしているだけの場合もあるだろうし，性犯罪の被害者を物色している場合もあるだろう。前者のケースでは，男性は，短期的な性的関係を持つことに対する許容度の高い女性を選んでアプローチすることができれば成功率が高いだろう。性犯罪（特にレイプ）の被害者になりやすい女性も性的に開放的であるという特徴を持っていることが繰り返し報告されている（Kanin & Parcell, 1977; Koss & Dinero, 1989; Siegel & Williams, 2001; White & Smith, 2001）。東京の大学に通う140名以上の女性を対象とした調査によると，予期せぬナンパを頻繁に受ける女性は，自らも短期的配偶戦略への指向性が高い傾向を持っていた（Sakaguchi & Hasegawa, 2007）。

　これはナンパに遭う頻度に特徴的であり，痴漢に遭う頻度や，「道をたずねる」「単なる世間話をする」といった性的ではないアプローチにあう頻度に関しては，女性の配偶戦略の個人差との関連は見られない。

　人は，短時間の観察により未知の他者が短期的な性的関係を持つことに対して許容的かどうか判別することができるのだろうか。もちろん確実に見て取ることはできないけれども，他者がコミュニケーションをしている様子を1分間，音声なしで観察することによってある程度その人物の性的な開放性を推定することが可能であることが報告されている（Gangestad et al., 1992）。こうした推定は男性の方が女性よりも得意であり，また対象者の身体的な魅力のみに基づいて判断しているわけでもない。

　それでは，未知の他者はどういった手がかりをもとにターゲットとなる人物の配偶戦略の傾向を判断しているのだろうか。短期的な配偶戦略指向の人に特徴的な独特のしぐさやコミュニケーション上のシグナルが存在する可能性もある。さらに，そうした限定的なもののみならず，短期的な性的関係を持つことに対しどれだけ許容的かという配偶戦略の個人差は対人コミュニケーションの取り方の方略そのものの個人差と安定した関連があることが知られている。

　セルフ・モニタリングとは自分の感情表出を周囲の社会的な状況に応じてうまく調節し，自分を表現していこうとする能力や欲求の度合いを測るための概念である。セルフ・モニタリングの高い人物は他者を楽しませたり求愛コミュニケーションをしたりすることに長けている一方，他者に見せる「自分」が周囲によって左右されるために他者と一貫した関係を持ちにくく，対人関係は情緒的結びつきの弱い表面的・短期的なものになりがちである（Snyder et al., 1983）。こうした傾向は異性との付き合いにおいても見られ，セル

フ・モニタリングの高い男女は異性パートナーと付き合い始めの時点でかなり親密度の高い交際をするものの，その後つき合う期間が長くなるにともなう親密度の上昇はそれほどでもなく，交際相手を変える頻度も高い（Snyder & Simpson, 1984）。実際，セルフ・モニタリングが高い人は短期的な性的関係を持つことに対する許容度が高い傾向にあることが繰り返し指摘されている（Sakaguchi et al., 2007）。

セルフ・モニタリングが高い人物は人前で物怖じせず，ただ単純に外向的な人と比べてよりいっそう外向的に見られやすい。アイ・コンタクトをよく行う，知らない人の前でもよくしゃべるといった特徴がセルフ・モニタリングの高さと関連している（Lippa, 1978）。セルフ・モニタリングの高い女性はこのような特徴からナンパをしようとする男性から「声をかけやすい」と認識され，ま

たそれはしばしば女性自身の短期的な配偶行動への指向性の高さを反映し，結果的に繰り返しナンパに遭うという事象に結びついている可能性がある。

よくナンパに遭う女性はそうした経験を好んでいるかというとそんなことはなく，女性のほとんどは予期せぬナンパを不快に感じている。女性を未知の男性と一緒に待合室的な状況に置き，コミュニケーションの様子を気づかれないように撮影して行動のタイミングのパターンを分析したところ，子どもの頃予期せぬ性的アプローチによくあった女性は，出会いの後半で，男性との間の同調的な行動パターン生成を抑制することが見いだされ（坂口，2009），未知の男性とのコミュニケーションに対して慎重であることが示唆された。こうしたことからも，よく性的なアプローチにあう女性は「隙があるからだ」などと単純には言えないことがわかる。

〈文献〉

Gangestad, S. W., Simpson, J. A., DiGeronimo, K., & Biek, M. 1992 Differential accuracy in person perception across traits: Examination of a functional hypothesis. *Journal of Personality and Social Psychology*, **62**, 688-698.

Kanin, E. J., & Parcell, S. R. 1977 Sexual aggression: A second look at the offended female. *Archives of Sexual Behavior*, **6**, 67-76.

Koss, M. P., & Dinero, T. E. 1989 Discriminant analysis of risk factors for sexual victimization among a national sample of college women. *Journal of Consulting and Clinical Psychology*, **57**, 242-250.

Lippa, R. 1978 Expressive control, expressive consistency, and the correspondence between expressive behavior and personality. *Journal of Personality*, **46**, 438-461.

坂口菊恵　2009　ナンパを科学する　東京書籍

Sakaguchi, K., & Hasegawa, T. 2007 Personality correlates with the frequency of being targeted for unexpected advances by strangers. *Journal of Applied Social Psychology*, **37**, 948-968.

Sakaguchi, K., Sakai, Y., Ueda, K., & Hasegawa, T. 2007 Robust association between sociosexuality and self-monitoring in heterosexual and non-heterosexual Japanese. *Personality and Individual Differences*, **43**, 815-825.

Siegel, J. A., & Williams, L. M. 2001 Risk factors for violent victimization of women: A prospective study. U.S. Department of Justice, #98WTVX0028.

Snyder, M., Gangestad, S., & Simpson, J. A. 1983 Choosing friends as activity partners: The role of self-monitoring. *Journal of Personality and Social Psychology*, **45**, 1061-1072.

Snyder, M., & Simpson, J. A. 1984 Self-monitoring and dating relationships. *Journal of Personality and Social Psychology*, **47**, 1281-1291.

White, J. W., & Smith, P. H. 2001 *Developmental antecedents of violence against women: A longitudinal perspective*. U.S. Department of Justice, #98WTVX0010.

Topics 4　　2つの性の発達段階説

　中国では，思春期における身体的変化の特徴を「思春期の前期段階」，「思春期の中期段階」，「思春期の後期段階」に分けて考えている。「思春期の前期段階」とは，性の発達が開始する段階であり，身長の伸びが加速し，第2次性徴が続々と出現することが，当段階の主要な特徴である。男子の精通や女子の初潮が来たら，前期が終了し，中期段階に入る。当段階は，およそ2～3年間であるが，平均的に女子は10～12歳の間，男子は12～14歳の間である。「思春期の中期段階」とは，性の発達がピーク期に至り，生殖系統の成熟に転換する段階である。前期と比べて，身長の伸びのスピードが減速し始め，第2次性徴がほぼすべて出現し，月経や射精が来ても周期性のある成熟した生殖細胞はまだ排出されない，という特徴を持つ。当段階は，およそ3～4年間であるが，平均的に女子は12～16歳の間，男子は14～18歳の間である。「思春期の後期段階」とは，性の発達が成熟しつつある段階であり，身長の伸びがほぼ停止し，第2次性徴の発達が終了し，生育能力を備える，という特徴を持つ。当段階は，およそ2～3年間であるが，平均的に女子は16～18歳の間，男子は18～20歳の間である。同じ東洋人である日本人の身体に関する文献（松山ら，2001）を調べたら，上記した中国人の発達特徴とほぼ一致しているため，当該「性の発達段階説」が日本人にも適用されると考えられる。

　一方，日本では，性生理の側面のみならず，性心理と性行動の側面を含む「性の発達段階説」がある。日本性教育協会（JASE）は，1974年からほぼ6年間隔で，12歳から22歳までの若者を対象に，彼らの性意識と性行動およびその時代の変化をとらえるために，全国規模の実態調査を実施してきた。それらの調査データに基づき，性生理，性心理，性行動についてその経験率が50％を超える年齢を区切りとして，図1のように並べられた。この性の発達段階説では，性生理，性心理，性行動の発達が，性別によって，異なる時期に異なる経路をたどると指摘されたが，男女とも13歳から性的関心を体験するという共通点も取り上げられている。

　この性の発達段階の中には，「異性にさわってみたい」と似て非なる項目として「性的な意味でキスをしたい」という項目が含まれている。前者の項目は，中学校，高校，大学の各年齢層での男女間の差異が明らかであるが，後者の項目は，中学校，高校，大学の各年齢層で男女差が見られない。両者の違いを分けるのは，一言でいえば，キスの中にロマンチックな意味合いが濃く含まれていることである。単に「性的」であれば同じということではなく，そこに恋愛的要素が含まれていることである。一方，女子と比べ，男子の場合には，13歳から14歳の間に「異性に触りたい」や「性的興奮」や「マスターベーション」という性的な要素を含む心理発達が目立つため，「性的関心」や「性的な意味でキスをしたい」に関しては，女子のロマンチックな愛への傾向と異なり，男子は直接「性的関心」の強さを示すと主張している。

　以上の知見について，心理学的な方法論からすると，大きな問題点を残している。それは，「あなたは今までに，性的なことに関心を持つことがありましたか」という一項目で

男子	（経験率が50％を超える年齢）	女子
	11歳以前 ↓ 12歳 ↓	初経 異性と親しくなりたい
性的関心 射精 異性と親しくなりたい	13歳 ↓	性的関心
異性に触りたい 性的興奮 マスターベーション 性的な意味でキスをしたい	14歳 ↓	
	15歳 ↓	
	16歳 ↓	デート 性的な意味でキスをしたい
デート	17歳 ↓	
異性に触った キス	18歳 ↓	キス
ペッティング 性交	19歳 ↓	異性に触りたい 性的興奮
	20歳 ↓	異性に触った ペッティング 性交

図1　性の発達段階（日本性教育協会，1997）

しか測定していないのにもかかわらず，男女で性的関心の内容（恋愛関心の側面と性交関心の側面）が異なっていると主張することは，科学性と客観性に欠けると言わざるを得ない。日本性教育協会（1997，2001）がまとめた性の発達段階説において，曖昧であった性的関心の意味づけを検討するために，曹は2000年から2004年までに横断的調査，縦断的調査，国際比較調査を行い，恋愛関心を意味する項目と性交関心を意味する項目を区別して検討した。一連の研究結果によれば（曹，2008），恋愛関心の場合，段階を進むペースや最終的に到達する段階で遺伝や環境による影響の個人差を認めながらも，発達順序は必然的に定まっており，段階も普遍的なものであると認められる。しかし，性交関心の場合は，発達順序は必然的には定まっておらず，段階も普遍的なものとは認められない。つまり，個人が絶えず変化していく環境と相互作用して能動的に変化し，発達していく中で，多様な個人差が見られるのである。

〈文献〉

曹　陽　2008　性行動を規定する性態度の形成過程およびその影響要因の解明：中国北京市の若者を対象としたアンケート調査に基づいて　雄松堂書店

松山容子・猪又美栄子・川上　梅・高部啓子・林　隆子　2001　衣服製作の科学　建帛社　P. 43.

日本性教育協会（編）　1997　性科学ハンドブック3　若者の性はいま…―青少年の性行動第4回調査　日本性教育協会　Pp. 37-50.

日本性教育協会（編）　2001　若者の性―第5回青少年の性行動全国調査報告―　小学館　P. 36.

Topics 5　性的欲求を測る

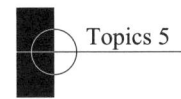

　性的欲求とは，DSM-IV（アメリカ精神医学会の『精神障害の診断・統計マニュアル第4版』）の定義によると，性的活動への欲求と性的空想からなる（American Psychiatric Association, 1994）。しかし，性的欲求の発生にかかわる要因には，自発的な空想や性器などへの物理的刺激によって生じる生物学的要因や，視覚刺激などの状況的要因によって誘発される場合があるし，そこに認知的要因も介在しており，性的欲求は複雑な構成概念である（Spector et al., 1996）。また，性的欲求には量的な個人差と質的な多様性がみられ，それらが個人の性的行動を規定する重要な要因になっていると考えられる。そのため，性的欲求を測るには，量的側面と質的側面について検討できるものが望ましい。

　医療用として性機能を測定する尺度として，国際勃起機能スコアや札幌医大式性機能質問紙が開発されている。いずれも自覚する性的欲求について直接その強さや頻度を質問するものである。しかし，直接質問する自己報告式の質問紙では社会的望ましさのバイアスに影響されて，実際の欲求より低く回答したり，特定の性的嗜好を隠そうする可能性がある。とくに，性犯罪者の査定や治療場面では，そのようなバイアスが強く働くと考えられる。そこで，性に対する意見や態度を表した文章への賛否にその人の持つ性的欲求が反映されることを期待した投影的な方法によって測定する新たな尺度，男性用性的欲求尺度（Sexual Desire Scale for Male：SDS-M）の開発を行った（田口ら，2007）。

　SDS-Mは，次の5つの下位尺度からなる。

① 「日常性欲」尺度：「男性なら日常的に多かれ少なかれ性的欲求を持っているものだ」など6項目。
② 「性交志向性欲」尺度：「男性はセックスしたいという気持ちが抑えられないものだ」など3項目。
③ 「男性器志向性欲」尺度：「女性に自分の性器をしっかり握ってほしいと思うのは自然なことだ」など3項目。
④ 「ホモヘテロ性欲」尺度：「男性に対して性的魅力を感じるのはおかしい（逆転項目）」など5項目。
⑤ 「特異性欲」尺度：服装倒錯，小児性愛，フェティシズム，のぞき，性器露出などに関する6項目

　本尺度では，妥当性（因子妥当性，構成概念妥当性，基準関連妥当性）と信頼性（Cronbachのα係数，安定性）が評価されている。特に妥当性については，抑うつとの関連で検討した。抑うつの症状がある中高年男性は性機能（勃起能）の低下が著しい（熊本，1999）。そこで，抑うつ状態をベック抑うつ尺度で測定し，SDS-Mで測定した性的欲求との関係を調べてみた。その結果，30歳以上で抑うつ傾向が強い人は，日常性欲，性交志向性欲，男性器性欲の各尺度得点が低く，また，性的欲求の減衰をより強く自覚するほど尺度得点が低かった。このことは，本尺度に十分な基準関連妥当性があることを示すものである。

　また，実際の性的活動の量（性行為や自慰行為の回数）および自覚する性欲とSDS-Mの得点を検討した研究（池田ら，2004）においても，性行動頻度が高い人ほど，日常性

第2章 ● 性犯罪にかかわる要因

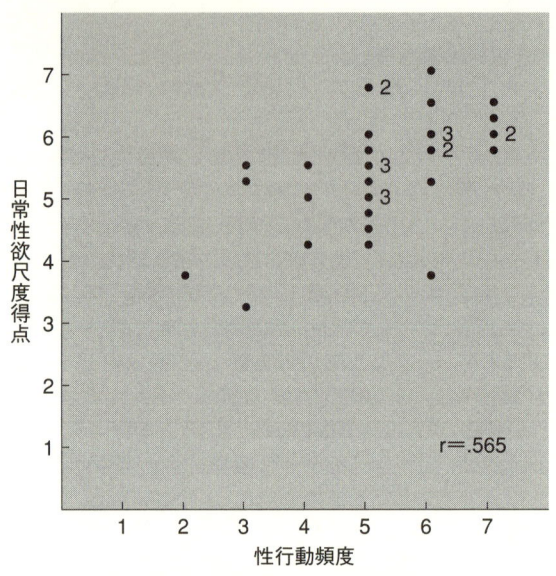

図1 日常性欲尺度と性行動頻度の関係

比較も行われたが，興味深いことに，血清テストステロンの量と尺度得点間には相関関係は認められなかった。その原因として，研究参加者のテストステロン値が正常の範囲内であったため，相関が認められなかったものと考えられた。

SDS-Mは，筆者らの性犯罪研究（詳細は第2章2節）において，今や必須のツールとなっている。Topics 6「のぞきと性的盗撮の心理」でも，窃視者の性的欲求が窃視をしない人より高いことが示され，また，攻撃的窃視者と典型的窃視者（非攻撃的窃視者）はSDS-Mの質的側面を調べることによって区別できることも示唆された。男性の性的欲求は，性犯罪研究において欠くことができない，重要な役割を演じる一つの要因として今後も研究されていくであろう。そのとき，SDS-Mは性的欲求という変数を，高い信頼性と妥当性をもった測度として提供してくれるであろう。

欲尺度得点（図1）と性交志向性欲尺度得点が高く，また自覚する性欲が強いほど日常性欲尺度得点が高くなるという正の相関が認められた。以上から，日常性欲尺度や性交志向性欲尺度の得点から，自覚する性欲や性行動の程度を推察できることが示唆された。同研究では，さらに血清テストステロンの量との

〈文献〉

American Psychiatric Association 1994 *Diagnostic criteria from DSM-IV.* Washington, D.C.: American Psychiatric Pr. 高橋三郎・大野 裕・染矢俊幸（訳） 1995 DSM-IV 精神疾患の分類と診断の手引き 医学書院

池田 稔・田口真二・桐生正幸・平 伸二 2004 性犯罪と性欲に関する基礎的研究 3 ―男性用性的欲求尺度と性行動およびテストステロンとの相関に関する検討― 犯罪心理学研究, **42**（特別号），72-73.

熊本悦明 1999 男はいつまで男たりうるか 産婦人科の世界, **51**, 93-110.

Spector, I. P., Carey, M. P., & Steinberg, L. 1996 The sexual desire inventory: Development, factor structure, and evidence of reliability. *Journal of Sex & Marital Therapy*, **22**, 175-190.

田口真二・桐生正幸・伊藤可奈子・池田 稔・平 伸二 2007 男性用性的欲求尺度（SDS-M）の作成と信頼性・妥当性の検討 犯罪心理学研究, **45**, 1-13.

Topics 6 のぞきと性的盗撮の心理

のぞきが高じて殺人まで発展したと考えられる事件がある。1908年,東京で公衆浴場から帰宅する女性が乱暴され絞殺された。のぞきの常習者であった池田亀太郎（当時35歳）が犯行を自供し,5年間服役したが,彼が出っ歯だったことから,それ以来のぞきの常習者をデバ亀というようになった。

窃視症ともいわれる**のぞき**は,「見られていることに気づかない人や性行為を営んでいる人を注視して,性的興奮や性的満足を得る性癖である」(Bartol & Bartol, 2005)。そして,**性的盗撮**は,「人や性行為を注視するかわりに,カメラ等の機材で撮影し,その映像を視聴することで性的興奮や性的満足を得る性癖」と定義されよう。撮影した映像は繰り返し視聴することができ,インターネットを介して広く流通させることもできる。デバ亀事件のように強姦などの性的加害行為をともなう人は「攻撃的窃視者」として,のぞきだけで終わる「典型的窃視者」と区別される。

のぞきと性的盗撮は,犯行の態様によって軽犯罪法（窃視の罪）,住居侵入罪,迷惑防止条例などが適用されるが,軽犯罪法以外はのぞきや盗撮であることを把握できる下位項目がないため,犯罪統計から発生頻度や個人の特徴を把握するのは困難である。そこで,筆者らのデータ（田口ら,2006, 2007）から,のぞきと性的盗撮の発生頻度と個人の特徴をみてみよう。

1回でものぞいた経験がある人は785人中323人（41.4％）,常習的にのぞいた経験がある人は,同じく69人（8.9％）であった。約11人に1人の割合で常習的にのぞいた経験を持っていた。一方,性的盗撮の経験がある人は785人中22人（2.8％）で,のぞきや性的強制の経験（17.2％）に比べると希な行動であるが,性器露出（0.4％）や色情盗（1.0％）よりも多い。

のぞきの経験者を性的加害経験の有無によって攻撃的窃視者と典型的窃視者の2群に分け,その2群と性的盗撮者それぞれの個人要因を構造方程式モデリングという方法を使って検討した。性的加害経験がある窃視者がすべて攻撃的窃視者だとはいえないが,たとえば,のぞいているときに触れるところまで近づいたなどという状況要因が揃えば,彼らは身体的な性的加害を犯す可能性があることを考慮し,便宜的に攻撃的窃視者として話を進める。

攻撃的窃視者は,性的欲求が強く,女性に対する認知の歪み,すなわち女性の性欲への誤認（女性は性的欲求が強すぎるなど）や女性の行動に対する誤認（強引なセックスに女性はあこがれているなど）と女性に対する敵意を持っている。

一方,典型的窃視者（非攻撃的窃視者）は,攻撃的窃視者ほどではないが性的欲求が平均よりは高く,買春,違法ポルノの視聴,ナンパ,そしてレイプシーンに興奮した経験があるといった性的活動が盛んである。しかし,女性に対する認知は正常で敵意もない。女性に対する誤認や敵意がなくても,性欲が強くて,買春などの活発な性的活動がある人はのぞきの傾向があると考えてよい。

攻撃的窃視者と典型的窃視者は,性的欲求尺度（SDS-M）を使って区別できる可能性がある。両者間の日常性欲はほぼ同じであるが,性交志向性欲と男性器志向性欲は攻撃的

窃視者の方が強く，性的欲求を調べればどちらのタイプかわかる。

性的盗撮者に関連する個人要因は，性的欲求の高さと性的行動である。性的欲求は攻撃的窃視者と同程度に高く，特異性欲がさらに高いのが特徴である。しかし，性的盗撮者は，典型的窃視者と同様に女性に対する認知は正常で，女性に対する敵意もなかった。このことからも，性的盗撮が性的加害行為に結びつく可能性は低いようである。

しかし，これだけの要因でのぞきや性的盗撮という逸脱行動に至るわけではない。のぞきは他の性的逸脱のようにマスターベーション条件付けによって学習された行動である（Bartol & Bartol, 2005）。何かのきっかけで偶然女性の下着や裸体をのぞき見したとき，あるいはネット上で盗撮画像を見たときに性的興奮を覚え，マスターベーションにより性的快感を得る。次にマスターベーションをする時にその時の情景を思い出したり，画像を見てはマスターベーションを繰り返す。何回かすると同じものでは刺激が足りなくなり慣れが生じる。そして新しい刺激を求めてのぞきを繰り返したり，ネット上の盗撮画像では物足りなくなって盗撮を実行する。残念ながらもう止まらない。次第に過激になり，大胆になり，そして捕まる。なぜ，のぞきや盗撮をするのか？ のぞきによる性的興奮の重要な構成要素は，被害者が彼の存在に気づかないことである。それに加えて，反社会的行動をしているという罪悪感が相まって性的興奮がさらに高まると考えられる。

のぞきや性的盗撮をする人は，払拭されるべき次のような信念を持っていると考えられる。

「のぞき神話」
○のぞいても被害はない，相手は傷ついていない（被害の否定）
○のぞかれる人が悪い，中が見えるような建物が悪い（責任の否定）
○女性はのぞかれたいと思っている（女性行動の誤認）
○ミニスカートをはく女性は性的にふしだらだ（女性性欲の誤認）

〈文献〉

Bartol, C. R., & Bartol, A. M. 2005 *Criminal Behavior: A Psychosocial Approach* (7th ed.). N J: Prentice Hall. 羽生和紀（監訳）・横井幸久・田口真二（編訳） 2006 犯罪心理学―行動科学のアプローチ― 北大路書房

田口真二・平 伸二・桐生正幸・池田 稔 2006 一般成人男性を対象とした性暴力加害に関する自己報告研究 犯罪心理学研究，**44**（特別号），130-131.

田口真二・桐生正幸・平 伸二・池田 稔 2007 性犯罪行動に関わる要因構造の等質性・連続性 犯罪心理学研究，**45**（特別号），114-115.

Topics 7 　　　　色情盗

　一般には下着泥棒と呼ばれる窃盗犯は，警察の分類では色情盗と呼ばれている。色情盗は，被害者にとっては非常な羞恥心をもたらし，再犯行あるいは強姦などの凶悪犯罪への悪化が懸念される窃盗犯である。高村と徳山（2003）によると，色情盗は一般的に被害者と関係があるケースは少なく，多くは被害者より下着など衣類そのものへ興味が向いている場合が多い。

　しかし，特定の人間を狙って下着などを盗む犯人も存在し，また，殺人や強姦のような凶悪犯罪に悪化するケースもある。FBIで性犯罪者を研究したレスラーら（Ressler et al., 1988）によると，快楽殺人犯の性的対象として，フェティシズムやのぞき行為などがあげられるが，それは色情盗の性的対象と共通する項目である。

　そこで，筆者ら（高村・徳山，1998）は，窃盗犯としては特殊な動機を有する色情盗の危険性について調査研究を行った。分析には1989年3月から1995年12月までの間に，T県警察において民家に侵入，あるいはベランダや軒下などの屋外から女性の衣類や下着を盗んだ窃盗犯で検挙され，犯行を自供した男性被疑者68名の資料を用いた。主な犯行手口は，侵入盗が16名，軒下やベランダから盗みをする非侵入盗（以下屋外盗とする）が52名である。平均年齢は32.9歳（年齢幅は14～67歳）。

　調査は，捜査資料および被疑者の取調べを担当した警察官を対象にして，独自に作成した調査票により実施した。まず，表1で示した5項目のうち，いずれか1項目以上該当した色情盗を「有危険性群」，全く該当のない色情盗を「その他の群」と分類した。その結果，16名が有危険性群，残る52名がその他の群と分類された。有危険性群とその他の群を判別する犯行方法を見いだすために，表2の10項目を説明変数として数量化II類により解析した結果，うまく両群を判別することが可能であった。

　両群の判別に有効であった犯行方法をみると，有危険性群の方が「侵入盗が多く」，「犯行一貫性がない」という特徴が認められた。

　今回の分類基準に従うと，68名中16名，すなわちサンプル全体の23.5％に何らかの危険性が認められる。危険性という観点にたってさらに詳細に分析を加えると，まず，常識的にも考えられるように「建物内への侵入の有無」が1つの目安と考えられた（有危険性群16名中9名に対し，その他の群は52名中7名）。また，「犯行に一貫性がある」とい

表1　有危険性群の選別結果（複数回答）

	該当者合計	16名
1）被害者と身体的に接触する性犯罪歴がある者		6名
2）性犯罪以外の凶悪犯罪歴がある者		1名
3）検挙時に凶悪犯罪を自供した者		2名
4）犯行の目的，方法に危険性がある者		5名
5）取調官が，今後も危険性があると評定した者		7名

表2　色情盗の犯行方法

犯行時間は昼か夜か
対象家屋は住宅系かマンション系か
犯行地は都市部か地方部か
侵入盗か屋外盗か
無締り系侵入の有無
破壊系侵入の有無
連続犯行の有無
同一家屋への反復性の有無
犯行一貫性の有無
衣類選別傾向の有無

う項目は，必然的に同種の余罪を有する窃盗犯を対象とする項目であり，余罪を有する被疑者に関して犯行時間帯，対象家屋，屋外盗か侵入盗などの主要な犯行手口の一貫性を検討する項目である。68名中35名（51％）が該当ありとなった。有危険性群16名中のうち3名しか該当しないので，残り13名は犯行に一貫性がないことになる。一方，その他の群は，52名中32名に一貫性があり，ある程度，犯行手口が固定化しているか，あるいは，余罪がないことを意味する。有危険性群の場合，たとえば，基本的には侵入盗が多く含まれるが，時に屋外からも盗み，昼も夜も犯行を行い，マンションなどの集合住宅を標的にすることもあれば，一戸建て住宅にも侵入する場合もあることを意味する。つまり，窃盗犯としての犯行手口が固定しておらず，同時に，犯行時の性的欲求の強弱に応じて，あるいはそのときの周囲の状況や環境に応じた場当たり的な犯行を繰り返す犯人像であると考えられる。この結果を，捜査で応用する場合，たとえば犯人の足跡など現場の法科学的資料からは同一犯の犯行と予想されるが，犯行方法に一貫性がない事件が連続発生しているならば，危険性が高い色情盗と推定されるため，さらなる警戒が必要と考えられる。

色情盗は被害者にとって羞恥性の高い犯罪であるため，被害を届けない場合もあるであろう。しかし，分析の結果から色情盗の23.5％に何らかの危険性が認められ，けっして，軽視できない側面を持っていることが確認された。さらなる被害を防ぐためにも，そして，より凶悪な犯罪の発生を抑止するためにも，被害の届出が重要である。

〈文献〉

Ressler, R. K., Burgess, A. W., & Douglas, J. E. 1988 *Sexual homicide: Patterns and motives.* Lexington: Lexington Books.　狩野秀之（訳）　1995　快楽殺人の心理　講談社

高村　茂・徳山孝之　1998　窃盗犯のプロファイリング研究（第3報）―犯行動機の異なる窃盗犯の比較を通して―　犯罪心理学研究，**36**（特別号），12-13.

高村　茂・徳山孝之　2003　民家対象窃盗犯の犯人特性に関する基礎的研究　犯罪心理学研究，**41**（1），1-14.

Topics 8　露出症

　露出症（Exhibitionismus）とは，見知らぬ人に自分の性器を露出することに強い性嗜好を有することを意味する（針間，2003）。性器の露出が行動化されれば公然わいせつ罪が適用されるが，同じ公然わいせつでも性的満足より経済的利益を得るために露出する「ストリッパー」は，露出症と区別される。

　露出症の特徴は，自分の性器が注目され，それに驚き恐れる表情が性的刺激となることである。そして，その出来事をイメージしてマスターベーションをする。また，露出しているときにマスターベーションをする場合もある（Bartol & Bartol, 2005）。

　公然わいせつの概要を犯罪統計で知ることができる。「平成20年の犯罪」（警察庁，2009）によると，平成20年中の公然わいせつの認知件数は2,361件，検挙率は75.5%であった。上述したように，公然わいせつ犯すべてが露出症者ではないが，検挙された1,774人のうち，露出症と考えられる（主たる動機が「性的欲求」，「痴情」，「遊び・好奇心・スリル」，「自己顕示」に分類された）のは1,656人（93.3%）であった。このほか，「何らかの利欲のため」が15人（0.9%），「異常めいてい・精神障害等」によるものが9人（0.5%）などである。

　露出症者だけのデータではなく，また性器露出も暗数の多い犯罪であろうことを考慮した上で，公然わいせつのデータから露出症の概要をみてみよう。捕まった人の年齢は，強姦や強制わいせつよりも全体的に高く，30代～50代が6割以上を占めている。また，被害者の年齢も半数近くは20歳未満の若い女性が被害に遭っているものの，強姦や強制わいせつよりも全体的に高い。半数以上が初犯であるが，一方で前科がある人の6割近くは公然わいせつの前科を持っており，再犯率が高い罪種といえよう。このデータから，露出症に関連する他の性犯罪は明らかにできないが，筆者らのデータ（田口ら，2006，2007）に含まれていた3人の露出経験者は，2人がのぞき，1人が知人への性的暴力と他人への痴漢行為の経験を有していた。大部分の露出症者が被害者を身体的には攻撃しない（Bartol & Bartol, 2005）が，中には攻撃的な露出症者が存在するので，不幸にも露出症者と遭遇してしまったら，その場から一刻も早く離れ，ただちに警察へ通報していただきたい。

〈文献〉
Bartol, C. R., & Bartol, A. M. 2005 *Criminal Behavior: A Psychosocial Approach* (7th ed.). NJ: Prentice Hall. 羽生和紀（監訳）・横井幸久・田口真二（編訳）　2006　犯罪心理学―行動科学のアプローチ―　北大路書房
針間克己　2003　露出症　別冊日本臨床領域別症候群シリーズNo.39精神医学症候群II　Pp. 288-290.
警察庁　2009　犯罪統計書　平成20年の犯罪
田口真二・平　伸二・桐生正幸・池田　稔　2006　一般成人男性を対象とした性暴力加害に関する自己報告研究　犯罪心理学研究，**44**（特別号），130-131.
田口真二・桐生正幸・平　伸二・池田　稔　2007　性犯罪行動に関わる要因構造の等質性・連続性　犯罪心理学研究，**45**（特別号），114-115.

第3章 性犯罪の被害者

第1節 被害の現状とその特徴

「魂の殺人」(板谷, 1998)
「精神的拷問または精神的殺人とも言える暴力」(Vigarello, 1998)

　ともに性犯罪の被害が身体的被害だけでなく，精神的にも深刻な影響を与え，その苦しみは殺人の被害にも匹敵することを言い表したものである。
　ヴィガレロ (1998) によると，フランスでは1850年代後半に初めて強姦被害後にみられる心の傷が精神的に重大な被害として生じていることが治療に当たった医師達によって報告されている。この精神的被害を表すのにトラウマ（外傷）やPTSD（外傷後ストレス障害）という言葉が使われるが，アメリカ合衆国ではベトナム戦争の帰還兵のPTSDが社会問題になっているとき，性犯罪の被害者にもトラウマ（外傷）に対する反応としてASD（急性ストレス障害）やPTSDが生じることが，バージェスとホルムストローム (Burgess & Holmstrom, 1974) によって報告された。彼女らは強姦の被害を受けて救急病棟に来た92名の被害者に対して面接調査を行ってその精神的被害を明らかにし，性犯罪に対するトラウマ反応をレイプ・トラウマ症候群 (rape trauma syndrome) と名づけた。
　本節ではまず性犯罪被害に関する司法統計を概観する。次に性犯罪の被害の実態を知る術として使われる性犯罪被害調査によって明らかになった性暴力の被害の実態とその影響についてみていく。また，被害調査に内在する2，3の問題点を考察しながら，調査研究の被害率と通報率の関係，通報をためらわせ

第3章 ● 性犯罪の被害者

る要因，被害と抵抗の関係などについて検討する。また児童に対する性的虐待とセクシュアルハラスメントについて行われたいくつかの研究を紹介する。

1 司法統計からみた性犯罪被害の実態

不通報を含む司法統計に上がってこない暗数があることを念頭に置いて，性犯罪の被害の動向を司法統計からみてみよう。強姦と強制わいせつの統計は，第4章第1節に紹介されているのでそちらを参照していただきたい。

最近の特徴として目立つのが1999年頃からの認知件数の急増である。認知件数が急増したのは強盗，傷害，住居侵入，器物損壊などの罪種にもみられる現象であるが，一方で，殺人と放火ではこのような傾向はみられない。この理由について岡田（2006）は，「ストーカー事案をはじめとした警察相談取扱件数が増加し，未発覚であった事件等を『掘り起こした』ため」という解釈を示している。一時期増加傾向にあった認知件数も2004年からは減少に転じ，検挙率は改善しつつあるが，強姦の検挙率が約79％，強制わいせつが約46％というのは低い水準である。

犯罪白書（法務省，2006）によると，被害者の年齢幅は広いが，比率からみ

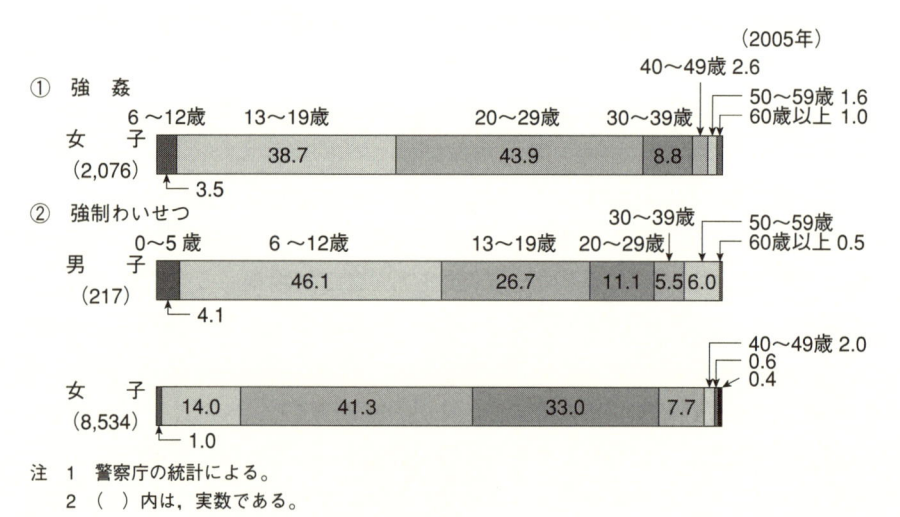

（2005年）

① 強　姦
女　子
（2,076）
6〜12歳 3.5／13〜19歳 38.7／20〜29歳 43.9／30〜39歳 8.8／40〜49歳 2.6／50〜59歳 1.6／60歳以上 1.0

② 強制わいせつ
男　子
（217）
0〜5歳 4.1／6〜12歳 46.1／13〜19歳 26.7／20〜29歳 11.5／30〜39歳 5.5／6.0／50〜59歳／60歳以上 0.5

女　子
（8,534）
1.0／14.0／6〜12歳 41.3／13〜19歳 33.0／20〜29歳 7.7／30〜39歳／40〜49歳 2.0／0.6／0.4

注　1　警察庁の統計による。
　　2　（　）内は，実数である。

図3-1　被害者の年齢構成（法務省，2006）

ると13歳から30歳未満の女性が82.6%を占めており，若い女性が被害に遭いやすいといえる。犯罪被害者に対する調査でも，年齢が低い方が性的暴行の被害に遭いやすい。一方，13歳未満の子どもの被害は，強姦が3.5%であるが，強制わいせつになると女児で15%，男児では50.2%に及ぶ。また13歳未満の強制わいせつの被害者1,384人のうち，男児の被害は109人で約8％である。

一方で，高齢者の被害も少数とはいえ存在しており，深刻なダメージを受ける。数名の事例ではあるが，強姦被害の後にうつ状態になって老化が進行し，少なくとも一人は死期が早まったことが報告されている（Canter, 1994）。犯人が高齢者を選ぶのは，高齢者に対する性的嗜好があるというよりも，むしろ抵抗が弱いため犯行が容易であり，また通報をしない，通報しても物覚えが悪いであろうという予期を持つからである（田口，2000; Canter, 1994）。

2 性犯罪被害調査

第1章でも述べたように，性犯罪被害の実態を正確に把握することは，被害が報告されにくいという問題のために難しい作業になっている。警察庁や法務省から出されている犯罪統計も，性犯罪全体を正確に描写していないので，それを補う手段として犯罪被害調査が利用される。

表3-1はこれまで実施された主な性犯罪被害調査で報告された被害率と警察等の司法機関への通報率をまとめたものである。性的被害の定義の多様さは後述するとして，国内の調査では，「意に反する性交」という定義でみると，法務省の犯罪被害実態調査を除けば，約4～16%と幅は広いもののかなりの率で被害に遭っていることがうかがえる。法務省の被害率が低いのは，過去5年間に期間を限定していることと，調査方法の違いによるものと考えられる。第2回調査（法務省，2005）から自記式調査方式になり，封をした封筒に入れて調査員に渡す方法に変わったとはいえ，個別に行われる面接調査では羞恥心のために被害経験を報告しない人がいるであろう。後述するように，羞恥心が不通報の主要な理由の一つだからである。

表3-1をみると性的被害の内容の定義が調査によってまちまちで，調査間の比較は容易ではない。津富（2003）は，（女子学生の）性的被害の調査で備

第3章 ● 性犯罪の被害者

表3-1 性犯罪

調査者・報告年 調査法	報告年	対象者 対象者数	調査範囲 回収率	被害内容（被害内容の
石川 集合調査	1994	大学生等 408	調査時点まで 記載なし	男性器露出・押しつけ・触らされ 35.8%
小西聖子 集合調査 直接回収と返送回収	1996	大学生 425 女性342 男性83	小学生以下と生涯 98.8%	露出被害 小学生以下 10.5% 注2,3 生涯 43.6% 男性被害 2.4%
笹川ら 集合調査 直接回収	1998	成人 平均37.9歳 666	中学生以下と 生涯に分割 70.4%	注4 中学生以下 生涯 露出被害 15.9% 37.2% 身体接触を 24.7% 58.4%
内山ら 集合調査・直接回収	1998	高校・大学生 女性676 男性563	調査時点まで 記載なし	露出被害 45.3% 男性被害 2.3% 強引な 6.7% 2.1%
性暴力被害少年対策研究会 無作為 層化抽出法 送付・返送法	1999	成人女性 459	19歳までと生涯 19.1%	19歳まで 生涯 露出被害 27.5% 56.9% 無理やり身体接触 29.6% 69.9%
小西吉呂ら	2000	大学生 女性801 男性271	調査時点まで 96.9%	露出被害 43.6% 男性被害 7.4% 無理やり身体接触 36.0% 3.3%
岩崎直子 集合調査 直接回収	2000	大学生 女性177 男性100	調査時点まで 42.6%	露出被害 31.1% 男性被害 3.0% 無理やり身体接触 54.8% 9.0%
Dussich & Shinohara 縁故法による郵送，集合調査 直接回収と返送回収	2001	成人女性 平均33.9歳 475	調査時点まで 返送分は2割	痴漢行為 18.5%
石井ら 集合調査 直接回収	2002	大学生 321	13歳で二分 概ね回収	望まない性的接触以上 全体 48.0% 13歳未満 19.1% 13歳以降 39.3%
石川 無作為抽出 送付・返送法	2003	18歳以上 811	調査時点まで 16.5%	露出被害 40.4% 服の上から接触 43.7%
クーリー，吉田ら 集合調査 直接回収	2005	大学生中心 389	調査時点まで 51.8%	露出被害 48.6% 性的身体接触 40.4%
法務省 無作為抽出 面接しての聞き取り調査	2002	16歳以上 1138	過去5年と 前1年間 73.8% 注6	痴漢・セクハラ 注7 2.3%
法務省 層化二段無作為抽出法 訪問しての自記式調査方式	2005	16歳以上 1104	過去5年と 前1年間 69.5% 注6	セクハラ 注7 0.6%

注1　複数回答なので各比率を足してはいけない　　注3　男性被害の行以外はすべて女性内での比率
注2　小学生以下のデータは安藤（1999）から引用　　注4　中学生以下のデータは安藤（1999）から引用

第1節 ● 被害の現状とその特徴

被害の通報率

表現はできるだけ原著に従った）

被　害　率			通　報　率				
	性器接触	未遂	意に反する性交	注1			
	7.8%	6.1%	1.7%				
		未遂	意に反する性交	最も苦痛であった被害			
		6.6%	1.3%	4.0%			
		12.0%	1.8%				
		0%	0%				
伴う性的被害		未遂	意に反する性交	意に反する性交			
		6.6%	0.8%				
		9.0%	6.9%	0%			
性器接触		未遂を含む強姦		強姦の公的機関への相談率			
		4.1%		21.4%			
		0.5%		0%			
無理やり性器接触		未遂	意に反する性交	未遂	意に反する性交		
14.6%		4.6%	1.7%				
21.6%		14.4%	8.3%	4.5%	7.9%		
無理やり性器接触		未遂	レイプ	露出被害 無理やり接触 性器接触 未遂 レイプ				
7.4%		8.1%	3.2%	4.9%　　3.5%　　3.4%　　1.5%　　0%				
3.3%		1.1%	0%				注5
無理やり性器接触		未遂	意に反する性交	意に反する性交			
10.7%		7.9%	3.4%	0%			
7.0%		0%	0%	−			
強制わいせつ		未遂	レイプ	全体 痴漢行為 無理やいせつ 強姦未遂 レイプ				
8.8%		2.5%	3.0%	13.2%　8.0%　21.4%　25.0%　14.3%				
軽度被害	重度被害	レイプ					
30.8%	17.1%	2.2%					
16.2%	2.8%	0.3%					
23.7%	15.6%	1.9%					
	酒の影響下を含む	4.0%					
直接接触	右同未遂	性交の被害経験					
16.7%	5.1%	3.6%					
強制わいせつ	強姦未遂	強姦					
15.4%	8.7%	3.3%					
酒の影響下を含む	21.9%	6.7%					
	性的暴行		性的暴行				
過去5年	2.7%		9.7%				
前年1年間	1.0%		−				
強制わいせつ	レイプ未遂	レイプ未遂					
0.2%	0.1%	0%					
	性的暴行		性的暴行				
過去5年	2.5%		14.8%				
前年1年間	1.0%		−				
強制わいせつ痴漢	未遂	強姦					
1.5%	0%	0.1%					

注5　通報した33名の性別は記載なし　　注7　この行の被害率は筆者が原著のデータから算出したもの
注6　この回収率は男性をあわせたもの

えるべき三つの要件として，法的定義に従って性的被害を測定していること，想起期間を限定していること，リスク要因を計測していることをあげている。津富によれば，「あなたは強姦されたことがありますか」という質問をした場合，自分の被害経験を強姦に当たらないと判断する過小測定の危険性と，強姦に当たると判断したものの，実際には法的には強姦に当たらないという過大測定の危険性がある。定義の曖昧さによって，自ら下す判断に誤謬が生じる可能性は，調査結果自体を曖昧なものにする恐れがある。過小測定と考えられる例が報告されている（Koss & Oros, 1982)。何らかの力を行使して意に反する性交をされた経験という表現で尋ねたところ，8.2％の女性が「はい」と回答したのに，同じ女性にレイプされた経験があるかと直接的に尋ねると「はい」と回答したのは6％であった。2.2％の女性は，意に反した強制力による性交がレイプだとは考えていないのである。

　さらに，直接「強姦されたことがありますか」と質問することで生じる二次的被害の可能性を危惧しなければならない。二次的被害については第1章でも述べたが，性的被害に関する調査は，調査自体が苦痛な記憶を喚起させる恐れがあり（笹川ら，1998)，十分な配慮をして行わなければならない。

　近年の調査研究では，「強姦」された経験を直接質問する方法ではなく，性的加害行為を受けたかどうかを最初にスクリーニングし，該当する人に対して詳細に報告を求めるようにしているものが多い。また「強姦」や「レイプ」といった用語ではなく，「意に反する性交」や「むりやり女性に触ったり，暴行を加える行為」といった具体的な質問によって得た回答を確認する方法が取られている。たとえば，法務総合研究所が2004年2月に行った犯罪被害実態調査で使ったスクリーニングのための質問文は次のとおりである。

　「男性は時として性的な目的のために，むりやり女性に触ったり，暴行を加えたりすることがあり，それはとても赦せない行為です。過去5年間に，あなたはこれらの性的な被害に遭われたことがありますか。ゆっくりお考えください。家庭内における性的暴行も含めてください」（法務省，2005)。

　性被害の調査は，犯罪一般の調査と一緒に行うと，性被害について質問した場合，それに該当する経験が「犯罪」だと判断した場合にしか性被害を報告しないおそれがあるので，性犯罪被害調査は単独で行うべきであるという指摘が

ある（津富，2003）。法務省の犯罪被害実態調査（2005）では，性被害に関する調査票は他の犯罪被害調査とは分けて最後に実施されているものの，同じ人に同時に実施されていることが，被害率を低くしているのかもしれない。

調査対象となる被害の想起期間を限定することは，被害の実態，特に被害率の比較をする場合には必要である。しかし心理学的研究では，性犯罪被害に関連する要因の解明に研究目的が置かれる場合もあるので，被害時の年齢が何らかの形で考慮されていれば，生涯の被害経験を対象とするのも一つの選択肢であろう。

3 心理的ダメージ

これまでの性犯罪被害調査では，繰り返し被害者の心理的ダメージの大きさが指摘されてきている。では，具体的にどのような心理的影響を受けているのであろうか。「落ち込んだ，汚れてしまった，自責感，無力感」（小西，1996），「男性が怖くなった」（性暴力被害少年対策研究会，1999），「再体験，自尊感情の喪失，関連刺激の回避，反応性の麻痺，覚醒麻痺」などの心理的被害を被り，事件を契機として転居を含む何らかの社会生活上の変化を余儀なくされた人が，強姦被害者で約4割，強制わいせつの被害者で約3割みられる（内山，2000）。

小西と小西（2002）は，沖縄県内の女子大学生を対象に行った性被害調査の中で，心理尺度を使って心理的影響の強さを測っている。その結果，性被害を受けた人はそうでない人に比べ，異性に対する嫌悪感を強く抱き，精神的健康度が低く，PTSDが懸念されることを示唆している。しかし性被害の経験と精神的健康度の間の関連は認めるとしても，性被害経験が精神健康度の低い原因であることは実証されていない。また，自尊心は性被害経験との有意差がみられていないが，彼らも述べているように自己否定的な感情に焦点を当てるなどの考慮がされるとよいであろう。この点，アラタとバークハート（Arata & Burkhart, 1998）は，被害後に心理的症状が現れた人が，そうでない人より性格的自己非難と行動的自己非難を有意に高く評価していることを明らかにしている。この研究は，面識のある加害者から被害を受けた人をサンプルとしている。面識のない加害者から被害を受けた被害者の場合，いくぶん自己非難をし

ないであろうと予測はされるが，それでも，周囲の人たちから被害にあったのは被害者自身に原因があるのではないかという非難を受けることで自己非難をしてしまうかもしれない。自己非難は，治療的援助を求めるという被害後の対処過程を妨げる要因の一つと考えられている。

4 被害調査の意義

さて，被害調査の主な目的は，犯罪被害の実態（影響）を明らかにすることであるが，調査結果を犯罪の抑止にどう活かすかという問題も重要である。これには現在二つの方向がある。

一つは，通報をためらわせる要因についての検討である。通報されないと捜査も始まらず，連続犯の場合さらなる被害者が生まれる可能性がある。また，犯罪者にすぐ捕まるというリスク認知を高めることができない。そして最も深刻なのは，被害者が被害から立ち直るための支援を受けることができず，一人で悩み苦しむことである。通報率を上げるための方策を検討するために，通報をためらわせる要因を明らかにする必要性がある。

もう一つは，性犯罪被害と被害に遭うリスク要因の関連を検討することである。海外の研究では主にデートレイプの調査研究がいくつか行われているが（たとえばMuehlenhard & Linton, 1987），性暴力を受けた被害経験にかかわるリスク要因を被害者に求めるのは，辛い体験を思い出させることになる恐れがあるのであまり好ましい方法ではない。

リスク要因を調べる他の研究法，たとえば場面想定法による質問紙調査（たとえばMuehlenhard, 1988）や加害者への自己報告研究などでアプローチが可能である。リスク要因の研究は，被害者が性的被害に遭いやすい被害者側の要因にも範囲が及び，その結果公表された内容が被害者に対する責任追及の材料として利用される危険性がある。クラーエ（Krahé, 2001）も指摘しているように，被害の危険要因に関する実証的研究を蓄積することによって，女性が潜在的に危険な状況や行動を現実的に認知できるようにし，性的被害から身を守ることができるようにする必要がある。そのためには，研究成果は防犯のための環境操作や防犯活動・防犯教育，そして犯罪捜査などに効果的に利用されな

ければならない。

5 通報をためらわせる要因

　法務省の性被害調査によると，性的暴行は重大性の認識が高い被害であるにもかかわらず，他の罪種に比べて申告率が低い（法務省，2005）。

　なぜ申告率が低いのか，通報をためらわせる要因について調査した研究は少ない。1,099名の女性に対し過去5年間に性的暴行の被害を尋ねた第2回犯罪被害実態調査（法務省，2005）によれば，あると答えた27人中，警察に届け出なかった21人にその理由を重複回答で尋ねている。それによれば「捜査機関は何もできない，または証拠がない」ので届け出なかったのが9人（42.9％），同じく「捜査機関は何もしてくれない」が8人（38.1％）と捜査の困難さを予測しての理由が上位を占めている。しかし被害者の内訳をみると，強姦は1名のみで，強制わいせつか痴漢が16人（59.3％），セクハラなどの不快な行為が7名（25.9％）であることからすると，セクハラや痴漢といった比較的立証が容易ではない犯罪の被害者が多く占められているためと考えられる。一方，自由記述欄が「その他」として設けてはあるが，選択肢の中にレイプ神話に関する内容や羞恥心に関する選択肢は含まれていない。

　高校生と大学生に性犯罪に対する社会的態度を調査した研究（内山ら，1998）では，想定という条件付きであるが，性的暴行（強姦）の被害にあった場合に警察に通報しないと回答した群にその理由を求めた結果，「周囲の人に知られたくないから（75.6％）」，「警察や裁判所で事件について聞かれるのが嫌だから（69.8％）」と，羞恥心に関する内容と考えられる項目が上位を占めていた。

　デュースイッツと篠原（Dussich & Shinohara, 2001）による研究は，性犯罪被害の不通報にかかわる要因について実証的に検討した調査研究である。475人中，性犯罪被害を受けたと回答したのは159人（33.5％）で，このうち警察に通報したのは全体で21人（13.2％）のみであった。被害別にみても，強姦が14.3％（2/14），強姦未遂が25％（3/12），強制わいせつが21.4％（9/42），痴漢行為が8％（7/88）となっている。通報しなかった残る138人について調べた

結果，不通報と関連がみられたのは被害者と加害者との親密度と重要な他者（significant others）からの援助の存在であった。性犯罪被害者の中でも強姦の被害に遭って加害者が見知らぬ人であった場合，半数が通報するのにもかかわらず，顔見知りの場合10人の被害者は誰も通報していなかった。面識のない加害者からの被害よりも顔見知りの人からの被害の方が暗数は多いと言われているが，それを裏づける結果である。「これは知り合いである加害者を憎む気持ちより，かばう気持ちの方が強かったり，それ以降の関係性を重んじたためでないかと思われる」（Dussich & Shinohara, 2001）が，顔見知りであるが故に事件として警察に取り上げてもらえないという危惧を持つ人もいるかもしれない。また，重要な他者からの援助がある人の方が，より通報していることを明らかにしている。さらに幼いときに被害を受けた女性の94％が，自らが幼かったために通報しなかったと報告している。この三つの要因以外に有意に関連する項目はないが，サンプル数が多くなれば，暴力の程度が大きいほど通報する人が多く，被害時間が2時間以内であれば被害時間が長いほど通報する人が多い可能性があることを示唆している。通報した後，警察による二次的被害を受けたという仮説は支持されていないが，通報した21人のうち約3割弱が二次的被害を報告しており，警察での対応を改善する必要性を主張している。とはいうものの，逆に7割強は警察によって二次的被害を受けたことはないと言明していることは注目に値すると述べ，さらに警察での対応がより改善されることを踏まえた上で，こうした警察での対応が人々の知るところとなったら，もっと多くの被害者が通報するようになるであろうと主張している。デュースイッツと篠原の研究では，内山らが指摘した羞恥心に関する内容がかなり少なく報告されているが，これは内山らが強姦被害を想定した調査であったのに対し，通報しなかった人（138人）のうち約59％が痴漢行為の被害者で，強姦被害は約9％しか含まれていないことも影響している可能性があり，今後の研究が待たれる。

6 抵抗と被害の関係

　性犯罪被害研究では調査内容が心理的被害に重点が置かれる場合が多い。し

かし，被害時の暴力や凶器による受傷を含む身体的受傷，性病の感染，妊娠のおそれも身体的被害として，また心理的被害をさらに深めるものとして深刻な影響を及ぼしている。警察統計（警察庁，2009）でみると，2008年中，強姦では重傷者が0.9％（14名），軽傷者は19.1％（302名），強制わいせつでは重傷者が0.1％（8名），軽傷者は6.5％（465名）であった。また，検挙された殺人事件の被疑者1,120名の主たる動機の中で，性的欲求が動機であった者が1名おり，最悪の場合殺害される可能性もある。

　身体的被害の程度は，どの程度まで抵抗するかという問題に関連する。抵抗と被害の関係は，バートルとバートルがレビューしており，全体としてみると，強力な抵抗が被害を少なくするようである（Bartol & Bartol, 2005）。

　日本でも，抵抗と既遂・未遂の関係を調べた研究がある。小宮山ら（1970）は，単独による強姦犯罪で有罪が確定した192名の犯行記録の分析から，抵抗と既遂・未遂の関係を調べた。彼らによると，被害者と加害者が犯行時までに何らかの意思の疎通がある場合とない場合（つまり面識のない被害者を急襲する犯行）に分け，意思の疎通がある場合には，攻撃を受けたときに被害者から逃げる逃走行動をとることによって未遂になる可能性が高くなり，さらに屋内犯行の場合には被害者の身体的な抵抗や「助けて」というような救助要請が未遂率を高めている。ただしその場合でも，被害場所が被害者の生活圏以外の場所では抵抗の効果は見られない。一方，意思の疎通がない急襲型の場合は，被害者の抵抗や逃走動作に効果はなく，救助要請のみが未遂率を上げることを報告している。

　以上のように被害者がとる抵抗や逃走動作，救助要請といった行動は，限定された状況や場所であれば既遂率を下げる効果があるようである。

　ここで注意しなければいけないのは，首を絞められて失神寸前の状態にさせられたり，睡眠剤によって抵抗不能の状態になるなどの身体的要因によって抵抗できなかったり，あるいは刃物を突きつけられるなどして恐怖のあまり抵抗できない状況下や心的外傷を受けた過去の経験を想起したなどといった心理的要因によって抵抗できない被害者要因も考慮される問題であるため，抵抗しないのは被害者の落ち度であるという結論には当然結びつかない点である。

7 子どもが受ける性的虐待

　児童虐待（child abuse）のうち子どもが受ける性的虐待は，「一般に，加害者の性的刺激のために実行された，一人の子どもと大人の間の性的接触として定義される」（Krahé, 2001）。性的虐待は，身体的な接触を伴う虐待と，のぞきや露出被害など身体的接触を伴わない虐待に分けられ，また加害者が家族による虐待と見知らぬ人からの虐待に分けて調査が行われている。元来，児童虐待は，親または親に代わる養育者によるもので，継続的であり，通常のしつけの程度を越える行為や状態で，被害児童に治療を要する症状が生じることなどが要件とされている。しかし，石川（1995a）が述べているように「特に性的虐待などは，その痛みは被害者でなければわからない側面が強く，男性社会の価値観に従って『取るに足らない軽微なもの』としてみなされる行為が，犠牲者にとってはその人生を破壊するほどの重篤な意味をもつ行為である場合もある。」そのため，特に研究対象として取り上げていく場合には「abuseでありうる行為・状態を広く拾い上げ（以下略）」ていく必要がある。

　警察が認知し，被疑者を検挙した性的虐待事件の被害児童数は図3-2のようである。過去8年間ではほぼ倍増しているとはいえ，それでも100人未満である（警察庁，2007）。一方全国の児童相談所に寄せられた児童虐待の相談件数を表3-2に示した。性的虐待は2008年度で1,324件であり，2001年以降年々増加している（厚生労働省，2006，2007，2008，2009）。これは身体的虐待や心理的虐待，ネグレクト（保護の怠慢・拒否）を含む総数4万2千件余の約3％にあたり，過去6年間ほぼ同じ比率である。10年以上前の調査であるが，性的虐待を受けた，あるいは受けつつある19歳以下の少年が全国に230.9万人いるという試算（石川，1995a）に比べれば公式データで示される値は明らかに少ない。

　性的虐待の被害調査を概観してみよう。石川（1995a，1995b）は大学生などを対象とした性的虐待を含む児童虐待の被害調査を行った。調査は大学，短大，高専，高校専攻科，専門学校に在学する456名（男性226名，女性228名，不明2名）の学生に対して行われた。「性的な話を無理やり聞かされる，無理やり一緒に風呂に入ろうとする，着替えをのぞかれる，性器を無理やり見せられる，

第1節 ● 被害の現状とその特徴

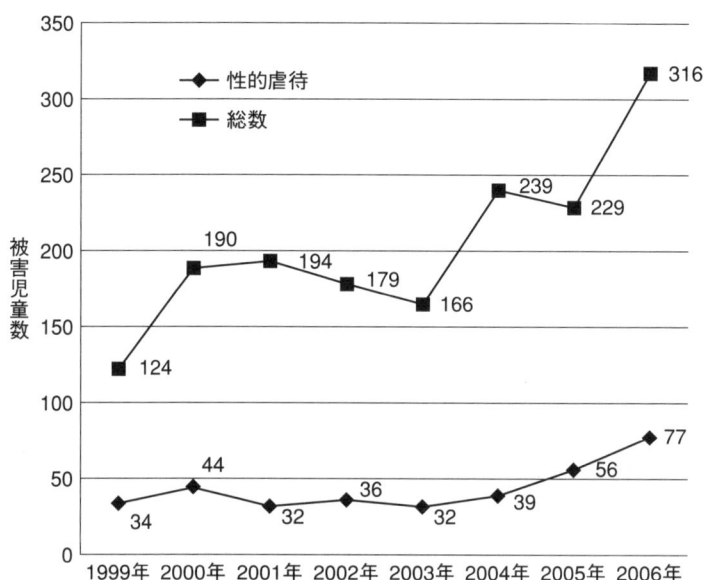

図3-2 性的虐待を受けた被害児童数の推移 (警察庁, 2007より作成)

表3-2 全国の児童相談所における児童虐待の相談対応件数

年度	総数	身体的虐待	ネグレクト	心理的虐待	性的虐待
2001	23,274	10,828	8,804	2,864	778
2002	23,738	10,932	8,940	3,046	820
2003	26,569	12,022	10,140	3,531	876
2004	33,408	14,881	12,263	5,216	1,048
2005	34,472	14,712	12,911	5,797	1,052
2006	37,323	16,364	14,365	6,414	1,180
2007	40,639	16,296	15,429	7,621	1,293
2008	42,664	16,343	15,905	9,092	1,324

無理やり身体を触られる，性的行為を強要される」という項目のどれかに被害ありと回答した人の比率をみると，両親から性的虐待を受けたが7.5%（35名）で，そのうち身体接触が女性で3.6%（父親からの被害が7名，同じく母親からが1名），性的行為は女性のみで父親から0.9%（2名）があると回答している。これらの数字は，他の身体的虐待や心理的虐待に比べると少なくはあるが，被害の影響を考えると決して看過できる数字ではない。また両親以外の親族か

らの被害は1.9%（男性3名，女性5名の計8名で，被害内容の内訳は記載なし）。これが他人（面識の有無は関係なく）からになると23.5%（107名）が被害を報告しており，加害者は男性の場合，友達，先輩，先生が多く，女性では見知らぬ人，友達が多い（被害内容の内訳は記載なし）。

性暴力被害少年対策研究会（1999）の成人女性を対象とした調査によると，幼児期と児童期に家族から性的被害を受けたと報告したのは，459名中，無理やりの性交が1名（0.2%），身体接触など，性器露出，およびキスがそれぞれ2名（0.9%）であった。小西（1996）の調査では，子どものときに性的暴力を受けた73名（すべて女性，342名，21.3%）のうち，家族からが9名（2.6%），親戚からが5名（1.5%），教師からが2名（0.6%）被害を受けている。

しかし，これらの被害調査で，自らの被害体験を報告できなかった人も少なからずいたであろうし，幼いために自らの被害に気づかなかった（何が起きているのかわからなかった）人もいるであろう。そのために，虐待を受けているかどうか，周囲の大人が子どもを注意して見守っていく必要がある。

性的虐待につながる危険要因としてとくに有意に関連するものに，子どもが障害を持っていること，母親の社会病質，生活上のネガティブな出来事，そして義父の存在が指摘されている（Brown et al., 1998）。日本でも子どもの性的虐待の発生にかかわる要因の研究が今後望まれる。

8 性的虐待を受けている子どもの識別

子どもが性的虐待を受けているかどうかという識別は難しい。一つは被害の事実が表面化しにくいことがあげられる。被害を受けた子どもが幼すぎる場合は自身の被害に気づかないこともあるし，加害―被害関係が親（特に義理の父が多い）と子という関係の場合は，親の権力を背景とした圧力が作用しており，それが被害申告を妨げている大きな要因となっていると考えられる。また，周囲の家族を含めた被害関係者が羞恥心や周囲への体裁から被害申告をためらうのは，成人の性的被害にも共通する問題である。もう一つは被害申告があった後，それが事実かどうか認定し事件として処理する困難さがある。それは子どもの証言の信頼性が問題視される場合があり，さらに誤った告発が存在するこ

とも問題をさらに難しくしている（越智，2006）。

越智による一連の研究（2006）は，性的虐待を受けている可能性がある子ども（就学前児から小学校低学年を対象として）が，実際に虐待を受けているかどうかを判断する手法について体系的かつ実証的に行われた研究である。

越智は，性的被害を受けている可能性がある子どもの識別法として，直接的に面接（インタビュー）する手法，アナトミカルドール（人形）を使用した手法，心理テストを用いた手法を検討した。そして実用的で最も効果が高かったのがインタビュー法であること，さらにインタビュー法に悪影響を及ぼす子どもの被誘導性の影響を最も少なくできるのが，インタビューに先立ち4問からなる耐誘導トレーニングを実施する手法であることを実証的に示した。4問の耐誘導トレーニングとは，被害事実とは関係のない内容について，たとえば，実際は雨が降っているのに「今日の天気は晴れだといったらそれは本当のことかな」などと，わざと誘導的な質問をしてひっかからせる。そして誤りを訂正させ，次の質問でもしひっかからなかったら（正答したら）ほめるという訓練を4回繰り返す方法である。実験の結果，実験群34名の保育園児全員が耐トレーニング4問までで誘導質問にひっかからなくなっている。耐誘導性が向上した理由について越智は，子ども達が大人でも間違った質問をし，そしてそれを否定しても構わないことを4回の試行を通じて学習した結果で，さらにほめられるという強化も耐誘導性を向上させた一つの理由として示している。面接によって子どもから事情を聞く場合の注意点は，渡邉ら（2005）や越智（2005）にわかりやすく解説してあるので参照していただきたい。

女性が性的虐待の被害を受けた場合，他の性的被害と同じように急性ストレス障害（ASD）と外傷後ストレス障害（PTSD）が生じる（たとえば安藤，1999）が，性的虐待を受けた女性が青年期や成人期になって，いろいろな性的不適応の問題が生じるとされている（Krahé, 2001）。

そしてもう一つ指摘されている性的虐待の影響は，再被害のリスクである。再被害とは児童期に性的虐待を受けた人が，その後の人生において再度性的被害を受けることである（Krahé, 2001）。子どものときに性的虐待を受けた女性が，性的虐待を受けていない女性に比べて，後の人生で性的攻撃の被害者になりやすいという結論が導かれている（Krahé, 2001）。

9 セクシュアルハラスメントによる被害

　セクシュアルハラスメントに関する被害調査は，先に示した性暴力被害の調査の中で被害内容と加害者を限定した形でいくつか行われているが（たとえば，小西，1996；岩崎，2000)，職場環境あるいは大学などの教育環境での被害に限定した調査も行われている（角山ら，2003；小俣，1997，2003；佐野，2006)。

　セクシュアルハラスメントによる心理的・身体的影響について，小俣(1997)は被害の種類別に検討している。のぞき，肩もみ，性的言葉，身体接触のそれぞれの被害で，直後の影響だけでなく比較的長期間持続する影響がみられている。そして，性的な言葉をかけられる被害や身体接触の被害を受けると，自信喪失や自己嫌悪感の増大が顕著に認められた。さらに，強姦などの性犯罪被害と同じように否定的自己評価が生じる（小西，1996: Omata, 2002)。

10 虚偽通報

　性的被害を受けていないのに警察に虚偽の被害申告が出される場合がある。単に偽りの性的被害を届け，加害者を特定できる情報を示さない場合は別として，特定の相手（男性）を被疑者として示した場合，その男性はえん罪の被害者となる可能性がある。国内でも，近年，電車内の痴漢行為に対するえん罪事件が相次いだ。その中には，痴漢行為が立証できないケースや，被害者が加害者を取り違えたケースもあるだろう。しかし，実際には行為自体が発生していないのに通報した虚偽通報が含まれている可能性もある。性犯罪の不通報は性犯罪の発生を助長する要因ともなる重要な問題であるが，不通報といわば対極にある虚偽通報も，慎重な判断が求められる問題である。

　ケーニン（Kanin, 1994）は，アメリカ中西部にある小規模都市圏の一つの警察機関（人口7万人）で，9年間に被害申告された109件の強制力を伴う強姦事件のうち，通報が虚偽であると確認された45事件（41％）について検討し，虚偽通報の主要な動機として，アリバイ作り，復讐，同情と注意の三つを見いだした。アリバイ作りは，たとえば不倫行為によって妊娠したのを隠すために

見知らぬ男から強姦されたという通報である。未成年の女性が合意の上での性交による妊娠を隠す場合も同様である。復讐は，拒否した男性に仕返しをするために行われるものである。拒否には男性からの性的な拒否に加え感情的な拒否も含まれる。復讐は三つの動機の中で唯一加害相手が特定される動機である。同情と注意は，通報者が自分に対する関心を得たいという欲求が動機となる。この他の動機として，金銭的動機と妄想性の虚偽通報がある（Burgess & Hazelwood, 2001）。筆者が経験した事例から，上記の動機のいくつかについて，もう少し具体的に説明しよう。筆者が多く関知した動機の一つは同情と注意である。被害申告をした女性の周囲の人物，たとえば夫や親に関心を持ってもらいたいという動機である。親から無視されている未成年の女性が，親からの愛情を受けたいという気持ちから，ありもしない暴行事件を申告した。この動機の場合，加害相手は不詳であることが多い。同じ動機によるストーカー被害の虚偽通報もある。夫が浮気しているのを知り，自分に関心を向けてもらおうと妻が虚偽のストーカー被害を申し出た。この事例も相手を特定する情報は示れなかった。筆者が経験した事例のもう一つの主要な動機は営利目的である。金銭を得るために男性に近づいて性的な行為を仕向け，その後金銭を要求する。いったん，警察に届けるが，金銭の授受により申告を取り下げる手口である。多くの場合，女性には脅し役の男が付いている。前述したアリバイ作りも少なくない。この他にも，虚言癖や妄想性障害を疑うような通報者もいるが，中には学校のクラブ活動がきつく練習をさぼりたくて虚偽の通報をした生徒もいた。

　ケーニンの事例研究をもとにした調査での虚偽通報率は41%であるが，この数値を持って全ての被害申告の4割以上が虚偽と推定することはできない。人口7万人を管轄とする小規模都市圏にある一つの警察機関から得られた極めて偏ったサンプルであるということと，9年間のうち発生率が27%だった年もあれば70%に及ぶ年もあることから，この数値を一般化することはできない。ケーニン自身も，レイプの虚偽通報率を調査した研究によると，低いものは0.25%や1%という報告や，高いものは80～90%，100%という数値さえ報告されており，調査者に過度のバイアスがはたらいているのではないかと指摘している（Kanin, 1994）。

第2節 被害に遭ったら

1 刑事手続の概要

　犯人や犯罪の事実を明らかにし，科すべき刑罰を定める手続のことを刑事手続といい，捜査，起訴，公判（裁判）の3段階に分けられる（図3-3）。ただし，犯人が成人と少年の場合では，これらの手続が異なる。

　なお，刑事手続における性犯罪とは，性的な被害すべてではなく，強姦や強制わいせつなど刑法に定められたもののみをさす。少し範囲を広げ，迷惑防止条例などで処罰される性的な行為も含まれ得るが，たとえ被害者が困惑していても，何らかの法令による定めがない場合は，司法機関では犯罪として扱われないので注意が必要である。

　以下，その概要について，広島県警察が作成している「被害者の手引き」（広島県警察，2010）を引用して説明する。

(1) **犯人が成人の場合**
① **捜　査**

　犯人を捕まえ，証拠を収集して事実を明らかにし，事件を解決するために行う活動を捜査という（被害に遭ってから警察による捜査の段階で，被害者が受けられる支援制度については，本節 2 を参照）。

　警察が一定の証拠に基づいて犯人であると認める者を被疑者といい，警察は必要な場合には被疑者を逮捕し，逮捕後48時間以内に，その身柄を検察官に送る。これを送致という。

　送致を受けた検察官が，その後も継続して被疑者の身柄を拘束する必要があると認める場合には，24時間以内に裁判官に対して身柄拘束（勾留）の請求を行い（勾留請求），裁判官がその請求を認めると，被疑者は最長で20日間勾留される。被疑者が勾留されている間にも，警察はさまざまな捜査活動を行う。

図3-3 刑事手続の流れ

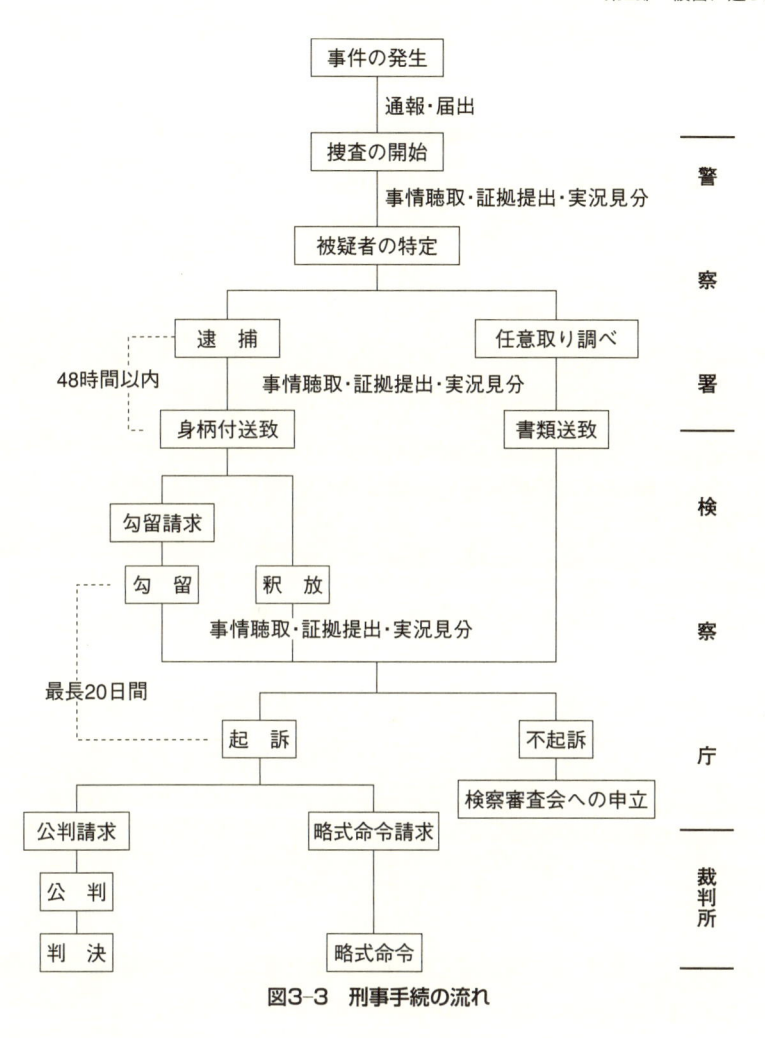

なお，被疑者が逃走するおそれがない場合などには，被疑者を逮捕しないまま取り調べ，証拠を揃えた後，捜査結果を検察官に送る。

② 起 訴

送致を受けた検察官は，勾留期間内に，警察から送られた書類や証拠を精査し，検察官自身で被疑者の取り調べを行い，被疑者を裁判にかけるかどうかの決定を行う。裁判にかける場合を起訴，かけない場合を不起訴という。起訴さ

れた後は，被疑者を被告人という。

　起訴には，通常の公開の法廷での裁判を請求する公判請求と，一定の軽微な犯罪について書面審理だけを請求する略式命令請求とがある。

　なお，被疑者を逮捕しない事件送致の場合，送致を受けた検察官は，事件について必要な捜査を行った後，被疑者を裁判にかけるかどうかの決定を行う。

③　公　判

　被疑者が起訴され，公判が開かれる日が決められた後，審理が行われ，判決が下される。判決について，検察官や被告人がその内容に不服がある場合には，さらに上級の裁判所（高等裁判所等）に訴えることとなる。

(2)　犯人が14歳以上20歳未満の少年である場合
① 　捜査等

　警察では，14歳以上の少年については，刑事手続と同様に捜査を行う。

　法定刑が懲役・禁錮等の比較的重い犯罪である場合は，検察庁に事件を送る。送致を受けた検察官は，取り調べなど必要な捜査をした後，少年をどのような処分にするのがよいのかの意見を付けて，事件を家庭裁判所に送る。

　法定刑が罰金以下である場合は，警察から直接，家庭裁判所に事件を送る。

② 　審　判

　家庭裁判所では，送られてきた事件について，審判（刑事手続でいう裁判）を開始するかどうかを決定する。

　これまでの手続の過程で，少年が十分改心しており，もはや審判に呼び出す必要がないと判断された場合は，審判手続を開始せず，その時点で終了する（これを審判不開始という。）。他方，少年に対する処遇を決めるために裁判官が直接審理することが必要であると認められる場合は，審判手続を開始する。審判では，保護処分（少年を施設内に収容し矯正教育を行う少年院送致や，社会内において保護観察官と保護司が協働して少年の改善更生を図る保護観察等）の決定を行うほか，保護処分の必要がないと認められた場合には不処分の決定を行う。

　なお，少年が凶悪な犯罪を犯した場合等，成人と同様の刑事処分とするべきであると認められた場合には，事件を検察庁へ送り返す。この場合，少年は原

則として裁判にかけられ，通常の刑事事件と同様に，刑罰を科すかどうかの決定を受ける。

(3) 犯人が14歳未満の少年である場合
① 調査等
14歳未満の少年については，法律上罰することができないため，警察で必要な調査を行った後，当該事件を児童相談所に通告することができるほか，少年について家庭裁判所の審判に付すべきと思料するときは，当該事件を児童相談所に送致する。

② 児童相談所における措置
送致または通告を受けた児童相談所では，少年に対し児童福祉法上の措置（児童自立支援施設への入所や里親への委託等）をとり，事案を終了させるほか，家庭裁判所での審判が必要であると判断した場合は，事案を家庭裁判所に送る。児童相談所は，警察から送致を受けた事件については，原則として家庭裁判所に送らなければならないとされている。家庭裁判所に送られた少年は，14歳以上の少年と同様に，審判を開始するかどうかの決定を受ける。

2 警察の取り組み

警察は，被害の届出，被疑者の検挙，被害の回復および軽減，再被害防止などの面で被害者と密接にかかわり，被害者を保護する役割を担う機関である。よって，被害者支援は警察の本来業務の一つであるととらえ，被害者の視点に立ったさまざまな施策の推進に努めている。

(1) 被害者支援の経緯（表3-3）
1996年2月，警察庁は被害者支援に関する基本方針を取りまとめた被害者対策要綱を制定し，同年5月には，警察庁長官官房給与厚生課に被害者支援に関する施策の企画・調査を担当する犯罪被害者対策室（2008年7月，犯罪被害者支援室に改称）を設置した。これを受けた各都道府県警察では，組織をあげて被害者支援に取り組み始めた。

表3-3 被害者支援の経緯

年 月 日	出 来 事
1979年 8月30日	三菱重工ビル爆破事件
1980年 5月1日	犯罪被害者等給付金支給法成立（翌年1月1日施行）
1981年 5月21日	財団法人犯罪被害救援基金設立
1985年 8月26日	犯罪防止及び犯罪者の処遇に関する第7回国際連合会議（～9月6日）
1991年10月3日	犯罪被害給付制度発足10周年記念シンポジウム開催
1992年 3月10日	犯罪被害者相談室（東京）設立
4月	犯罪被害者実態調査研究会による調査開始（1995年3月報告書提出）
1995年 3月20日	地下鉄サリン事件
6月	警察の被害者対策に関する研究会に拠る研究（～12月）
1996年 1月11日	警察庁が犯罪被害者対策に関する基本方針を取りまとめ、国家公安委員会に報告
2月1日	警察庁が被害者対策要綱を策定し、全国警察に通達
5月11日	警察庁長官官房給与厚生課に犯罪被害者対策室設置
1998年 5月9日	全国被害者支援ネットワーク設立
1999年 5月15日	全国被害者支援ネットワークによる犯罪被害者の権利宣言発表
5月26日	児童買春，児童ポルノに係る行為等の処罰及び児童の保護等に関する法律公布（11月1日施行）
6月18日	犯罪捜査規範の一部を改正する規則公布・施行
11月11日	政府に犯罪被害者対策関係省庁連絡会議設置
2000年 5月19日	刑事訴訟法及び検察審査会法の一部を改正する法律および犯罪被害者等の保護を図るための刑事手続に付随する措置に関する法律公布
5月24日	児童虐待の防止等に関する法律公布（11月20日施行）
5月24日	ストーカー行為等の規制等に関する法律公布（11月24日施行）
12月6日	少年法等の一部を改正する法律公布（翌年4月1日施行）
2001年 4月13日	犯罪被害者等給付金支給法の一部を改正する法律公布 配偶者からの暴力の防止及び被害者の保護に関する法律（DV法）公布
7月1日	犯罪被害者等給付金の支給等に関する法律一部改正（重傷病給付金の創設等）
11月19日	犯罪被害給付制度発足・犯罪被害救援基金設立20周年記念 第6回犯罪被害者支援フォーラム開催
2002年 1月31日	警察本部長等による犯罪の被害者等に対する援助の実施に関する指針公布（4月1日施行） 犯罪被害者等早期援助団体に関する規則公布（4月1日施行）
2003年 3月18日	犯罪被害者対策国際シンポジウム2003開催
10月3日	全国被害者支援ネットワークが犯罪被害者支援の日と定めて全国キャンペーンを実施
2004年 6月2日	改正DV法公布（12月2日施行）
12月8日	犯罪被害者等基本法公布（翌年4月1日施行）
2005年12月27日	犯罪被害者等基本計画閣議決定
2006年 4月1日	犯罪被害者等給付金の支給等に関する法律一部改正（重傷病給付金の支給要件緩和等）
11月25日	内閣府が犯罪被害者週間を定めて、全国キャンペーンを実施（～12月1日）
2007年 6月27日	犯罪被害者等の権利利益の保護を図るための刑事訴訟法等の一部を改正する法律公布
7月1日	改正DV法公布（翌年1月11日施行）
11月	犯罪被害者等基本計画に基づく三つの検討会最終取りまとめ決定
2008年 4月18日	犯罪被害者等給付金の支給等に関する法律の一部を改正する法律公布（7月1日施行）
10月31日	犯罪被害者等の支援に関する指針告示
2009年 9月11日	犯罪被害者等給付金の支給等による犯罪被害者等の支援に関する法律施行規則の一部を改正する規則公布（10月1日施行）
2011年 3月25日	第2次犯罪被害者等基本計画閣議決定

1999年6月には，警察官が捜査活動の際に守るべき心構えや捜査方法，手続などを定めた犯罪捜査規範を改正し，被害者に対する配慮および情報提供，被害者の保護等に関する規定を整備した。

このような被害者支援への社会的関心はかつてないほどの高まりを見せ，犯罪被害給付制度の拡充も求められるようになり，2001年4月に法律の抜本的改正が行われた。名称も，犯罪被害者等給付金の支給等に関する法律に変更された。この法律では，警察本部長等は，犯罪被害等の早期の軽減に資するための措置として，被害者への情報提供，助言指導，警察職員の派遣，その他の必要な援助を行うよう努めることが定められた。

国家公安委員会は，これらの被害者支援策が適切かつ有効に実施されるよう，心理臨床家等の専門家による授業を組み込むなど警察職員教育の実施方針を定めることや，性犯罪に対応する女性警察官，心理学等の知識を有する職員など，被害者支援に従事する警察職員を充分確保することなどを定めた警察本部長等による犯罪の被害者等に対する援助の実施に関する指針（平成14年国家公安委員会告示第5号）を定め，2002年4月から施行している。

2004年12月には犯罪被害者等基本法が成立し，犯罪被害者の権利と支援に関して，初めてわが国の基本理念が定められた。翌年12月，政府はこの法律に基づき，犯罪被害者等基本計画を策定した。現在は2011年に策定された第2次犯罪被害者等基本計画を踏まえ，警察のみならず，国をあげて一層充実した被害者支援が行われるよう検討を重ね，取り組みを進めている。

(2) 具体的な施策

全国都道府県警察では，以下のような被害者への支援を実施している（警察庁，2010）。

① 被害者への情報提供

事件後，被害者がかかわることになる刑事手続に関する情報や，被害者への支援内容について知らせるため，各都道府県警察ではそれらの情報をまとめた冊子（被害者の手引き）を作成し，被害者に配付している。また，被害者連絡制度により，担当捜査員から捜査状況，加害者の処分結果などについて通知している。被害者から要望があれば，交番などに勤務する地域警察官が自宅を訪

問し，被害の回復や防止に関する情報提供，防犯指導，相談受理などを行う被害者訪問・連絡活動も実施している。

性犯罪被害者はとくに，他人に被害事実を知られたくない場合が多いことから，被害者連絡の際にも細心の注意を払っている。なお，被害者が成人であれば，要望に応じて，家族にも被害事実を知られないよう配慮している。

② 相談・カウンセリング体制の整備

性犯罪は，他の犯罪と比較して，身体的のみならず精神的にもきわめて重大な被害を与える犯罪である。届出前の相談から届出後の捜査などについては，その心情に配慮した対応と，要望に応じた支援ができるよう努めている。

各都道府県警察本部には性犯罪被害者専用の相談電話を設け，警察官や専門の担当者が相談を受理しているほか，地域の交番や鉄道警察隊においても，性犯罪被害者が相談しやすいように，女性警察官の配置を進めている。

また，心理学的立場からの専門的支援を必要とする被害者のために，カウンセリングの専門的知識や技術を有する被害者相談担当職員を配置したり，精神科医や民間のカウンセラーと連携して対応することができるよう，体制の整備をすすめている。

③ 犯罪被害給付制度

1980年に犯罪被害者等給付金支給法が制定されて以後も，長く被害者支援に関する社会の関心は低いままであった。しかし，1995年の地下鉄サリン事件などにより，被害者の置かれている状況が広く国民に認識されたことから被害者支援の社会的気運がさらに高まったのを受けて，2001年に犯罪被害者等給付金支給法が抜本的に改正され，給付対象の拡大や金額の引き上げが行われた。またこの改正で，警察本部長などは犯罪被害等の早期の軽減に努めなければならないことが定められた。これにより，民間の犯罪被害者支援団体との連携がより一層求められることとなった。

その後，2005年に閣議決定された犯罪被害者等基本計画に重傷病給付金の支給範囲等の拡大が盛り込まれたことから，2006年4月1日から支給要件の緩和，支給対象期間延長等の政令改正，親族間犯罪の支給制限緩和などの規則改正が行われている。さらに，同基本計画に基づく経済的支援に関する検討会の最終取りまとめを踏まえ，休業損害を考慮した重傷病給付金の額の加算，重度後遺

障害者（障害等級第1級～第3級）に対する障害給付金の引き上げ，生計維持関係のある遺族給付金の引き上げ等，犯罪被害給付制度の抜本的拡充を図るため，法律や政令等が改正され，2008年7月1日から施行されている（図3-4）。

④ **捜査過程における被害者の負担の軽減**

性犯罪の場合は，精神的な負担などから，他の犯罪より被害が潜在化しやすいといわれている。そこで，通報時に被害者の要望があれば，パトカー以外の車両を使用して私服の捜査員が現場に赴いたり，担当捜査員の性別を選択できるようにしている。被害者が女性捜査員を希望した場合は，専門の研修を受けた女性警察官（性犯罪指定捜査員）が被害者からの事情聴取，証拠採取，証拠品の受け取り，病院への付き添い，捜査状況の連絡等に従事する。

このような性犯罪捜査の指導・調整，発生状況等の集約，性犯罪指定捜査員の育成のため，各都道府県警察本部には性犯罪捜査指導官と性犯罪捜査指導係が設置されている。

警察署などでの事情聴取には，被害者の心情に配慮して，相談室を使用するようにしている。実況見分では，被害者の精神的負担を軽減するため，事件の再現にダミー人形を使用したり，通行人からの視線を気にせず現場の確認ができるよう，被害者支援車両（図3-5）を各警察署に配備している。

性犯罪では，証拠となる物が被害者の身体や衣服に付着していることが多く，被害直後の証拠採取や衣類提出が必要となるが，身体からの証拠の採取を負担に感じる被害者は少なくない。そこで，証拠採取の要領を定め，採取に必要な用具や着替えなどをセットにし，各警察署や捜査部門に配備している。さらに，迅速かつ適切な診断・治療および証拠採取のため，産婦人科医師会とのネットワークを構築している。被害者から警察に提出してもらう診断書の作成費用については公費で負担する制度を設け，経済的負担の軽減にも努めている。

被害直後はとくに，捜査員の対応は捜査に重点がおかれ，被害者に必要な支援活動が充分に行えないおそれがある。そこで，被害者の対応について研修を受けた被害者支援員が捜査員とは別の立場で被害者に付き添い，要望を聴取し，支援制度の説明，資料の交付など，事件発生直後の被害者支援活動を行っている。

なお，被害者の要望は，生活上の支援をはじめ，医療，公判に関することな

第3章 ● 性犯罪の被害者

犯罪被害者等給付金	・この制度の対象となる犯罪被害は，日本国内または日本国外にある日本船舶もしくは日本航空機内において行われた人の生命または身体を害する罪に当たる行為（過失犯を除く。）による死亡，重傷病または障害である。 ・犯罪被害者等給付金には，遺族給付金，重傷病給付金および障害給付金の3種類があり，いずれも国から一時金として給付される。 ・給付金の支給対象となる被害者または遺族は，日本国籍を有する人または日本国内に住所を有する人である。なお，外国人であっても当該被害の原因となった犯罪行為が行われた時点で日本国内に住所を有していた人については支給対象となる。

被害者が死亡した場合 — 遺族給付金

額（最高〜最低） 一定の生計維持関係遺族がいる場合 2,964.5万円〜872.1万円 それ以外の場合 1,210万円〜320万円 （第一順位の遺族が二人以上いるときは，その人数で除した額）	・支給を受けられる人 　死亡した犯罪被害者の第一順位遺族 ・支給を受ける遺族の範囲と順位 1　①配偶者（事実上婚姻関係と同様の事情にあった人を含む。） 2　犯罪被害者の収入によって生計を維持していた犯罪被害者の②子，③父母，④孫，⑤祖父母，⑥兄弟姉妹 3　2に該当しない被害者の⑦子，⑧父母，⑨孫，⑩祖父母，⑪兄弟姉妹 ・犯罪被害者が死亡前に療育を要した場合は，その負傷または疾病から1年間における保険診療による医療費の自己負担分と休業損害を考慮した額の合計額を加算する

被害者が重傷病を負った場合 — 重傷病給付金

額（上限120万円） 負傷または疾病から1年間における保険診療による医療費の自己負担分と休業損害を考慮した額の合算額	・支給を受けられる人 　犯罪行為によって，重傷病（加療1か月以上，かつ，入院3日以上を要する負傷または疾病〔精神疾患である場合には，加療1か月以上，かつその症状の程度が3日以上労務に服することができない程度であること〕）を負った犯罪被害者本人

被害者に障害が残った場合 — 障害給付金

最高額〜最低額 重度の障害（障害等級第1級〜第3級）が残った場合 3,974.4万円〜1,056万円 それ以外の場合 1,269.6万円〜18万円	・支給を受けられる人 　障害が残った犯罪被害者本人 なお，障害とは，負傷または疾病が治ったとき（その症状が固定したときを含む。）における身体上の障害で，障害等級第1級〜第14級程度のものを指す

図3-4　犯罪被害給付制度の概要（2008年7月1日現在）

図3-5 被害者支援車両

ど，きわめて多岐にわたっているが，総合的かつ長期的にきめ細かな被害者支援ができるよう，司法，行政，医療，民間被害者支援団体などの関係機関・団体が集まり，各都道府県単位での被害者支援連絡協議会や，各警察署を単位としたネットワークを構築している。被害者の状況や要望に応じて，これらの関係機関・団体の紹介や，担当者への引継ぎも行っている。

3 検察庁の取り組み

　警察から送致を受けた検察庁においても，被害者の支援を推進している。
　以下，検察庁が作成した資料「犯罪被害者の方々へ」（検察庁，2008）をもとに，その概要を説明する。

(1) 検察庁被害者支援員制度

　被害者の負担や不安をできるだけ和らげるため，全国の検察庁に被害者支援員が配置されている。被害者支援員は，被害者からのさまざまな相談への対応，法廷への案内・付き添い，事件記録の閲覧，証拠品の返還などの各種手続の手助けをするほか，被害者の状況に応じて関係機関や団体の紹介もしている。
　また，全国の地方検察庁に，被害者からの相談や事件に対する問い合わせを受ける専用電話，被害者ホットラインを設けている。

(2) 被害者等通知制度

被害者の希望に応じ，できる限り事件の処分結果，公判開催日，公判結果などを通知する制度を設けている。また，再被害を防止するために必要があれば，受刑者の釈放予定時期や釈放後の住所地に関する通知がなされることがある。

(3) 検察審査会への審査申立て

検察官がさまざまな事情を勘案して不起訴処分の決定を下した場合，被害者，告訴人，被害者の遺族は検察審査会に審査の申立てができる。検察審査会は検察官の不起訴処分の当否を審査する機関で，地方裁判所および主要な地方裁判所支部に設置されている。起訴相当または不起訴不当の決定がなされた場合，検察庁は再度捜査を行う。

4 裁判所（公判段階）の支援制度

被害者も証人として公判での証言が求められることがあるが，これに伴う精神的負担を少しでも軽減するために，2000年5月に刑事訴訟法が改正された。

この改正により，証人への付添い，傍聴人や被告人からの視線を遮断するための証人の遮蔽，ビデオリンク方式を用いた別室での証言，性犯罪の被害者の場合のみ告訴期間（従来は6か月）制限の撤廃，被害者の意見陳述制度が設けられた。

この改正と同時に，犯罪被害者保護法が制定され，被害者の優先傍聴，公判中の記録閲覧・謄写，民事上の争いについての和解（示談）が成立した場合は刑事裁判の公判調書への記載（刑事和解）が可能となった。

また，2000年の少年法の改正により被害者の意見陳述制度が設けられた。さらに，それまで加害者が少年であった場合は，被害者側は事件に関する情報がほとんど得られない状態であったことを改善するため，事件記録の閲覧・謄写，被害者通知制度が設けられた。

2004年に成立した犯罪被害者等基本法を受けて，2005年に決議された犯罪被害者等基本計画に基づき，2007年に犯罪被害者等の権利利益の保護を図るための刑事訴訟法等の一部を改正する法律が成立した。これにより，刑事裁判の手

続を利用して民事の損害賠償請求ができる制度（損害賠償命令制度），公判記録の閲覧・謄写の条件緩和および範囲拡大，性犯罪被害者等の実名等特定事項が法定等に顕出しない制度（犯罪被害者等に関する情報の保護），被害者が刑事裁判に参加できる制度（被害者参加制度）等が新設または改正され，2008年から施行された（岡村，2007）。

5 民間被害者支援団体の取り組み

(1) 全国被害者支援ネットワークおよび加盟団体
① 設立の経緯

欧米の被害者支援先進国においては，1970年代半ばに被害者支援の全国組織が設立されていたが，わが国ではその後も長い間，犯罪被害者の多くは充分な支援を受けることができない状態に置かれていた。1991年10月3日，犯罪被害給付制度発足10周年記念シンポジウムにおいて，被害者遺族が自身の体験と支援の必要性を指摘したことから，わが国の被害者支援活動は実践に向けて動き出した（山上・穴田，2001）。

1992年，東京医科歯科大学内にわが国初の犯罪被害者専門の相談窓口（犯罪被害者相談室，その後2000年に発展的に改組し，社団法人被害者支援都民センターとなる）が開設された。活動を開始してみると，被害者は犯罪により心に大きな傷を受けているにもかかわらず，必要な支援が受けられず，相談する先も見つからないまま孤立し，長期間苦しんでいるという実態が明らかになった。

その後，犯罪被害者相談室（東京）に続き，全国各地に犯罪被害者専門の相談室が開設され始めた。それに伴い，個別に活動している各団体が連携して被害者支援を行う必要性が生じ，1998年5月，8つの民間支援団体により全国被害者支援ネットワークが設立された。

2009年7月には，47都道府県すべてに民間支援団体が設立され，2012年4月現在の加盟団体は，全国47都道府県の48団体となっている（表3-4）。

② 組織概要

NPO法人全国被害者支援ネットワークは，被害者支援に関する社会への広報・啓発と教育，全国各地における民間援助団体設立の推進と連携，民間援助

表3-4 認定NPO法人全国被害者支援ネットワーク加盟団体一覧

2012年4月6日現在
認定NPO法人全国被害者支援ネットワーク調べ

No.	名称	所在地	相談電話	相談受付日時	犯罪被害者等早期援助団体
1	（社団法人北海道家庭生活総合カウンセリングセンター内）北海道被害者相談室	北海道道南	011-232-8740	月～金 10時～16時	○
2	（一般社団法人北・ほっかいどう総合カウンセリング支援センター内）北・ほっかいどう被害者相談室	北海道道北	0166-24-1900	月～木 10時～15時	
3	公益社団法人あおもり被害者支援センター	青森	017-721-0783	月～金 10時～16時	○
4	公益社団法人いわて被害者支援センター	岩手	019-621-3751	月～金 13時～17時	○
5	公益社団法人みやぎ被害者支援センター	宮城	022-301-7830	火・水・木・金 10時～16時	○
6	社団法人秋田被害者支援センター	秋田	0120-62-8010 / 018-893-5937	月～金 10時～16時	
7	公益社団法人やまがた被害者支援センター	山形	023-642-7830	月～金 10時～16時	○
8	公益社団法人ふくしま被害者支援センター	福島	024-533-9600	月～金 10時～16時	○
9	公益社団法人いばらき被害者支援センター	茨城	029-232-2736	月～金 10時～16時	○
10	公益社団法人被害者支援センターとちぎ	栃木	028-643-3940	月～金 10時～16時	○
11	NPO法人被害者支援センターすてっぷぐんま	群馬	027-243-9991	月～金 10時～15時	
12	公益社団法人千葉犯罪被害者支援センター	千葉	043-225-5450	月～金 10時～16時	○
13	公益社団法人被害者支援都民センター	東京	03-5287-3336	月・木・金 9時30分～17時30分 火・水 9時30分～19時	○
14	公益社団法人埼玉犯罪被害者援助センター	埼玉	048-865-7830	月～金 9時～16時	○
15	認定NPO法人神奈川被害者支援センター	神奈川	045-328-3725	月～金 10時～16時	○
16	公益社団法人にいがた被害者支援センター	新潟	025-281-7870	月～金 10時～16時	○
17	公益社団法人石川被害者サポートセンター	石川	076-226-7830	火～土 13時30分～16時30分	○
18	公益社団法人福井被害者支援センター	福井	0120-783-892 / 0776-88-0800	月～土 10時～16時	
19	一般社団法人とやま被害者支援センター	富山	076-413-7830	月～金 10時～16時	
20	認定NPO法人長野犯罪被害者支援センター	長野	026-233-7830 長野相談室 0263-73-0783 中信相談室 0265-76-7830 南信相談室	月～金 10時～16時 （第2,4金曜日 10時から19時）	
21	公益社団法人被害者支援センターやまなし	山梨	055-228-8622	月～金 10時～16時	
22	公益社団法人ぎふ犯罪被害者支援センター	岐阜	0120-968-783 / 058-268-8700	月～金 10時～16時	○
23	NPO法人静岡犯罪被害者支援センター	静岡	054-651-1011	月～金 10時～16時	○
24	公益社団法人被害者サポートセンターあいち	愛知	052-232-7830	月～金 10時～16時	○
25	公益社団法人みえ被害者総合支援センター	三重	059-221-7830	月～金 10時～16時	○
26	NPO法人おうみ犯罪被害者支援センター	滋賀	077-525-8103 / 077-521-8341	月～金 10時～16時	○
27	公益社団法人京都犯罪被害者支援センター	京都	075-451-7830 / 0120-60-7830	月～金 13時～18時	○
28	NPO法人大阪被害者支援アドボカシーセンター	大阪	06-6774-6365	月～金 10時～16時	○
29	NPO法人ひょうご被害者支援センター	兵庫	078-367-7833	火・水・金・土 10時～16時	○
30	公益社団法人なら犯罪被害者支援センター	奈良	0742-24-0783	月～金 10時～15時	○
31	公益社団法人紀の国被害者支援センター	和歌山	073-427-1000	月～土 10時～16時 木のみ 18時～21時も可	○
32	一般社団法人島根被害者サポートセンター	島根	0120-556-491	月～土 10時～16時	
33	社団法人被害者サポートセンターおかやま（VSCO）	岡山	086-223-5562	月～土 10時～16時	○
34	公益社団法人広島被害者支援センター	広島	082-544-1110	月・水・木・土 10時～16時	○
35	NPO法人山口被害者支援センター	山口	083-974-5115	月～金 10時～16時 火 19時～21時	○
36	一般社団法人とっとり被害者支援センター	鳥取	0857-30-0874	月～金 10時～16時	
37	一般社団法人被害者こころの支援センターえひめ	愛媛	089-905-0150	火・木・土 10時～16時	
38	NPO法人こうち被害者支援センター	高知	088-854-7867	月～金 10時～16時	
39	NPO法人被害者支援センターかがわ	香川	087-897-7799	月～金 10時～16時	○
40	一般社団法人徳島被害者支援センター	徳島	088-678-7830	月・水・木・金 9時～16時	
41	公益社団法人福岡犯罪被害者支援センター	福岡	092-477-3156 / 093-582-2796 北九州窓口	月・火・水・金 10時～16時	○
42	NPO法人被害者支援ネットワーク佐賀VOISS	佐賀	0952-33-2110	月～金 10時～17時 水のみ 13時～17時	
43	一般社団法人長崎被害者支援センター	長崎	095-820-4977	月～金・第2土 10時～16時	
44	公益社団法人くまもと被害者支援センター	熊本	096-386-1033	月～金 10時～16時	○
45	公益社団法人大分被害者支援センター	大分	097-532-7711	月～金 10時～16時	○
46	公益社団法人みやざき被害者支援センター	宮崎	0985-38-7830	月～金 10時～16時	
47	公益社団法人かごしま犯罪被害者支援センター	鹿児島	099-226-8341	火～土 10時～16時	○
48	公益社団法人沖縄被害者支援ゆいセンター	沖縄	098-866-7830	月～金 10時～16時	○

団体の援助スタッフの教育と研修，犯罪被害者の権利擁護のための諸施策の実現や法整備を促す活動，被害者・遺族の自助グループへの支援と連携を目的に活動している。

加盟団体はいずれもボランティアを主体とする民間被害者支援団体だが，それぞれの団体には精神科医，臨床心理士，弁護士などの専門家も多く参加しており，被害者の多様なニーズに応える体制づくりをめざしている。

③ **活動内容**

被害者に提供される支援内容として，加盟しているすべての団体で電話相談に対応しているほか，ほとんどの団体で面接相談も受け付けている。また，近年では司法・医療機関への付き添い，家事支援などの直接的支援を行う団体が多くなっている。

各加盟団体は相互の連携を密にし，合同で研修を開催するなど活動内容の充実を図るとともに，居住地による支援の格差がなくなるよう支援の充実を図っている。

また被害者の現状を代弁し，被害回復への働きかけを行い，被害者の人権擁護に必要な施策についても実践に基づいて検討し，必要な提言をしてゆくことも重要な活動目的であり，1999年5月15日には，公正な処遇を受ける権利，情報を提供される権利，被害回復の権利，意見を述べる権利，支援を受ける権利，再被害からまもられる権利，平穏かつ安全に生活する権利，の7項目からなる犯罪被害者の権利宣言を発表している（富田，2000）。

(2) **犯罪被害者等早期援助団体**

民間の犯罪被害者支援団体と国および都道府県が密接に連携を図り，より適切な支援を行うために，2002年4月1日，犯罪被害者等給付金支給法が改正され，犯罪被害者への早期援助を適切かつ確実に実施できると各都道府県公安委員会が認めた非営利法人を犯罪被害者等早期援助団体として指定することができることとなった。

犯罪被害者等早期援助団体の行う事業は，被害者等に対する援助の必要性に関する広報活動および啓発活動，犯罪被害等に関する相談，犯罪被害者等給付金の裁定の申請補助，物品の供与または貸与，役務の提供，その他の方法によ

る被害者等の援助である。

　被害直後の混乱期に，自ら民間支援団体への援助を要請するのは困難な場合が多いため，警察が被害者の同意を得た場合は，警察から指定団体へ当該被害者の支援に必要な情報を提供できる。この情報をもとに，指定団体から被害者へ能動的なアプローチを行っている。

　2012年4月現在，40団体が指定を受け，活動中である（各団体の指定の有無については，表3-4参照）。

(3) 財団法人犯罪被害救援基金

　1981年5月に，広く国民から募った浄財をもとに設立された団体である。主な事業は犯罪被害者遺児への奨学金の給付および生活相談であるが，民間被害者支援団体の活動にも協力している。

第3節　被害者の治療

1　はじめに

　性犯罪の被害者に生じる心理的問題として，外傷後ストレス障害（posttraumatic stress disorder: PTSD）が考えられる。トラウマと，その後遺症とも言うべきPTSDは，1980年に初めてアメリカ精神医学会の診断基準に登場した精神障害の一カテゴリである（症状などは後述）。

　そのルーツは，1970年代のアメリカにおいて急増した，性的暴行（レイプ）被害者およびベトナム戦争帰還兵の研究と治療にある。とくに，治療効果研究がより進んでいるのは，レイプ被害者の方である。本節では，こうした成果に基づいて，レイプ被害者におけるPTSD治療の理論と実際を記す。とくに，治療効果が最も確認されている，認知行動療法（cognitive behavior therapy: CBT）に基づく治療について詳述する。

2 PTSDをどのように理解するか

　アメリカ精神医学会による診断基準であるDSM-IV-TR（American Psychiatric Association, 2000）によれば，PTSDの診断の要件は，まず，本人または他者の生命を脅かす危険な出来事（たとえば，レイプ，戦争体験など）を経験し，かつ，その出来事の最中や直後に，本人に強い恐怖感を与える出来事を経験していることが必要である。こうした出来事を外傷的出来事またはトラウマと呼ぶが，外傷的出来事の持続的で侵入的な再体験（たとえば，トラウマを突然に思い出してしまう），外傷的出来事に関連する刺激の持続的回避（たとえば，トラウマを思い出させる場面に近づかない）および全般的な反応性の麻痺（たとえば，活動性が低下し，ひきこもってしまう），持続的な覚醒亢進（たとえば，トラウマを思い出すだけで身体が苦しくなる，どきどきする）といった症状を1か月以上持ち，生活に支障をきたしている場合に適用される。

　このPTSDの理解と介入について成果を挙げているのが，認知行動療法である。認知行動療法は，認知（出来事の解釈の仕方や信念），行動のパターンを変容させることで，問題行動の変容をはかる心理療法である（概説書として，内山・坂野，2008など参照）。この認知行動療法では，PTSDは，普段ならば強い恐怖を引き起こさないはずの刺激や自分自身の変化（症状）が強い恐怖を引き起こすものであると認知され記憶されたときに生じると考えられている。このような記憶はトラウマ記憶（traumatic memory）と呼ばれている。

　このトラウマ記憶について，フォアとロスバウム（Foa & Rothbaum, 1998）を参考に説明する。たとえば，背の高い，ヒゲが生えている男性に，郊外の駐車場でナイフを突きつけられて，心理的にも生理的にも強い恐怖感を感じている最中にレイプされたとする。この際，PTSDを発症させていない，いわば，レイプに関する記憶が「正常な」場合を模式的に表したものが図3-6である。この図では，楕円形は「刺激」を，菱形は「反応」を，長方形は「意味」を表している。「ナイフ」や「レイプ」は「危険」を意味するが，「背の高い」ことや「ヒゲが生えている」「男性」は，とくには「危険」を意味していない。

　図3-7は，PTSD患者における，病理的なトラウマ記憶を模式的に表した

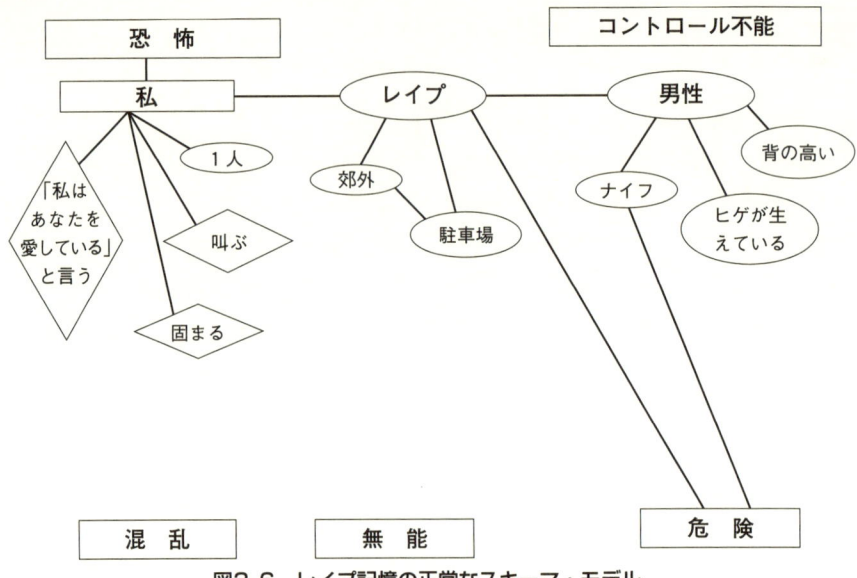

図3-6　レイプ記憶の正常なスキーマ・モデル

もの である（長方形等の図形の意味は図3-6同様である）。本来的に危険を意味する「ナイフ」はもとより、「背の高い」、「ヒゲが生えている」、「男性」、「駐車場」といった、本来、とりたてて危険ではない刺激が、非常に危険に満ちたものとして認識され、それらを見ただけで心理的・生理的な恐怖感が喚起されるようになる。また、図には表現されていないが、しばしば、ナイフとの関連においては、金属的に光るもの一般に対する過度の恐怖が形成されることもある。

さらに、レイプをされたときに、叫び、固まってしまったこと、加害者に強要されて「私はあなたを愛しています」と言ったこと、レイプから1か月後にPTSD症状が生じたことを、「私は無能である」とPTSD患者が意味づけてしまうことがある。

男性、駐車場や金属的に光るもの一般などは、世界の至る所に存在するものであるため、最終的には、「世界はまったく危険である」といった世界に関する不適応的な信念（スキーマ）が形成されることになる。また、ささいな刺激にも対処できず、恐怖感に満ちた生活を送っているために、「私はまったく無

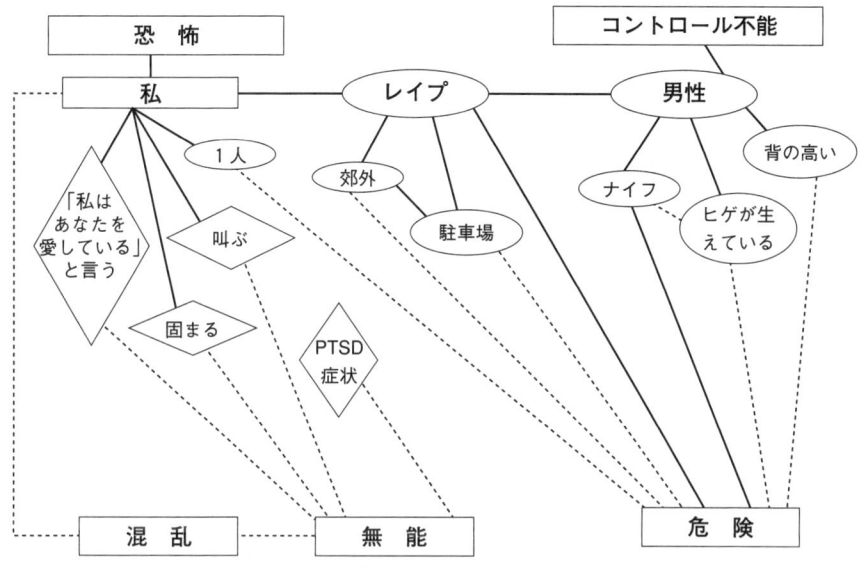

図3-7 レイプ記憶の病理的スキーマ・モデル
(Foa & Rothbaum, 1998を一部改変)

能である」といった自分に関する不適応的なスキーマも形成される。こうしたスキーマの形成過程が図3-8に示されている。図3-8において，実線の長方形は外界に生じた出来事を，その記憶に関する表象は，点線の長方形の中に示されている。

さらに，図3-8は，PTSD患者において，トラウマの原因が「これは，私のせいだ」などと帰属されていること，また，PTSD症状の発症のようなトラウマ経験後の出来事が，それを当然のもの，一過性のものとは考えずに，危険を表す徴候として意味づけられていることをも表している。また，このようなスキーマや症状を形成する個人は，トラウマを経験する以前から，自己や世界を厳格に意味づけていることをも図3-8は示している。たとえば，「世界はまったく安全だ」「自分はいつも有能だ」といった極端な意味づけをしていると考えられている。

一方，PTSD患者は，恐怖感を感じないようにするために，そうした刺激を回避するようになる。回避行動は，一時的には安堵感をもたらすため維持され

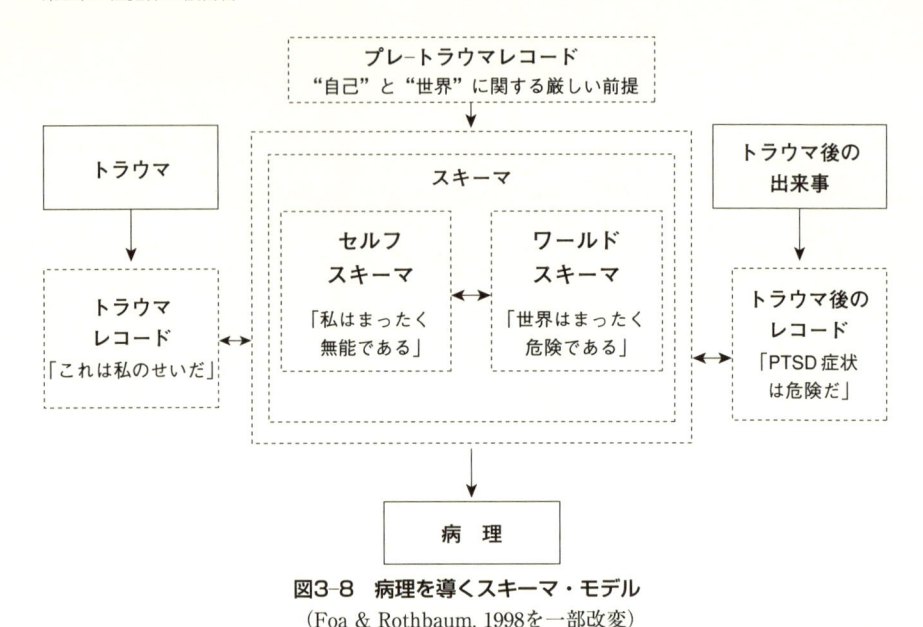

```
                プレ-トラウマレコード
              "自己"と"世界"に関する厳しい前提
                         │
    ┌─────┐      ┌──────────────────┐      ┌─────┐
    │トラウマ│      │      スキーマ      │      │トラウマ後の│
    └─────┘      │                    │      │ 出来事  │
       │         │ ┌──────┐ ┌──────┐ │      └─────┘
       ▼         │ │ セルフ │ │ ワールド│ │         │
    ┌─────┐      │ │ スキーマ│↔│ スキーマ│ │         ▼
    │トラウマ│↔│ │「私はまったく│ │「世界はまったく││      ┌─────┐
    │レコード│      │ │無能である」│ │危険である」│ │↔│トラウマ後の│
    │「これは私の│      │ └──────┘ └──────┘ │      │ レコード │
    │ せいだ」 │      │                    │      │「PTSD症状│
    └─────┘      └──────────────────┘      │は危険だ」│
                         │                  └─────┘
                         ▼
                      ┌─────┐
                      │ 病 理 │
                      └─────┘
```

図3-8 病理を導くスキーマ・モデル
（Foa & Rothbaum, 1998を一部改変）

るが，こうした刺激に対する恐怖感も維持されたままになる。また，こうした体験を思い出すこと自体が強い恐怖感をもたらすため，思い出すことそれ自体も回避されている。

　上記のようにPTSDを理解するならば，治療の目的は，トラウマ記憶，自己・世界に関するスキーマの変容となる。

3　認知行動療法によるPTSDの治療技法

　PTSDの認知行動療法の技法は「安定化」と「直面」に大別される。すなわち，トラウマ記憶には直面せずに，不安などの症状にアプローチする安定化技法と，トラウマ記憶にアプローチする直面技法である。前者については，不安症状の管理を目的とした，さまざまな不安管理訓練が用いられるが，効果が実証されているものにストレス免疫訓練（stress inoculation training: SIT）がある。後者にはエクスポージャー（exposure），認知療法など認知的再体制化に基づいた技法，眼球運動による脱感作と再処理法（eye movement desensitization and reprocessing: EMDR）があげられる。

　安定化技法と直面技法は，PTSDにおけるさまざまな症状において，どのような症状が治療開始時点で優勢であるのかに応じて組み合わせて用いられる。たとえば，恐怖を主たる症状としている場合は，恐怖や不安に対する有効性が実証されているエクスポージャーが治療の中核となり，罪悪感など認知的要因によって発症した症状も付加された場合，認知的再体制化がエクスポージャーに加えられる。そして，不安症状が著しく強い場合，そうした不安症状の低減を目指して不安管理訓練がエクスポージャーと組み合わせられる。ただ，近年においては，PE（prolonged exposure；詳細は後述）単独の治療効果の方が，上記のような技法の組み合わせのそれよりも効果的であることが示されてきている（Foa & Hembree, 2007）。

　このようにPTSD治療ではエクスポージャーが中核的だが，その手続きは，安全な環境で恐怖が低減するまで恐怖を喚起させる刺激に直面させることである。すなわちトラウマの想起それ自体と，トラウマを想起させる刺激の両方に直面することである。過去の出来事を想起して，イメージにおいて直面するエクスポージャーをイメージ（想像）エクスポージャー（imaginal exposure）と呼ぶ。一方，トラウマを想起させる実際の刺激に直面するエクスポージャーを現実エクスポージャー（in vivo exposure）と呼ぶ。

　エクスポージャーは，不安障害一般に対する代表的な治療技法であるが，PTSDの治療においては，PEと呼ばれる。これは，わが国では「持続エクスポージャー（療法）」「長期エクスポージャー」あるいは単に「PE」と呼ばれている。名称の由来は1セッションにおいて45〜60分間と長時間にわたって想像エクスポージャーが行われる点にあると筆者は考えているが定かではない。PEは，そのエビデンスから，いくつかの治療ガイドラインにおいて選択的セロトニン再取り込み阻害薬とともに，第一選択肢にあげられている（たとえば，Foa et al., 2000）。

　PEを通して患者は，トラウマの想起やトラウマを想起させる刺激に直面すること自体によっては，トラウマを経験した当時のような危険は生じないことを学習する。結果として，トラウマ想起にともなう恐怖やトラウマを想起させる刺激の回避行動は低減し，トラウマ記憶は変容する。このことによって「世

界はきわめて危険な場所である」といったスキーマも最終的に変容する。さらに，自分自身に対するスキーマも，「自分は対処できない」といったものから，「自分で対処できる」といったものへと変容する。

　一方，SITなど不安管理訓練には，心理教育，リラクセーション，呼吸調整法，思考中断法などが含まれているが，PTSD患者は，これらの技法を学ぶことによって，回避や過覚醒といったPTSDの症状を緩和させることができるようになる。また，SITによってPTSDの症状がなくなると，PTSD患者は自分自身に対するスキーマを，「自分は何もできない人である」というものから「自分でも対処できる」というものへと変えていくことができるようになる。そして，自分自身に対するスキーマが変わることによって，身の回りの世界に対するスキーマも変容することになる。最終的には，トラウマ記憶も変容する。

　このように，PEと不安管理訓練は，アプローチする対象は異なるが，最終的には，トラウマ記憶，自己および世界に関する不適応的なスキーマを変容させる点で共通である。

　さて，認知療法やSITに関してはすでに平易な解説書が刊行されているので（たとえば，井上，2006やMeichenbaum, 1985など），ここではPEの適用方法を説明する。PEの実際の適用はフォアとロスバウム（Foa & Rothbaum, 1998）やフォアとヘンブリー（Foa & Hembree, 2007）に詳述されている。その概要は，佐藤と坂野（2001），ロスバウムとフォア（Rothbaum & Foa, 1996），金（2007）らによってわが国に紹介されてきた。

　筆者は，1995年の世界行動療法認知療法会議，1996年の行動療法振興学会において，PEを創始したフォア（Foa, E.B.）による6時間ワークショップを受講した。その後，1998年に公刊されたフォアらの著作および，上記のワークショップ時に配布された治療プロトコルを参照しながら，治療を行って来た。さらに，2009年には4日間におよぶ訓練を小西聖子氏・金吉晴氏らに受けた。

　金（2007）によれば，フォアは，自身の治療プログラムについて，絶えず実証的検討を行い，技法の改訂を行っている。そのため，フォアとヘンブリー（2007）など，その時点における最新かつ詳細な治療マニュアルに基づいて治療を行う必要がある。また，経験を積んだスーパーバイザーによる指導も，その実施には求められる。

以下，セッション毎に，PEによる治療の概要を述べる。初回のセッション（＃1）では，症状が詳細に評価された後，患者は呼吸調整法を学ぶ。そして，呼吸調整法の自宅練習が宿題（ホームワーク）となる。呼吸を調整する練習は，強い不安を経験したときに自分自身をコントロールするために行われる。

＃2では，症状に関する心理教育が行われる。患者の多くは，症状そのものに驚き，気が狂ってしまうのではないかと思っている。また，「自分の性格が悪い」と感じていたり，「自分の生い立ちが良くない」などといった考え方にとらわれている場合も少なくない。しかし，適切な心理教育によって，自分の抱えている症状は一般的な反応であることを知り，自分の抱えている問題を適切に理解することができると不安は弱まる。さらにこのセッションでは，PEの根拠や治療効果について説明がなされる。

患者がPEの実施に同意した後，現実エクスポージャーを実施するために不安階層表が作られる。患者が日常生活の中で回避している状況や物をリストアップする。そして，不安の強さを通常0点～100点までの間で点数をつけてもらう。これは「自覚的障害単位（subjective units of discomfort scale: SUDs）」という評価方法である。点数が低い状況は不安をあまり感じない，点数が高い状況は強い不安を感じるということになる。現実エクスポージャーでは，中程度に不安を感じる場面（40～50点）から，徐々に高い不安を感じる場面へと進む。現実エクスポージャーはホームワークとして自宅で実施することが多い。＃3から最終セッションまで，現実エクスポージャーは繰り返される。

＃3から最終セッション（標準的には＃10）にかけて，面接室において，想像エクスポージャーが行われる。患者は，目を閉じて，トラウマを経験したときの様子をくわしく語ることを求められる。第3セッションでは60分間，第4セッション以降のセッションでは約45分間にわたって想像エクスポージャーが行われる。患者が話している間，治療者は患者に現在の不安の程度を，やはり0～100点で評定することを5分おきに求める。長時間，嫌な場面を思い出すことはつらいことだが，この程度の時間を安心した状況で過ごすことができれば，患者の不安は必ず減少していくことが知られている。この想像エクスポージャーは録音され，それを聞くことがホームワークとなる。

第6～9セッションにおける想像エクスポージャーでは，とくに，「ホット

スポット」に焦点を宛てる。患者が述べる語りの中で，患者にとって最も不安を喚起する場面が「ホットスポット」と呼ばれる。最終セッションでは，治療の進歩を評価するために，トラウマ的出来事全体についての想像エクスポージャーが行われる。

4　事例：レイプによるPTSDに対するPE治療

　事例A：21歳，女性，大学3年生。父54歳会社員，母51歳専業主婦，妹18歳。家族と離れて一人暮らし。

　主訴：突然に出来事を思い出してつらくなる。夜，大学構内やバイト先の駐車場に行くことが非常に怖い。夜間の外出全般を避けている。集中力がない。性的虐待や性暴力被害に関する情報に接すると不安が高まる。男性が信じられない。

　問題の経過：真夜中近くに，大学近くのアルバイト先の駐車場で，見知らぬ男性にナイフを突きつけられ，被害に遭った。その後，Aは，上記の主訴である症状が出現し，授業およびアルバイト（上述のアルバイトはすでに辞めており別のもの）に集中することも困難となり，欠席・欠勤しがちになっていた。被害から1年後に筆者が行った，PTSDに関する一般向けの講演を聞いた後，自分に思い当たる症状があり，筆者が所属する大学の臨床心理相談室に来室した（筆者とAは別々の大学に所属）。

　心理査定：

　PTSDの中核症状を測定するIES-R（Impact of event scale-revised）日本語版（Asukai et al., 2002；金, 2006）は35点，外傷後認知を測定するJPTCI（Japanese version of the posttraumatic cognition inventory）日本語版（長江ら, 2004）は161点，抑うつ症状を測定するBDI-II（Beck depression inventory-second edition）日本語版（Kojima et al., 2002）は17点であった。IES-Rは25点以上でPTSDが疑われ，JPTCIについては否定的ライフイベントを経験した大学生の中央値は97点であり，BDI-IIは14-17点の範囲は「軽症」と評価される。すなわち，Aは，抑うつ症状は軽いが，外傷後認知を有し，PTSDの中核症状の程度が高いと判断された。

DSM-IVによる多軸評定：I軸（臨床疾患）：PTSD，II軸（パーソナリティ障害）：なし，III軸（一般身体疾患）：なし，IV軸（心理社会的および環境的問題）：学業における問題，V軸（心理社会的機能）：中等度。なお，PTSDの評価は，PTSD臨床診断面接尺度（Clinician-Administered PTSD Scale: CAPS）日本語版（飛鳥井ら，2003）に基づいた。また，精神科においてもPTSDと診断されたが，服薬に抵抗があり，薬物療法は受けなかった。

治療経過：

#1では，心理査定を行った。その結果から，PTSDの可能性が高いと判断され，精神科受診を勧めるとともに，PEを用いた治療技法の説明と提案が行われた。最後に，リラクセーション技法として「ブリーフ・リラクセーション（Benson & Klipper, 2000）」を施行した。Aは，主訴を涙ながらに語っていたが，最後にブリーフ・リラクセーションを数回繰り返した結果，落ち着きを取り戻した様子であった。本リラクセーション技法をホームワークとした。

#2では，ホームワークの確認後，PTSDに関する心理教育を行った。次いで，現実エクスポージャーの方針の説明，不安階層表の作成法の説明，現実エクスポージャーに関するホームワークの設定を行った。

#3では，現実エクスポージャーなどの宿題の確認後，想像エクスポージャーの方針の説明を行った。Aの現実エクスポージャーの不安階層表は，以下の10項目から構成された。

40. 昼間に，大学の校舎から駐車場に誰かと行く
50. 昼間に，大学の校舎から駐車場に一人で行く
60. 昼間に，バイト先の駐車場に一人で行く
70. レイプに関する論文を読む
75. レイプに関する映像（テレビ番組等）を見る
80. 夜に，（安全と思える場所に）誰かと外出する
85. 夜に，（安全と思える場所に）一人で外出する
90. 夜に，大学の校舎から駐車場に誰かと行く
95. 夜に，大学の校舎から駐車場に一人で行く
100. 夜に，バイト先の駐車場に誰かと行く

#4，5では，想像エクスポージャーが毎回30分ほど行われ，ホームワーク

として行われた現実エクスポージャーについても，毎回，検討された。

 ＃6〜9では，想像エクスポージャーにおいて，「ホットスポット」に焦点を当てた。これは，出来事で今現在，もっとも苦痛に感じられる場面のことである。本ケースでは，レイプが行われた場面であった。

 ＃10では，最終セッションが行われた。30分間の想像エクスポージャーが行われた。SUDsは，0〜10の得点であった。その後，再発予防のために，治療の進歩を振り返った。今後，症状が再発した際に，本治療プログラムで得た対処スキルを活用することをAは述べた。精神科診断においてPTSDとは判断されず，IES-Rは3点，外傷後認知を測定するJPTCIは94点，BDI-IIは0-13点が「極軽症」であるが，6点であった。男性不信は和らぎ，「男性の中には，（自分をレイプしたような）ひどい男性もいるが，たいがいの男性は信じることができる」ようになっていた。その後，フォローアップの説明をして治療は終結した。なお，3，6，12か月後のフォローアップにおいて，得点は大きくは変わらず，再発は防がれており，本人は就職活動において企業の内定を得ていた。

 考　察：

 レイプによるPTSDに対するPE治療の事例を紹介した。標準的プロトコル通りに治療が進展した要因の一つに，面接前に，筆者によるPTSD講演を聴き，PEの概要・必要性を把握していた点があげられる。PEは，クライエントに大きな負荷を与える治療法と考えられるが，その必要性を理解していたクライエントは，いわば，心理面接以前に心理教育を受けていたともいえる。こうした点によって，PEへの導入が容易であったと考えられる。このことは，さらに，PTSDとその発症・維持に関するモデル，治療法の啓発活動の重要性をも示唆している。

Topics 9　男性の被害

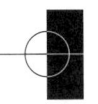

　男性の性的被害を防ぐための研究・調査・教育，被害者の治療やこころのケアに関する問題は，性犯罪の中でも置き去りにされてきた課題といえるだろう。

　日常の生活場面における男性の性的被害に関する調査・研究が，アメリカで本格的に始まったのも1980年代に入ってからのことである。岩崎（2001）は，それ以前には，①男性が受ける性的被害は，征服した兵士を辱めることや性的な拷問・攻撃を目的とする行為，②刑務所など女性との性交渉ができない環境での性欲のはけ口としての代理的行為，③同性愛文化における暴力的行為と考えられ，性的被害の研究対象としてみられることはなかったと述べている。

　また，男性の性的被害に対する神話（誤った思いこみ）も，研究が遅れた大きな原因となっている。男性の性的被害に関する7つの神話が掲載されている，"MaleSurvivor"のホームページ（http://www.malesurvivor.org/myths.html）からその神話を紹介する。

神話1　少年や男性が被害者のはずがない。
神話2　少年の性的虐待のほとんどは，同性愛の男性による犯行である。
神話3　もし少年が虐待時に性的興奮やオルガスムを経験したならば，それは少年が進んで関係したか，楽しんだことを意味する。
神話4　少年は少女よりも性的虐待経験によってトラウマを負うことは少ない。
神話5　男性によって虐待を受けた少年は，同性愛者か両性愛者になっていく。
神話6　性的に虐待された少年は，「吸血鬼症候群」，すなわち，ドラキュラ伯爵の犠牲者のように「噛み」続け，他人に性的虐待を繰り返す。
神話7　もし加害者が女性だった場合，少年や青年は，異性愛者の行為の手ほどきを受けたものとして，幸運であったと考えるべきだ。

　宮地（2006）は，この7つの神話が事実といかに食い違っているかを，統計データ，臨床事例，新聞報道などを交えて詳しく解説している。たとえば，1995～1997年にかけて17,421人を対象にカリフォルニア州で行われた調査で，女性25％，男性16％が児童期に性的虐待の経験があると答えていることから，神話1が事実と反することをあげている。あるいは，勃起や射精は，恐怖や嫌悪の中でも性器への物理的刺激によって起こることが，生理学的に明らかにされているとして神話3を否定している。

　岩崎（2001）は，「男性が性的被害に遭うはずがない」「もし遭ったとしても抵抗して防げるはずだ」といった神話の存在，さらに男性自身が「性的被害＝男性性の喪失」ととらえることから，女性の場合よりも被害が表沙汰にならず，被害者が必要な支援を求めない傾向が強いことを指摘している。結局，このような社会的現状や男性に対するステレオタイプな考え方が，男性の性的被害者の支援への気持ちを後退させ，男性の性的被害者に性同一性の喪失，性的指向の混乱，自己嫌悪感，自責の念，周囲からの孤立，周囲への不信などをもたらし，回復を遅らせることに

なっている。

　男性の性的被害を防ぐための研究・調査・教育，被害者の治療やこころのケアに関する問題を改善するうえで，法律上の定義を再考することも忘れてはならない。日本の強姦罪（刑法第177条）は，「暴行又は脅迫を用いて13歳以上の女子を姦淫した者は，強姦の罪とし，3年以上の有期懲役に処する。13歳未満の女子を姦淫した者も，同様とする。」となっており，女性のみを被害者として限定している。これに対して，イギリスでは検察局（Crown Prosecution Service）が性犯罪法の改正を重ね，1976年の制定時には男性器の女性器への挿入と限定していたが，1994年には両性に対する肛門への挿入が定義に加わり，さらに，最新のThe New Sexual Offences Act 2003では，男性器の口への挿入も付加された。このように，性的被害の実態を考慮して，男性被害に関しても性犯罪として立件できるように法改正を行い，その犯罪要件に関しても具体的な行為を付加している。

　イギリスでの性犯罪法の改正は，男性の性的被害に関する被害届の提出と警察・検察による捜査・起訴の根拠を与えている。これに対し，日本の強姦罪の条文は，性的被害の実態から乖離しており，法改正を検討することも必要であろう。法改正は，法的基準の明確化のみならず，男性の性的被害の実態を明確に提示することから，男性の性的被害に対する神話の払拭，被害届の増加，被害者支援の積極的利用を促進させる効果が期待できる。犯罪被害者等基本法（2004）では，「…犯罪被害者等のための施策を総合的かつ計画的に推進し，もって犯罪被害者等の権利利益の保護を図ることを目的とする」ことが謳われているが，強姦罪に性的被害の実態を反映させることも，男性被害者の支援を進めるうえで重要であろう。

　男性の性的被害はあり得ないし，たいしたことではないという認識を改め，男性・女性にかかわらず等しく性的被害の抑止，教育，治療が受けられる環境づくりが急務である。

〈文献〉
岩崎直子　2001　男性が受ける性的被害をめぐる諸問題　こころの健康，**16**，67-75．
宮地尚子　2006　男児への性的虐待―気づきとケア―　小児の精神と神経，**46**，19-29．

Topics 10　痴漢と女性の服装

「痴漢」とは，もともと「痴愚」，「痴呆」または「痴鈍」などの「痴」と同じで，ただのおろかなものを示し，「好色」という意味は含まれていなかった。井上（2005）らは，性風俗史と語彙史の視点から，「痴漢」の意味合いに性的な気配が漂いだすのは，20世紀以後の新しい社会現象を反映してからだと指摘した。現在では，「人に対して性的な言動や卑わいな行為などの性的嫌がらせをすることをチカン（痴漢）」といい，その行為によって刑法の強制わいせつ罪や各都道府県の迷惑防止条例違反などが適用される。警視庁の平成20年度の統計によれば，「卑わい行為」の検挙件数のうち，電車内での検挙率は約8割であり，20代の被害率が最も高かった。

あるアメリカの調査では，強姦された女性が刺激的な服装をしていた場合，ある程度その責任が彼女にあると考えるのは，10代から40代で約30％，50代以上は50％を超えると報告した（Gibbs, 1991）。これは「レイプ神話」とされるもののひとつであるが，こうした神話に影響されると，加害者を肯定し，被害者を否定するという偏見につながる恐れがある。日本では，痴漢被害に関して，女性の服装が男性を誘発する刺激となるのか，もし刺激になるとすれば，日本人の中でどのように認識されているのか，それを検証した社会心理学的研究があるので，ここで紹介する。

電車内での痴漢行為と女性服装の関連性について調べたところ（曹・髙木，2005），性別による認識の差異が顕著にみられた。すなわち，男性は，ミニスカートを含めて女性の服装が痴漢被害の原因になるという意見に肯定的な態度を示したが，女性はそれを否定した。さらに，痴漢被害を経験したことがない女性と比べて，被害経験がある女性のほうが，より一層否定的な態度を示し，女性の服装は痴漢被害の原因にならないと認識していた。

なぜ，男女が異なる態度を示したのか。これは，被服と消費行動が関係していることと，男性の性欲に対する認識が関係していると考えられる。

大学生の「被服と性の消費行動」について検証してきた神山（神山，2004）は，男女間の差異について次のように述べている。すなわち，女子大学生の場合は，かわいい下着を買う，下着にこだわる，女らしい服を買う，化粧品にお金をかける，髪を女らしいカットにする，スカートを多用する，アクセサリーなどの装飾品を購入するなどの性の消費行動が多く行われた。しかし，男子大学生の場合は，男らしい服を買う，ズボンを多用する，髪をショート・ヘアにする，AV（アダルト・ビデオ），ヌード写真集やポルノ雑誌を購入する，インターネットのアダルト・サイトにアクセスするなどの消費行動がより一層多く行われた。つまり，女性は男性よりも，相対的に「ジェンダー（女らしさ）消費」や「おしゃれ消費」の度合いが高かったため，流行している露出度の高い服を着て，電車での移動行動を行ったと考えられる。一方，男性は女性よりも，相対的に「セックス消費」の度合いが高かったため，認知的に露出度の高い服装に対して性的誘惑を連想しやすい傾向があると推測できる。

なぜ，男性の場合は，「セックス消費」の度合いが高いのか。田口ら（2007）は一般人男性を対象に，性的欲求に関する検討を行った。その結果，「ホモヘテロ性欲」，「男性器志向性欲」，「性交志向性欲」，「特異性欲」と名づけられた性欲よりも，「日常性欲」と命名された因子得点の平均値が最も高く，バラつきが小さかった。また，他の4つの性欲と異なり，「日常性欲」のみにおいて，年齢と負の相関が認められた。つまり，男性は，「日常性欲」を自然な生理現象として認識されているため，日常生活における欲求充足のための性の消費行動が盛んに行われたと考えられる。また，男性は女性のように，おしゃれのために肌を露出する被服を購入・着用する行動がないため，露出度の高い服装を性的誘惑に連想するという認知形成につながったと考えられる。

〈文献〉

曹　陽・髙木　修　2005　女性の服装は痴漢被害の原因になるか―「痴漢神話」に関する被服社会心理学的研究―　繊維製品消費科学，**46**(11)，743-747.
Gibbs, N. 1991 *When is it rape? Time.* Pp. 48-55.
井上章一（編）　2005　性の用語集　講談社　Pp. 357-364.
神山　進　2004　「被服と性の消費行動」とそれを規定するライフスタイル要因―大学生における「被服と性の消費行動」―　繊維製品消費科学，**45**，被服の社会心理学的研究特集号，800-810.
田口真二・桐生正幸・伊藤可奈子・池田　稔・平　伸二　2007　男性用性的欲求尺度（SDS-M）の作成と信頼性・妥当性の検討　犯罪心理学研究，**45**(1)，1-13.

Topics 11 ── 二次受傷

1 定義
心的外傷（トラウマ）には伝染性がある（Herman, 1992）。人は，自分が実際に被害に遭ったり身体に脅威を感じたりしなくてもトラウマを負うことがある。これを二次受傷とよぶ。

二次受傷とは，代理受傷，共感性疲弊，外傷性逆転移などとよばれている現象の総称である。フィグリー（Figley, 1999）はこの現象を二次的外傷性ストレスとよび，「親しい間柄の者がトラウマとなる出来事を体験したことを知ることにより，自然に必然的に起こる行動や感情」と定義している。

二次受傷は，被害者の家族や友人だけではなく，被害者と共感的な関係にあるカウンセラーにも起こりうる。そのほかにも，救急隊員，消防士，警察官，看護師などが二次受傷を負う可能性が高いと言われている。

2 症状
二次受傷の症状としてあげられているのは，PTSDの診断基準にある症状（侵入，回避，覚醒亢進）のほか，不安，抑うつ，罪責感，無力感，睡眠障害，摂食障害など，被害者に起こるさまざまな症状と類似している。さらにこの状態が慢性化し，回復されない環境におかれていると，支援者のメンタルヘルスも深刻な影響を受け，被害者に二次的被害を与える対応をしてしまう，疲れ果てて職務が続けられなくなる，価値観や世界観の変容が起こるなど，支援者への悪影響が永続することもある。

このような変化は，支援者自身が気づく場合もあるが，気づかないままダメージが累積してゆくことも多い。

3 要因
二次受傷の発生および程度を左右する要因は，支援者側の要因，被害者側の要因，環境要因の3つに分類できる。支援に携わる人は誰でも二次受傷の危険性はあるが，特に下記の項目が影響するとされる（大澤，2001）。

① 支援者側の要因

過去の外傷体験の有無，日常生活におけるストレスレベル，問題解決やストレス対処法の種類，外傷治療に関する訓練及び技術，支援者としての知識および経験など

② 被害者側の要因

被害者の特徴（年齢など），扱う外傷体験の内容（性暴力，虐待，被害が長期間にわたる，残虐であるなど），被害者の安全確保や自傷行為の問題など

③ 環境要因

社会の理解や関心，社会文化的風潮，支援制度の有無，支援組織の積極性，問題解決のための資源の有無など

4 予防と対策
二次受傷は，起こるか起こらないかの問題ではなく，いつ起こるかの問題であり，被害者支援を行う者にとっては避けられない課題であるが，影響を緩和するための対策を取り，発生の可能性を低く抑えるなど，予防に努めることはできる。

その有効な対策のキーワードは，準備，サポート，バランスの3つである（大澤，2005）。

① 準 備

扱おうとするケースに即した訓練を受ける。支援者が個人的な外傷体験を抱え

ている場合は、先にその課題を心理療法などで解決しておかねばならない。

② サポート

スーパービジョンや研修を受ける機会を増やす。一人だけで、またカウンセラーだけで行おうとせず、他職種の人と連携し、支え合いながら支援を進めていかなければならない。被害者への社会的な支援制度の活用も必要である。

③ バランス

外傷体験の事例ばかりを担当しない。被害者支援専門の相談窓口担当者など、それが不可能な状況であれば、重症度や回復度が異なるケースを混在させるなどの工夫を行う。私生活を充実させ、休息を充分に取るよう努める。

二次受傷は、心的外傷を受けた人のことで心を砕くときの自然な成り行きとして発生するものであり、支援者がその影響を避けることは難しく、何の前触れもなく突然起こることが多い。しかし、周囲のサポートなど、適切に対応すれば、回復のペースは比較的早いと言われている。

また、フィグリー（Figley, 1999）は、外傷体験を扱う実務に就いている専門職の責務として、支援者を目指す訓練期間中の者に対し、二次受傷の危険についての「告知義務」を負うと同時に、被害のショックで悲しみにうちひしがれ絶望していた人が、人生の目的と意味を新しく見いだす姿に変化してゆく現場に立ち会うことのできる、非常に実りの多い仕事であることを伝えるべきことを提言している。

〈文献〉

Figley, C. R. 1999 Compassion fatigue: Toward a new understanding of the costs of caring. In B. H. Stamm, (Ed.). *Secondary traumatic stress:self-care issues for clinicians, researchers, & educators.* Baltimore: Sidran Press.　小西聖子・金田ユリ子（訳）　2003　二次的外傷性ストレス―臨床家、研究者、教育者のためのセルフケアの問題―　誠信書房　Pp. 9-22.

Herman, J. L. 1992 *Trauma and recovery.* New York: Basic Books. 中井久夫（訳）　1996　心的外傷と回復　みすず書房　Pp. 205-240.

大澤智子　2001　二次受傷から身を守るために―支援者の傷つきを考える―　藤森和美（編）　被害者のトラウマとその支援　誠信書房　Pp. 202-229.

大澤智子　2005　二次受傷　日本トラウマティック・ストレス学会ホームページ

Topics 12　　　婦人科の診察室から

　いろいろな思いを抱えた女性たちが今日も診察室を訪れる。年齢も生い立ちも生活環境もさまざまだが、ひとりひとりの悩みに向き合うとき、性の問題が心に長く深い傷を残し、人生を左右していることを痛感する。

　不妊治療を希望して来院した30代の女性。結婚して10年、一度も妊娠経験がない。問診の後、婦人科では、一般的に内診という診察を行うことが多い。「では診察しましょう。」と促すと、彼女は涙ぐみ、結婚してから一度も性交がないのだと打ち明けた。高校生の頃レイプされた。そのときの恐怖が消えずに、体が固くなってどうしても性交ができない。夫は無理しなくていいと言ってくれるが、最近は性に関する話題をお互いに避けている状態だった。しかし、夫の両親からは早く後継ぎをと言われ始め、当事者たちも子どもが欲しいという気持ちは強いので、思い切って受診したとのことであった。これは「未完成婚」といわれる状態である。治療はなかなか困難で時間がかかる。まず婦人科の内診を受けることができるように、緊張を解きながらゆっくりと少しずつ診察を進めていく。夫も一緒に治療をしていくことが大切であるが、性被害に遭ったことを誰にも言えずに苦しんでおり、夫に話していない場合が多い。明らかな不妊原因がなく、妊娠を優先する場合は、人工授精という方法をとる場合もある。しかし、その治療も夫婦の気持ちが寄り添わないとなかなかうまくいかない。

　月経不順のために受診した20代後半の女性。適応障害と診断され、精神科で治療を受けている。検査の結果、排卵していないのが月経不順の原因だった。未婚であり妊娠希望がないので、まず月経を定期的に起こす治療のため通院している。何回か受診したある日、彼女が言った。「私は男の人に対して恐怖を感じ、バスや電車の中で男性の視線が気になって仕方がありません。小学1年生のとき、一人で帰宅途中に性被害に遭ってからです。」精神科に通院しているが、性被害に遭ったことは精神科の医師には言っていない。できれば誰にも言いたくないが、誰かにわかってもらいたい。これが二重の苦しみを被害者に与えている。恋愛に対して臆病であるが、想像力がたくましく、やや現実離れしたことを考えているようだ。社会への適応能力が事件によって妨害されているように思える。

　外陰部の痛みを訴えて来院した小学生。母親が温めたタオルでそっと押さえてやると安心して痛みは治まるという。母親以外に誰かが触ったことがあるのかと診察時に聞いてみた。実は数か月前性被害に遭っていたのである。加害者は顔見知りの男性だった。性器には炎症も傷もない。「大丈夫だよ」というと安心して帰っていったが、しばらくすると、排尿時の痛みと頻尿を訴え来院した。ときどき尿漏れや夜尿が起こるようになった。尿検査をしても異常はない。外陰部が気になって頻回に触ることもあるようだった。心理的な負担が身体症状として現れているのである。このような症状を何度も繰り返し、不安そうな表情で母子が来院する回数が次第に増している。母親は、子どもが性被害に遭ったことを誰にも知られたくない、この先自分が守ってやらなければと、強い緊張状態にあり、子どもがいろいろな体の症状を訴えるたびに、性犯罪に遭ったことと関連づけて過敏に反応

している。本人だけではなく，家族も深く傷ついている。性の問題に直面する思春期を迎える時までに，二人の心の傷が少しでも軽くなっていることを祈るばかりである。

　妊娠していた女子中学生。妊娠を告げると声を殺して泣いていた。好奇心から一度だけ出会い系サイトにアクセスし，性被害に遭ったのだった。誰にも言えなかった。一人で不安を抱えて辛かっただろう。人工妊娠中絶手術を選ばざるを得なかった。体は時間とともに回復するが，心に受けた傷はなかなか回復できない。ショックから月経不順となり，その後妊娠する心配のない生活を送っているにもかかわらず，月経が少しでも遅れると妊娠したかもしれないと心配してパニックになる。彼女の心が安らぐ時までこれからも心身のサポートが必要である。緊急避妊ということを知っていたら，早く誰かに相談していたら，と思う。緊急避妊とは，性交後72時間以内に中用量のピルを2錠服用し，その12時間後にさらに2錠服用して避妊する方法である。性被害に遭ったら，速やかにこの方法をとって避妊を行い（100％ではないが）性感染症の検査を受けて，体への影響を防いで欲しい。携帯電話の普及に伴い，出会い系サイトによる性被害は低年齢化し，急増している。また，あふれる扇情的な性情報や，性を商品化する世界が身近にある現代社会の中で，自分の心と体を守るための知識として知っておいて欲しいと考え，中高生への性教育の講演では，緊急避妊のことも話している。

　性犯罪は，被害者の人生に大きな影響を及ぼす卑劣な行為である。強姦既遂，未遂にかかわらず，厳しい措置をとり，対処してほしいと思う。

Topics 13　電話相談における性の悩みと子どもの犯罪被害

子どもの犯罪被害の中でも，深刻な問題となっているのは性犯罪被害である。子どもの性犯罪被害者数は，1999年の4,515人から2003年には7,789人と，1.7倍に急増している（岡本・桐生，2006）。平成17年度版「警察白書」によれば，子どもを対象とした性犯罪対策について，次のように記載されている。

「警察庁やその附属機関の科学警察研究所が行った調査から，平成16年中に検挙した子どもを対象とした暴力的な性犯罪（強姦，強制わいせつ，強盗強姦，わいせつ目的略取・誘拐）の被疑者466人のうち，15.9％に当たる74人は，それ以前にも同種の性犯罪を行っていることが明らかになった。また，昭和57年から平成9年までの間に検挙した子どもを対象とした強姦事件の被疑者で追跡が可能な506人のうち，9.3％に当たる47人は，16年6月末までに再び，子どもを対象とした強姦事件や強制わいせつ事件を犯していることが明らかになった。」

現在の子どもの防犯対策，たとえば学校などで行われている「防犯教室」では略取誘拐に対する防衛手段がプログラムとしてあるが，性犯罪に対する防衛手段についてはほとんどない（桐生，2007a，b）。このことは，実際の性犯罪における原因や人間関係，行為の複雑性が，この犯罪に対する防衛手段をいかに難しくしているか示唆しているといえる。

さて，性犯罪に進展する，ないしは内包するような要因といったものが，われわれの身近にどれだけ存在するのであろうか。このことを考えるにあたり，筆者が行った「いのちの電話」相談業務者へのアンケート調査，および聞き取り調査の結果を一部紹介してみたい（桐生，2007c）。

そもそも「いのちの電話」とは，人生や生活の悩みを聞き，自殺などを未然に防ぐために，匿名で電話相談を行うボランティア活動である。しかしながら，近年の相談内容は激変しており，相談業務員の間でもどのように対処すべきかが問題となっているという。そこで，著者はオリジナルの質問票を用いて，まず「最近あなたが相談を受けた内容で，多いと感じた内容は何か？（複数回答）」と尋ねてみた。調査協力者は，女性相談業務員25名，男性相談業務員4名である。その結果，「精神疾患に関すること」（29名）が最も多く，次に「性的な問題に関すること」（28名）という結果が得られた。平成17年度の全国における「いのちの電話」への相談内容について，従来の相談内容である人生に関する受信件数と，性に関する相談の受信件数を，年代別にグラフにしたのが図1である。この全国の傾向を見ても，性に関する相談が多いことが十分うかがわれる。相談業務員の実感は，現状を反映しているものと考えられた。

そこで，それら性の悩みに関する具体的な相談内容がいかなるものかについて，質問票にて尋ねた。その結果，相談する者にとって「真剣な悩み」と，相談業務員にたいする「いたずら」ないし「性の満足を得る手段」の二つの内容に大別できる結果が得られた。「真剣な悩み」の具体的な内容をみてみると，「身体障害者としての性」，「性同一性障害について」といった医学的問題，「近親相姦（行為を強要する側）」，「DV被害，強姦被害

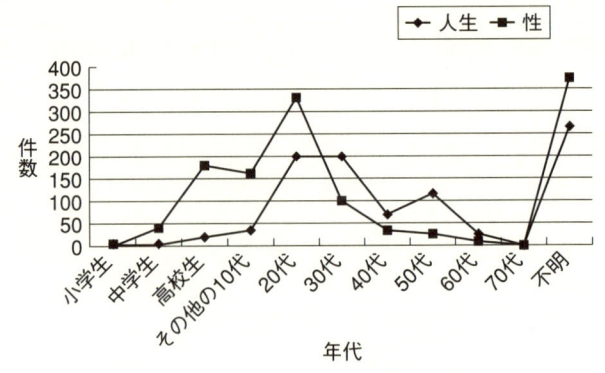

図1 人生と性に関する受信件数（男性）

といった子どもが家族内で犯罪被害に遭っている可能性の高い問題，などがあった。一方，「いたずら」ないし「性の満足を得る手段」の具体的な内容としては，相談における匿名性を逆手にとり，嫌がっていると予想される相談員を面白がる行為（女性相談業務員にわいせつな言葉を言わせようとする）や，親身な相談態度に便乗し途中から自慰行為を始めたりするもの，などがあった。また，「真剣な悩み」と「いたずらなど」の「どちらの相談内容が多いと実感されるか」と尋ねたところ，「同じくらい」が6名，「真剣な悩みが多い」が2名，「いたずら，ないし性の満足を得る手段が多い」が20名，「不明」が2名という結果であった。

注目すべきは，相談することによって「下着泥棒の欲求が抑止された」や，「子どもへの性的な行為が抑止された」と述べた者がいたことであろう。相談した者が，実際に下着盗や子どもへの性的いたずらを実行したかどうかは不明であるが，少なくともこのような内容が明かされたことは，潜在的な性犯罪の存在がけっして少なくないことを示唆する。そして，これら相談内容から，子どもへの性犯罪もまた例外ではないことが十分予想されるであろう。

もちろんこのような現状が，性犯罪の多発に影響しているとは性急に判断すべきではない。しかし，電話相談の内容から，現代社会の性に対する価値観やモラルの変化，それにともなうさまざまな性的行為や形態が垣間見られ，その負の面としての性犯罪が，けっしてまれな出来事ではないことも考慮すべきと考える。

〈文献〉
岡本拡子・桐生正幸　2006　幼い子どもを犯罪から守る—命をつなぐ防犯教育—　北大路書房
桐生正幸　2007a　自分で自分の身を守る教育—犯罪心理学の視点から考える—　児童心理，**60**(8)，815〜819.
桐生正幸　2007b　犯罪から，いかにして子どもを守るか？—児童における犯罪被害と防犯教室について—　小児歯科臨床，**12**(7)，51-57.
桐生正幸　2007c　犯罪心理学からの視点と防犯活動　加納寛子（編）子どもを危険から守る　文部科学省委託事業　子どもの安全に関する効果的な共有システムに関する調査研究報告書　Pp. 100-108

第4章 性犯罪の加害者

第1節 加害者の特徴

1 性犯罪の発生状況

　性犯罪の発生状況を知るための一つの手段に犯罪統計（警察統計とも呼ばれる）がある。犯罪統計は，警察が認知したり検挙した事件に関する基礎的な情報（たとえば，①認知件数・検挙件数などの基本情報，発生日時，場所，認知の端緒などの認知した事件に関する基本情報，②検挙した事件や被疑者に関する基本情報，③被害人数や被害額，負傷状況などの被害者に関する基本情報，④少年犯罪に関する情報，特別法犯に関する情報など）が計上されたもので，年ごとに発表される。「平成〇年の犯罪」といった名称で警察庁のホームページからダウンロードしてみることができる。ある程度安定したカテゴリで毎年計上されているため，犯罪の長期的な推移をみるためには有用な統計である。この犯罪統計に基づいて，性犯罪の代表的なものとして強姦と強制わいせつの発生状況と加害者の特徴をみてみよう。

　図4-1に示すように，強姦の認知件数は，戦後増加して1964年の6,857件を頂点とするピークを示した。この頃は，検挙件数に比較して検挙人員が多く，共犯形態が占める比率が高かったと考えられる。このピークの後は，減少もしくは横ばい状態であったが，1996年以降増加し，戦後最大の刑法犯認知件数を示した2002年の翌年を頂点（2,472件）とする小さなピークが出現した。これに対し，強制わいせつの認知件数は，戦後に1965年を頂点（4,710件）とする

第4章 ● 性犯罪の加害者

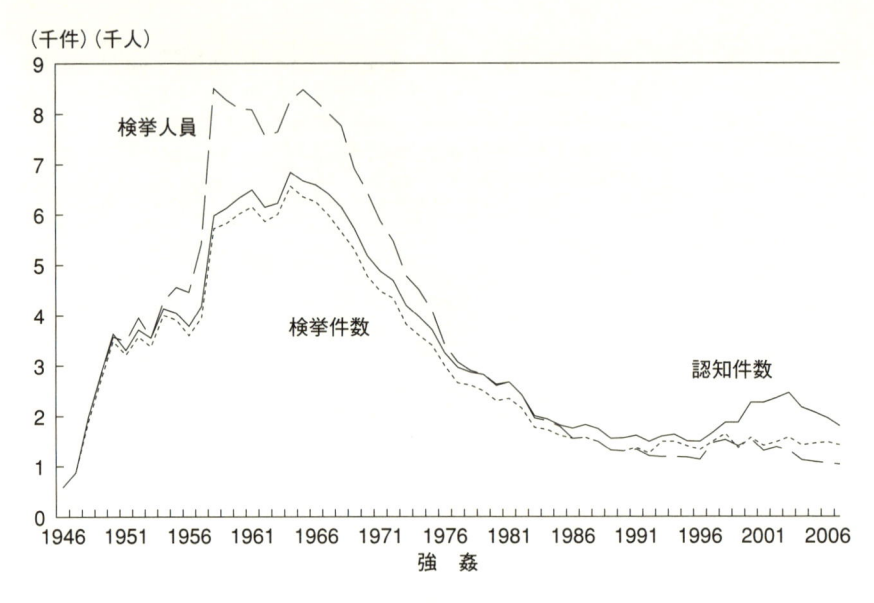

図4-1 強姦，強制わいせつの認知件数，検挙件数，検挙人員の推移
（1946年〜2008年，警察統計による）

第1節 ● 加害者の特徴

小さなピークを示し，その後横ばい状態であったが，1991年から増加傾向に転じ，1999年以降急増した。強姦と同様に2003年にピークの頂点（10,029件）を示し，これは戦後最大の件数となった。平成に入って以降の強姦や強制わいせつの認知件数の増大は，被害者支援の体制が作られてきたこと，痴漢対策など性犯罪の防止対策が強化されたことなどが影響していると考えられる。2008年でみれば，強姦と強制わいせつ事件は年間に8,693件発生しており，日本では，1時間に約1件の割合で強姦または強制わいせつが発生していることになる。

図4-2に示した強姦，強制わいせつの検挙加害者における年齢構成比の推移をみると，強姦，強制わいせつともに1974年以降，加害者の大半を10代から20代の若い年齢層の加害者が占めていたが，その後10代の加害者の比率は大幅に減少するとともに20代の比率も減少傾向を示し，強姦は2002年以降，強制わいせつは1996年以降には，加害者の主たる年齢層が20代から30代へと変化している。また，40代や50歳以上の年齢層は昭和49年以降一貫して漸増傾向を示しており，強制わいせつでは，2003年以降，50歳以上の占める比率が2割を示すようになっている。人口の年齢構成比の変化にともない，刑法犯全体の傾向として加害者に高い年齢層が占める比率が高まっているが（渡邉・高橋，2004），強姦や強制わいせつでも同様の傾向が認められる。

図4-3には，強姦，強制わいせつの検挙事件における主たる被害者と主たる被疑者との関係の比率の推移を示した。強姦，強制わいせつともに1979年以降，一貫して面識なしが最も高い比率を示している。また，緩やかな傾向であるが，強姦，強制わいせつともに，「面識なし」が1995年を頂点（強姦で79.5％，強制わいせつで92.8％）とした山が認められ，その後漸減傾向が続いている。それにともなって，強姦，強制わいせつともに知人の比率が漸増傾向を示している。これは，被害者対策の推進により，以前に比べれば，知人の場合でも警察への届出が多少しやすくなったことが影響していると考えられる。

以上，犯罪統計に基づいて性犯罪の発生状況について概観したが，犯罪統計には警察が認知した事件しか計上されず，被害者が警察に通報しなかった事件については把握することができない。警察が認知できず犯罪統計には計上されないが，現実には発生している事件の数を暗数（dark figure）といい第1章でも触れられている。暗数になる要因にはいくつかある。その多くが，被害者が

第4章 ● 性犯罪の加害者

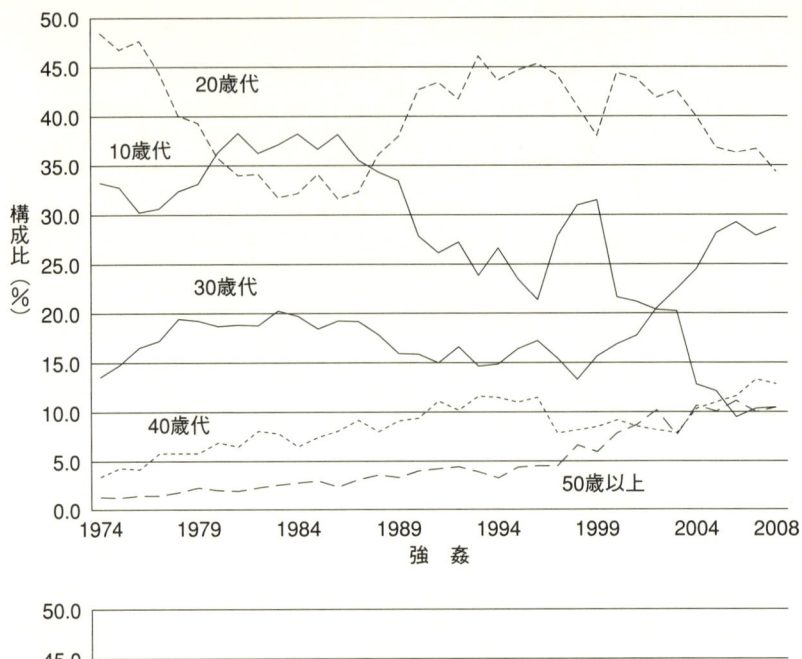

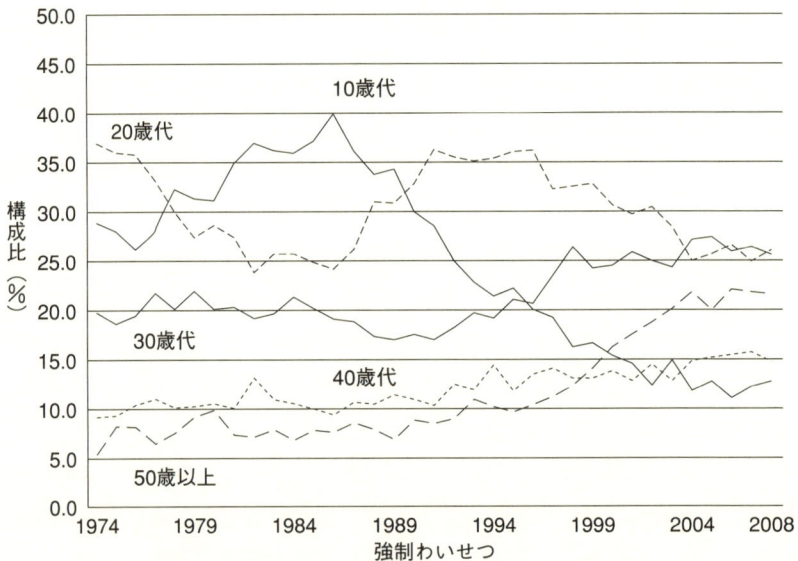

図4-2 強姦，強制わいせつの検挙加害者の犯行時年齢構成比の推移
（1974年〜2008年，警察統計による）

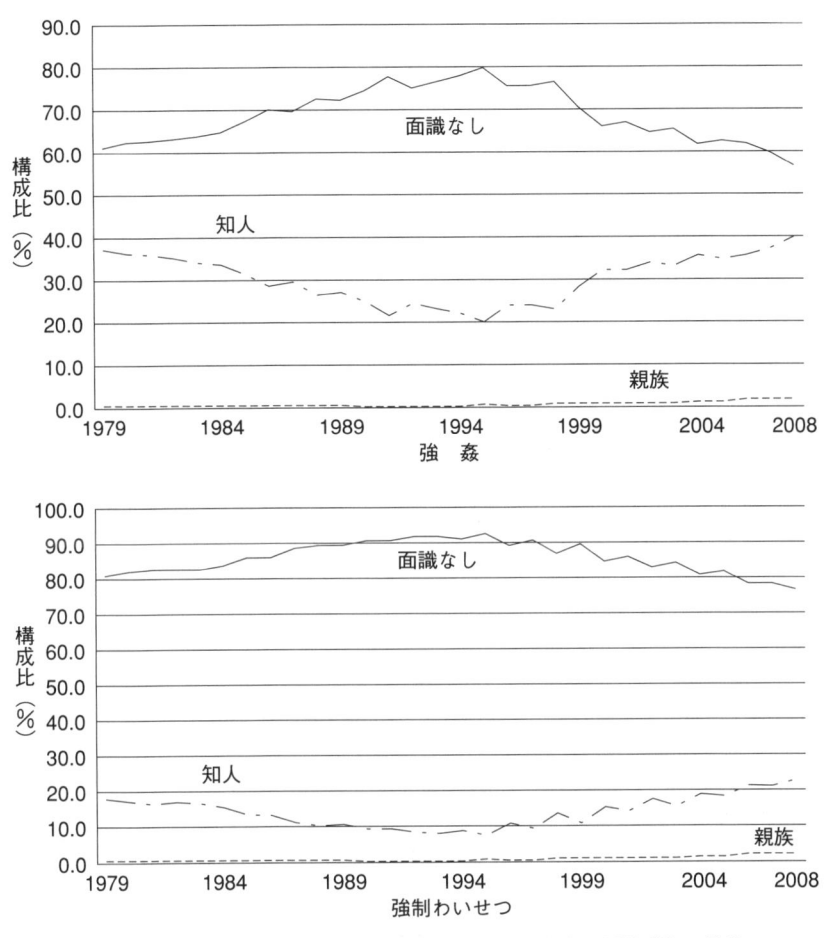

図4-3　強姦，強制わいせつ検挙事件の加害者被害者関係構成比の推移
（1979年～2008年，警察統計による）

被害を認識していてもさまざまな理由から警察に通報しないことであると考えられるが，被害者が被害であると認識できない場合もある。平成20年版犯罪白書における第3回犯罪被害実態（暗数）調査の結果の記述によると，過去5年間における性的暴行の被害についての警察への通報は13.3％であり，被害にあった者のうち約9割の人は警察に通報しなかったことが示されている。つまり，2008（平成20）年の強姦と強制わいせつの認知件数の合計が8,693件であ

ったが，この通報率を当てはめると，実際には約65,000件の事件が発生していると推定できる。こうした暗数の大きさから，性犯罪の場合には，犯罪統計のみで実態を把握することは難しく，住民調査による実態調査を行うことによって，過去の一定期間における個人の被害経験や家族の被害経験について質問した結果から，実態を推定するのが現実に近い発生実態を把握できるといえよう。こうした通報率の低さは，社会の中には検挙されていない加害者が多く紛れていることを示唆するが，加害者の特徴を把握するためには，検挙された加害者あるいは有罪となった加害者について，その特徴を丁寧に分析していくことが重要である。

2　犯罪者の分類

　性犯罪者の分類には，さまざまな視点からの分類がある。すべてを紹介することはできないため，ここでは，被害対象による分類，犯行形態による分類，加害者の属性による分類の三つに分けて，そのいくつかを紹介する。

(1) 被害対象による分類

　被害対象による分類の代表的なものは，小児わいせつ犯（child molesters）か否かの2分類であろう。国や法律によって小児とする区分は異なっているが，日本では「13歳未満」が一つの区分であり，13歳未満を対象とした強姦は「少女姦」や「年少者強姦」，13歳未満を対象とした強制わいせつは「小児わいせつ」と呼ばれるが，双方を含めて「小児わいせつ」と呼ばれることも多い。

　小児わいせつ犯は，成人を対象とした強姦犯とは異なる特徴を有することが指摘されている。キンゼイとラルミエール（Quinsey & Lalumière, 2001）は，社会的コンピテンスの低さ，認知の歪みとかたよった信念，性的嗜好の偏り，性格特徴とサイコパシーをあげており，セト（Seto, 2008）は，反社会性の低さ，社会的コンピテンスの低さ，感情統制の低さ，脱抑制，性的な発達，子どもの頃の性的虐待経験をあげている。また，ラングストロムら（Långström et al., 2004）は，スウェーデンの刑務所に収監された強姦犯と小児わいせつ犯の世界保健機構（WHO）による「国際疾病分類」（International Classification of Disease；以下，ICDと呼ぶ）に基づく精神科診断名を検討した結果，最も多かった診断名は，強姦犯，小児わいせつ犯ともにアルコール乱用またはアルコール依存（強姦犯で9.3%，小児わいせつ犯で3.4%）であったが，いずれの診断名についても，その該当率は強姦犯よりもかなり低かったことを示している。小児わいせつと知的障害との関連を指摘する研究もあるが，小児わいせつ犯に精神科疾患がある場合は少なく，小児わいせつ犯のすべてに小児性愛（pedophile）の診断がつくわけではない。小児わいせつ犯の多くは，機会的に小児を利用する性犯罪者なのである。キンゼイとラルミエール（2001）が子どもに対する性犯罪者の特徴を示す研究のレビューで，小児わいせつ犯を性犯罪者の中でも異質な存在であると指摘しているが，やはり一様な存在なわけではなく，その中でもいくつかの異なるタイプが存在しており，捜査，治療，処遇などさまざまな目的に応じて分類がなされている。たとえば，法執行機関の視点に基づいて加害者の行動分析を行ったラニング（Lanning, 1986）は，DSM-IV-TRの純粋型，非純粋型に該当する嗜癖型と状況型に分類し，さらにそれぞれの下位類型として，嗜癖型の下に誘惑型，内向型，サディスティック型，状況型の下に退行型，道徳的無差別型，性的無差別型，不適応型があることを指摘している。

　なお，アメリカ精神医学会（2000）によるDSM-IV-TRでは，小児性愛は性嗜好異常の項目の下に位置づけられ，次のように定義される。

A．少なくとも6か月間にわたり，思春期前の一人または複数の小児（通常13歳以下）との性行為に関する，強烈な性的に興奮する空想，性的衝動，または行動が反復する。

B．その人が，性的衝動を行動に移している，またはその性的衝動や空想のために著しい苦痛または対人関係上の困難が生じている。

C．その人は少なくとも16歳で，基準Aにあげた子どもより少なくとも5歳は年長である。（注：青年期後期の人が12～13歳の子どもと性的な関係を持っている場合は含めないこと）

　さらに，特定事項として，魅力を感じる対象の性別（男性，女性，両方），対象者が家族である場合（近親姦），子どものみに興奮するかどうか（純粋型，非純粋型）があげられている。

(2) 犯行形態による分類

　強姦や強制わいせつなど，被害者との身体的接触をともなう性犯罪を行う「接触型（contact）」と露出やのぞき，盗撮など，被害者との身体的接触を必要としない性犯罪を行う「非接触型（hands-off）」という2分類がある。非接触型の中では露出犯が典型だが，最近の傾向として，インターネット上で子どものポルノグラフィを収集する者も研究の対象となってきている。たとえば，エリオットら（Elliot et al., 2009）はインターネットで子どもが性的に虐待されている映像をポルノグラフィとして楽しむ性犯罪者の心理的な特徴を，15の心理尺度を用いた接触型の性犯罪者との比較によって明らかにしている。エリオットらは，接触型の性犯罪者に比較して非接触型の性犯罪者が，被害者に対する共感の歪み「Victim empathy distortion scale」（Beckett & Fisher, 1994）や，子どもとのセックスに関する認知的歪み「Children and sex cognition questionnaireのcognitive distortion scale」（Beckett, 1987），子どもとのセックスに関する感情的一致「Children and sex cognition questionnaireのemotional congruence scale」（Beckett, 1987），内的統制感「Nowicki-Strickland locus of controlのLocus of control scale」（Nowicki & Duke, 1974），ファンタジー尺度「Interpersonal reactivity indexのFantasy scale」（Davis, 1980），認知的な衝動性「Barratt Impulsivity scale 11のcognitive impulsivity」（Barratt, 1994），過度の主張性「Social response inventoryのoverassertiveness」（Keltner et al., 1981）の七つの尺度のいずれにおいても統計的に有意に低い得点であったことを示した。

　犯行形態による分類では，接触型，非接触型という大きな2分類のほか，サディスティックな犯行であるか否か，被害者を物色して狩りをする略奪者（predator）型か否かの2分類や，犯行形態による3分類（1回だけの犯行で検挙される単発（single）犯，24時間以内に犯行を繰り返すスプリー（spree）犯，犯行と犯行の間に感情の冷却期間を有する連続（serial）犯）などがある。多くの場合，犯行特徴の何らかの点に着目した分類となっているが，ほかに，犯人の一連の行動群から見いだされる「犯行テーマ」に基づく分類がある。たとえば，カンターとヘリテイジ（Canter & Heritage, 1990）は，強姦犯の犯行中の行動に関する変数を用いて，①親密性，②暴力性，③犯罪性，④性愛性の

四つの犯行テーマを見いだしている。日本では，横田ら（2004）が，日本の屋内強姦犯4,079人の犯行形態に関する47変数を用いて，①親密性，②支配性，③性愛性の三つの犯行テーマを見いだしている。こうした犯行形態による分類は，客観的指標のみで分類が可能であるうえ，その分類は加害者の動機や心理面と関連しており，犯罪者プロファイリングの領域で有用とされている。しかしながら，同じ加害者でも，その犯行形態は移行する可能性を有している。こうした犯行テーマによる分類は，個人を縦断的に見ていく治療場面よりは，横断的に特徴を理解するときには有用な分類だと考えられる。

(3) 加害者の特徴による分類

加害者の特徴による分類では，ヘイゼルウッドとバージェス（Hazelwood & Burgess, 1995）による，グロスら（Groth et al., 1977）の分類に基づいた強姦犯の心理的な側面からの分類が有名である。強姦犯は，性欲だけでなく，同時に満たしたい心理的な欲求を併せ持つ複雑な動機に基づいて犯行を行っている。性欲以外の心理的な欲求に基づいて，①力主張型（power assertive），②力再確認型（power reassurance），③怒り報復型（anger retaliatory），④怒り興奮型（anger excitation）の四つに分類することが可能であり，この4分類別で犯行特徴と犯人特徴が異なることを示している。

このように，加害者の特徴による分類では，その臨床的特徴を基本にした分類が多いが，ここでは加害者の性別による分類をとりあげる。性犯罪の場合，女性の性犯罪者は希であるが，最近活発に研究が行われるようになった領域であるため，女性の性犯罪者の特徴についてまず紹介する。また，高齢者人口の増加にともない，性犯罪においても高齢の加害者の検挙人員の伸びは大きく，この30年間で性犯罪による検挙人員自体は減少傾向にある中，高齢者による検挙人員は増加を続けており，高齢者による性犯罪の問題は注目すべき課題であるといえる。そこで，加害者の特徴による分類の二つめの例として，高齢者による性犯罪の特徴について紹介する。

① 女性の性犯罪者の実態

女性の性犯罪者については，1980年代に至るまでは，実証的な検討はほとんどなされてこなかった。過去の膨大な性犯罪の研究における主な対象は男性で

あり，その特徴や効果的な治療法，リスク評価について多くの検討がなされている。現在においても，研究の主な対象は男性であることに変わりはないが，この20年くらいの間に女性の性犯罪者にも注意が向けられるようになってきた。女性の性犯罪者に関する研究が遅れた背景には，社会が，「典型的には養育者である女性が，そのような攻撃的な行為をする」ということを信じられなかったことがある（Christiansen & Thyer, 2002; Hunter et al., 2006）。

ロングドン（Longdon, 1993）は，女性が性的虐待の加害者になりうる可能性に関するいくつかの神話（myth）を紹介している。ここで言う神話とは，現実とは異なった誤った考え方であり，たとえば，「虐待をする女性がそうするのは，男性のパートナーと一緒に行うときだけだ」，「女性は青年期の男性に対してしか虐待をしない」，「女性による虐待の被害を受けたと申告する人たちは，単に空想していたり，加害者の性別について混乱しているだけだ」，「10代の男性や女性を誘惑する女性は虐待をしているのではなく，2人の間に合意のある性的な関係を持っているだけだ。たとえそれが，母親と自身の子どもであっても」，「女性の性的虐待の被害者を見つけたならば，いずれその被害者自身が虐待者になる運命にある」などは，すべて神話であることを示している。

実際に社会の中にどのくらい女性の性犯罪者が存在しているのかは，明らかではない。日本の犯罪統計書（2007年の犯罪）によれば，強姦（強盗強姦を含む）と強制わいせつを合わせて性犯罪とした場合，1998年から2007年の10年間に女性の性犯罪者は240人検挙されており，1年間平均で24人（最小は10人，最大は35人）が検挙されている。性犯罪に占める女性犯罪者の比率はその10年間で0.7％であり，その比率はごく小さい（表4-1）。

女性の性犯罪者のイメージとしてすぐに思い浮かぶのが成人女性かもしれないが，1998年から2007年の10年間における女性犯罪者240人のうち121人（50.4％）は20歳未満の少年が占めている。女性の検挙者数自体が少ないため，女性の性犯罪者における少年の比率は6.3％～77.4％と年によって多様である。しかし，女性の性犯罪者というトピックスにおいて女子少年の問題は決して小さくはない。ハンターら（Hunter et al., 2006）が指摘するように，最近は女子の性犯罪者にも焦点が当てられるようになってきている。

表4-1　強盗強姦，強姦，強制わいせつの検挙者における女性犯罪者の推移
（1998年～2008年，警察統計による）

	強姦・強制わいせつ						A-b-3 強盗強姦罪（致死を含む）				A-d 強姦（致死傷を含む）				E-b-1 強制わいせつ罪（致死傷を含む）			
	検挙人員	うち女	女性比率	うち少年	うち少女	少年における少女比率	女性における少女比率	検挙人員	うち女	うち少年	うち少女	検挙人員	うち女	うち少年	うち少女	検挙人員	うち女	うち少年	うち少女
1998	3,452	35	1.0	762	22	2.9	62.9	50	-	6	-	1,512	18	455	13	1,890	17	301	9
1999	3,391	26	0.8	756	15	2.0	57.7	73	4	16	3	1,392	12	426	8	1,926	10	314	4
2000	3,861	30	0.8	652	20	3.1	66.7	89	-	12	-	1,486	15	296	9	2,286	15	344	11
2001	3,585	31	0.9	586	24	4.1	77.4	72	-	10	-	1,277	15	255	14	2,236	16	321	10
2002	3,552	21	0.6	501	6	1.2	28.6	67	-	15	-	1,355	11	230	3	2,130	10	256	3
2003	3,693	20	0.5	589	10	1.7	50.0	78	-	16	-	1,342	8	242	3	2,273	12	331	7
2004	3,423	23	0.7	415	11	2.7	47.8	91	-	11	-	1,107	8	151	3	2,225	15	253	8
2005	3,435	28	0.8	430	8	1.9	28.6	75	3	6	2	1,074	12	142	5	2,286	13	282	1
2006	3,384	16	0.5	364	1	0.3	6.3	72	-	16	-	1,058	5	106	-	2,254	11	242	1
2007	3,312	10	0.3	387	4	1.0	40.0	59	1	4	-	1,013	5	121	4	2,240	4	262	-
2008	3,234	18	0.6	408	9	2.2	50.0	64	-	6	-	951	5	127	2	2,219	13	275	7

② 女性性犯罪者の特徴

バンディバーとウォーカー（Vandiver & Walker, 2002）は，男性性犯罪者に比較して，女性性犯罪者の検挙年齢は若い傾向にあり，性犯罪が初犯である場合が多く，親族の被害者を対象とする傾向があること，犯罪の前科前歴がある場合にはその中に性犯罪が含まれることはやや少ないことなどの特徴があることを指摘している。女性性犯罪者の特徴について検討した研究の多くで，虐待の被害を経験した者が多いことが指摘されている（Christiansen & Thyer, 2002）。また，多くの研究で，他の罪種の場合に比較して，性犯罪の場合には性被害の経験率が高いことが指摘されている。さらに，精神科領域の問題としては，うつ病や境界性人格障害，薬物依存の問題を抱えている場合も多いことが指摘されている。

このように，男性性犯罪者とは異なる特徴を有する女性性犯罪者に対しては，女性特有の問題に適した治療教育をすべきだという議論がある。しかし，女性性犯罪者といっても一様のグループではなく，その特徴によって分類が可能であろう。女性性犯罪者の問題の理解を深めるため，また，それぞれの問題に適した治療処遇を提供するために，女性性犯罪者の類型については，臨床的な観点から検討がなされているが，まだ実証的な類型は見いだされていない。

③ 高齢者による性犯罪の実態

　高齢者の性に対しては，「虚弱である」「衰えてしまう」などの固定観念に基づいて，否定的な考えを持ったり，タブー視をする傾向がある。しかしながら，老化が性に与える影響に関する研究知見は，加齢とともに，性行動の頻度は減少し，性的障害は増加するが，性欲はそれほど変わらないことを示している。熊本（2007）は，パートナーが健康な男性における性生活の疫学調査の結果から，性交渉がまったくない者の比率は，60歳代後半で20％，70歳代前半で28％，70歳代後半で45％，80歳代前半で57％であり，月に1～2回以上の性交頻度を有する者の比率は，60歳代後半で50％，70歳代前半で37％，70歳代後半で25％，80歳代前半で17％であることを示している。性行動は性交渉に限らず多様であることを考慮すれば，高齢者においても性行動はけっして無関係ではないことがわかる。

　65歳以上の高齢者による性犯罪の実態を示した山上と渡邉（2007）によれば，強姦，強制わいせつ，公然わいせつ，略取・誘拐（未成年者対象／わいせつ目的）で検挙された高齢者では，そのほとんどを男性単独犯が占め，65歳以上69歳以下の年齢層が6割を占めていた。被害者が加害者と同様に高齢者である場合は6％程度と少なく，被害者が12歳以下の年少者であった比率が45％と高いのが特徴であった（略取・誘拐で70％，強制わいせつで48％）。また，彼らが対象とする被害者のほとんどは女性であるが，男性が被害者となる場合も5％あり，その場合12歳以下の男児がほとんどを占めていた。

　犯行形態では，日中の犯行が多く，加害者被害者関係をみると，強姦の場合には知人を対象とした犯行が多いが，強制わいせつや略取・誘拐の場合には，無関係の子どもを対象とする割合が高くなる。いずれにせよ，高齢の性犯罪者は自分の日常生活圏からそれほど遠くない範囲で犯行を行っており，被害者と加害者との生活範囲は重なっているといえる。また，凶器などを使用せずに被害者を巧みにコントロールする場合が多く，身体的暴力によるコントロールを用いることも少ないのが特徴となっている。

　司法精神医学的な研究では，高齢の性犯罪者の場合には，精神障害の発症が重要な契機となることも指摘されている。また，若年の性犯罪者では人格障害の問題が大きいのに対し，高齢の性犯罪者では人格障害の問題は小さく，アル

コール問題や脳機能障害，神経症など，精神障害の問題が高率に認められることを指摘する研究もある（山上・渡邉，2007）。高齢の性犯罪者のなかでも，繰り返し犯行を行う場合には人格障害の問題が大きいと考えられるが，突発的に行われる場合には，高齢化にともなう男性性の喪失を代償しようとする心理力動の理解も重要である。

3 性犯罪者の特徴

性犯罪者は一様な集団ではなく，その特徴は非常に多様性に富んでいる。しかしながら，性犯罪者に共通する要因については多くの検討がなされてきている。過去40年間において，生物学的な基盤，逸脱した性的空想，社会文化的な影響，認知過程，発達上の経験などについて，多くの検討がなされてきている。第2章で示されたように，性犯罪は一つの理論で説明できるものではなく，複数の要因が多面的に影響した現象である。これまでに性犯罪者の特徴として検討されてきた諸特徴のうち，ここでは愛着の障害と虐待経験について，とりあげることとする。

(1) 愛着の障害

マーシャルらの一連の研究は，性犯罪者の愛着（attachment）と親密さ（intimacy）の問題に焦点を当てている（Marshall et al., 1993）。親子関係における愛着関係が，不安定で，拒否的で，温かみに欠け，一貫しない，虐待的な，継続しないなどの特徴を有する場合には，子どもは回避的で不安と両価的な対人関係のスタイルを持つようになると考えられている。中でも，不安定な愛着（insecure attachment）が性犯罪者の重要な特徴として指摘されている。マーシャル（1985）によれば，子どもの頃に安定した愛着関係を経験できないと，その人が他の負の要因を持っていた場合に，成人期に親密な関係を形成するために必要な対人関係スキルなどの各種スキルを獲得することに失敗してしまい，その結果として性的に不適切な方法で親密さを求める性犯罪につながってしまうことを指摘している。

スモールボーン（Smallbone, 2006）は，不安定な愛着が，性犯罪者の発達

的要因だけでなく，状況的要因についても有用な概念的枠組みを提供してくれることを指摘している。不安定な愛着は，その人の発達において，感情の制御，共感性，視点の取得，社会的な問題解決能力，求愛行動，養育スキルなどに負の影響を与えると考えられる。また，愛着やケアすること，性行動のシステムがうまく分離できていない場合には，普通の人とは異なるきっかけが性的行動の発動要因となりうるという点で，愛着の問題は状況的要因としてもはたらきうるのである。

(2) **虐待経験**

性犯罪者に，子どもの頃に虐待を受けた経験がある者が多いことが，いくつかの研究で指摘されている。しかしながら，サンプリングの偏りの問題や虐待経験に関する自己開示のしやすさが手続により異なるなどの理由から，性犯罪者にどのくらい虐待経験者が含まれるのかについては，一定した結果は出ていない。しかしながら，生育歴におけるネガティブな家族関係が成人期の行動形成に影響を与えることは多くの研究者が指摘しており，虐待経験の中でも性的な虐待経験と性犯罪との関連性が指摘されている（Connolly & Woollons, 2008; Proeve & Reilly, 2007; Graham, 1996; Langevin et al., 1989）。たとえば，コノリーとウーロンズ（2008）は，ニュージーランドのミディアムセキュリティの刑務所で，強姦の受刑者23人，小児わいせつ犯で治療中の受刑者44人，非性犯罪の受刑者48人の虐待歴について調査した結果，身体的虐待と性的虐待については，非性犯罪者（身体的虐待12%，性的虐待28%）に比較して，強姦受刑者（身体的虐待50%，性的虐待71%）と小児わいせつ受刑者（身体的虐待48%，性的虐待45%）で多く，情緒的虐待とネグレクトについては，小児わいせつ受刑者（情緒的虐待55%，ネグレクト43%）と非性犯罪者（情緒的虐待24%，ネグレクト28%）に比較して，強姦受刑者（情緒的虐待64%，ネグレクト79%）で多かったことを示している。こうした結果は，どのような性犯罪を行うかということと，虐待歴の内容が関連することを示唆している。

4 性犯罪者の常習性

　性犯罪者は常習性の高い犯罪だと言われている。しかしながら，犯罪統計やその他の公的な統計で明らかとなる数値からは，必ずしも常習性が高い者が多いとはいえない。性犯罪者のほとんどは，性犯罪だけを繰り返しているわけではない（Soothill et al., 2000；渡邉ら，2001）。性犯罪以外の犯罪も同時に行いながら，性犯罪もその一つとして行っている場合が多い。表4-2には，強姦と強制わいせつの検挙加害者に占める再犯者数と前科者数，同一前科者率を示している。ここに見られるように，強姦では5割程度，強制わいせつでは4割程度の加害者が何らかの犯罪の前科前歴を有しており，強姦では4割前後，強制わいせつでは3割程度の加害者が何らかの前科歴を有している。しかし，同一罪種の前科歴を有する者の比率を見ると，強姦，強制わいせつともに1割程度しかいない。こうした統計も，性犯罪者が性犯罪だけを繰り返しているわけではないことを示している。

　ただし，渡邉ら（2001）は，年少者を対象とした強姦・強制わいせつ事件の

表4-2　強姦，わいせつで検挙された被疑者の再犯者率ならびに同一罪種の前科・前歴ありの推移（2004年～2008年）

	2008	2007	2006	2005	2004
強姦再犯者率	56.3	52.5	48.9	53.1	53.0
強姦　成人のみ前科者率	41.0	36.8	35.2	37.6	40.0
強姦　成人のみ：同一前科あり＊	10.2	10.1	8.5	10.8	9.8
強制わいせつ再犯者率	44.6	44.0	41.2	41.8	41.1
強制わいせつ　成人のみ前科者率	31.6	33.6	32.0	32.6	32.3
強制わいせつ　成人のみ：同一前科あり	10.9	11.1	10.7	11.3	11.6

注1）警察白書より作成。罪種の分類の定義は警察白書に従う。
注2）前科・前歴者とは，犯罪統計書の「再犯者」に該当するものであり，刑法犯，特別法犯（道路交通法違反を除く）の別を問わず，前科または前歴を有する者をいう。
注3）前科とは，過去に何らかの罪（道路交通法違反を除く）により確定判決で刑（死刑，懲役，禁錮，罰金，拘留，科料）の言い渡しを受けたことをいい，その罪にかかる事件を検挙した機関が警察であるか否かを問わない。刑の執行猶予を取り消されることなくその期間を経過し，刑法第27条の規定により刑の言い渡しの効力が失われた場合，恩赦法第3条もしくは第5条の規定により大赦もしくは特赦を受けた場合，または刑法第34条の2の規定により刑の言い渡しの効力が失われた場合であっても，その言い渡しは前科としている。

犯罪経歴の分析から，その前科・前歴や再犯の罪種を検討した結果，前科・前歴，再犯ともに罪種を限らない性犯罪の比率が高く，性犯罪の中でも同様に年少者を対象とした性犯罪の比率が高いことを示している。また，スートヒルら（Soothill et al., 2000）は，①女性に対する強制わいせつ，②男性に対する強制わいせつ，③男性同士のわいせつ行為，④16歳未満の少女を対象とした違法な性交渉の4罪種の犯罪経歴について検討を行った結果，性犯罪者は多様な犯罪を行うが，性犯罪の範疇では専門化する傾向があることを示していた。これらの結果は，性犯罪を繰り返すとすれば，同じようなタイプの性犯罪を繰り返す傾向があることを示している。

　累犯性の高さを評価する尺度として，さまざまなツールが開発されている。たとえば，静的要因のみを用いたStatic-99（Hanson & Thornson, 1999）や，静的要因と動的要因を考慮したSORAG（Sex Offender Risk Appraisal Guide; Quinsey et al., 1995），少年用のJ-SOAP-II（Juvenile Sex Offender Assessment Protocol; Prentky & Righthand, 2003）などは評価が高く，日本でも検討がなされている。

第2節

加害者の再犯抑止：アセスメントと介入の枠組み

1 はじめに

　性加害者に対する処遇は1960年代に始まった。性加害は，当初「性嗜好の異常によって引き起こされる（＝性嗜好異常仮説）」と考えられており，行動療法的アプローチなどによって，嗜好の異常を正常化することが再加害抑止につながると考えられていた。それから半世紀を迎えようとしている今日，性加害には，多くの非性的な要因もまた関係していることが明らかになってきた。たとえば，セルフ・エスティームの低さまたは不安定さ，感情（ストレス，怒り，抑うつ，孤独感など）統制力の低さ，ストレス耐性とコーピング力の低さ，健

康で親密な対人関係を維持する力の不足，認知の偏りなどが挙げられ，現在これらの要因は，重要な処遇ターゲットと位置づけられている。第2章で詳しくみてきたように，これらの要因が発生する過程を明らかにするため，生物学的要因，発達的要因，早期経験，人格的特徴などに加え，性加害を促す個人外要因として，社会学的要因，文化や社会規範，状況・環境要因などが幅広く研究されている。このように性加害の背景要因が多様であることは，性加害抑止のために取り得る手段もまた多様であることを意味している。ただし，より効果的に性加害を抑止するためには，「用意し得るリソース」で，「最も大きな変化を生じさせることができる要因」に着目するという視点が必要である。これらの要因は互いに密接にかかわっていることから，介入しやすい部分を変化させることで，他の好ましい変化を促すことも期待される。

本節では，性加害を行った者の再犯抑止という観点から，効果的なアセスメントと介入のあり方について概観するとともに，2005年以降のわが国における性犯罪者処遇の枠組みについて紹介することとしたい。

2 性加害者のアセスメント

(1) アセスメントの目的

多くの研究者が指摘しているとおり（例：Bard et al., 1987; Knight et al., 1985），「性加害者」という枠組みには，非常に多様な人々が含まれている。年齢，生育環境，人格，犯罪動機，精神障害，宗教などの面で，さまざまに異なる人々が含まれているし，被害者の年齢と性別，被害者―加害者の関係，計画性の程度，使用される暴力の程度，生活のスタイルまでが多様である。したがって，加害者の再犯の危険性や，再犯を防ぐために必要な処遇・介入もまた，多様である（Porter et al., 2000）。そのため，研究者だけでなく性犯罪者の処遇・治療にかかわる多くの実務家が，「性加害者」と命名されるグループ内の多様性の存在を重視し，個々人の問題性などに応じた最も効果的な介入を行うための的確なアセスメントの方法について模索してきた。

性加害者に対するアセスメントの主目的は，大別すると，次の5点を明らかにすることにある（Ward et al., 1997）。

① 精神障害などの有無の診断
② 再犯の可能性，再犯した場合の危害の程度（再犯リスク）
③ 効果的な処遇のために利用できる資源と問題性（処遇ニーズ）
④ 処遇可能性と動機づけのレベル（処遇適合性）
⑤ 処遇による変化の度合い

　性加害者にかかわる各機関は，それぞれの目的に応じて，この①～⑤を明らかにするために必要なアセスメントを実施する。たとえば，欧米においては，性加害者の裁判を実施するにあたって，刑事責任能力を明らかにすることを目的として①のアセスメントを実施するとともに，社会内，病院，矯正施設，民事拘禁施設などの処遇実施場所および必要な処遇期間を選択することを目的として②～④のアセスメントを実施する。さらに，処遇実施機関においては，処遇プログラムの内容を検討し，処遇目標を設定するために③のアセスメントを実施し，病院あるいは矯正施設における処遇終了後は，その後の処遇指針を得ることや，施設からの釈放適否，民事拘禁の必要性を判断することなどを目的として，再度②～⑤のアセスメントを実施するといった調子である。アセスメントの結果に応じてなされる決定の選択肢が多ければ多いほど，アセスメントに求められる精度も高くなるといえる。近年の「アセスメントの科学化」の背景には，アセスメントの結果自体が法廷で争われたり，アセスメント実施者が頻繁に証言台に上ったりするような北米での事情も深く関係している。

(2) **リスクの種類**

　再犯リスクとは，文字通り，対象者が再犯するリスクをいう。ただし，一口にリスクといっても，少なくとも次の五つの観点がある（Doren, 2006）。
① 再犯可能性（再犯の発生確率）
② 再犯の切迫性（再犯までの期間）
③ 再犯の種類（あらゆる犯罪，性犯罪，粗暴犯罪，DVなどの種別）
④ 再犯結果の重大性（再犯が被害者・社会にもたらす危害の大きさ）
⑤ 再犯の頻度（どれだけ頻繁に再犯を行うか）

　現在のところ，これら五つの要素を包括し，一直線上に配置するような再犯リスクの軸は考案されておらず，そのためのアセスメント・ツールも存在して

いない。たとえば，1か月後に電車内で痴漢を行い，以降3か月に1回の頻度で繰り返す可能性が50％と見込まれる対象者と，5年後に強姦を1回行う可能性が10％と見込まれる対象者がいた場合，このどちらがより悪質で，処遇資源を投入すべき対象者であるかは，一概には判断しがたい。したがって，臨床現場では，何のためのアセスメントなのか，どのような再犯を抑止しようとしているのかを明らかにし，目的に沿ったリスクの概念を用いるよう注意する必要がある。これまでのところ，開発されている再犯リスク・アセスメント・ツールは，①の再犯可能性の予測に偏っている。しかし，近年では，再犯結果の重大性をここに織り込む形のリスク・アセスメント・ツールの開発も進められており，成果が待たれるところである。

表4-3は，変化の可否といった観点からリスクを分類したものである。

静的リスクは，加害者の過去や既遂事案の特徴などにかかわるもので，変化不能な要因から成り立っている。安定性動的リスクは，生涯変化しないとまでは言わないが，比較的時間をかけて変化するものを指す。また，急性動的リスクは，短期間で変化可能なものを指す。

静的リスクは，多くの保険統計式（actuarial）ツールに用いられている。保険統計式ツールは，数ある因子の中から，再犯との関係性が高いものを統計的有意性に基づいて抽出し，作成するものである。ある個人と類似する特徴を持つグループの成員が，どの程度の再犯可能性を持つかを示す指標として有効である。静的リスクは，情報を得ることさえできれば，だれが評定しても結果が

表4-3 リスクの分類

分類		代表的な項目	目的・用途
静的 (static)		・加害者年齢 ・被害者の性別 ・有罪判決歴	・再犯可能性の長期予測 ・処遇密度の決定
動的 (dynamic)	安定性 (stable)	・性暴力を容認する態度 ・社会的疎外感 ・問題解決スキルの不足	・処遇目標の設定 ・処遇効果の検証
	急性 (acute)	・情緒的な破綻 ・物質濫用 ・指導監督からの離脱	・緊急介入の必要性判断

ぶれにくいという利点があるうえ，遡及的に入手しやすい情報であることが多いため，ツールの開発に盛んに用いられたという経緯がある。一方で，処遇による変化を測定することには不向きであるし，性犯罪につながる問題性の特定（処遇ターゲットの設定）には結びつかないという欠点がある。

　動的リスクは，一般的に，再犯リスク予測という観点からの妥当性においては静的リスクを用いた保険統計式ツールに劣るとされているうえ，たとえば「社会的疎外感」などの項目をいかに的確に数値化し，しかも評定者間のバラつきを小さく抑えるかという容易には解決しがたい課題を抱えている。一方で，処遇目標とすべきターゲットの設定に用いることができること，処遇による変化を測定できることから，多少の困難は内包しつつも，とくに処遇実施機関におけるアセスメントにおいては，重要な位置を占めている。なお，この特性から，動的リスクは，処遇ニーズとも呼ばれる。

　静的リスクと動的リスクの区別は，理論的にはっきりしているが，安定性動的リスクと急性動的リスクとの区別は，はっきりしているとはいいがたい。前述のとおり，安定性と急性の区別は，当該要因の変化にかかると見込まれる時間によっており，厳密には，私たちがある問題（たとえば，アルコール依存症）の特性をどのようにとらえ，理解するかという点にかかわってくる。また，行い得る処遇によって，変化の可能性をどのようにとらえるかも変わってくることになる（Hanson et al., 2003）。

　このように，処遇内容の検討という目的のために実施するアセスメントは，実施可能な介入方法のオプションのうち，どの手段を選定することが最も効果的かという観点で実施することが重要となる。つまり，まず処遇手段あってのアセスメントなのであり，次に，現在は十分に扱われていない処遇ニーズを検出し，この変容を促すための処遇プログラムの発展を促す役割もまた，リスク・アセスメント研究には期待されているのである。

(3)　代表的なリスク・アセスメント・ツール

　ここ10～20年間で，数多くの保険統計式ツールの開発が進んでいる。これと同時に，保険統計式ツールなどによる機械的予測と，臨床家の専門的判断による予測のいずれの精度がより高いか，という研究も盛んになっている。現在で

表4-4 代表的なリスクの分類・アセスメント・ツール

ツール名 (発表年)	著者	対象	ツールの種別 リスクの種別	項目数	得点範囲	ROC- AUC*
Static-99 (1999)	Hanson & Thornton	成人	保険統計式 静的リスク	10	0-12	.70
Static-2002 (2003)	Hanson & Thornton	成人	保険統計式 静的リスク	14	0-14	.71
MnSOST-R (2003)	Epperson et al.	成人	保険統計式 主に静的リスク	16	-14-+31	.77
RRASOR (1997)	Hanson	成人	保険統計式 静的リスク	4	0-6	.71
SORAG (1998)	Quinsey et al.	成人	保険統計式 主に静的リスク	14	-26-+51	.75
Stable 2000 (2000)	Hanson & Harris	成人	構造化面接 安定性動的リスク	6	0-12	-
Stable 2007 (2007)	Hanson, Harris, Scott & Helmus	成人	構造化面接 安定性動的リスク	12 (13)**	0-24 (0-26)**	-
Acute 2000 (2000)	Hanson & Harris	成人	構造化面接 急性動的リスク	8	0-16 又はIN***	-
Acute 2007 (2007)	Hanson, Harris, Scott & Helmus	成人	構造化面接 急性動的リスク	7	0-21	-
J-SOAP-II**** (2003)	Prentky & Righthand	少年	(保険統計式)	28	0-56	-

注*：ROC-AUC（受信者動作特性曲線下面積）は，保険統計式ツールにのみ記載した。ROC-AUCは，1.0で完全な予測力，.50で偶然レベル相当の予測力を示す。
注**：13歳以下の被害者を含む加害者のみを対象とした項目が1つ含まれているため。
注***：IN（Intervene Now）は，スコアにかかわらず「ただちに介入」することを要することを示す。
注****：J-SOAP IIは，十分なデータが集積されていないことから，保険統計式ツールとしては未確立な段階である。

は，性加害者に限らず，精神障害の再発予測，他種犯罪の再犯予測いずれの領域においても，保険統計式ツールなどの機械的アセスメントの方が，臨床的判断より予測力が高いとする主張が主流となっている。たとえば，グロウブら（Grove et al., 2000）は，人間行動全般の機械的予測と臨床的予測の正確さを比較したメタ・アナリシスを行い，機械的予測の方が上回った研究が33～47％であったのに対し，臨床的予測の方が上回った研究は6～16％にすぎなかったとし，機械的予測は，臨床的予測と同等かそれ以上の正確さを持つと結論している。しかし，当然のことながら，十分に確立され，信頼できるリスク・アセスメント・ツールが存在しなければ，正確な機械的予測を行うことはできない（Doren, 2002）。また，性加害領域においては，女性加害者について確立された再犯予測ツールは現存しないことから，女性加害者の再犯予測は，臨床的判断によらざるを得ない。

　欧米で用いられている性犯罪者のリスク・アセスメント・ツールのうち，信頼性が高いとされているものの特徴を要約すると，表4-4のとおりとなる。

　多くのツールに，加害者の前歴，年齢，被害者の属性等が含まれているなどの共通点はあるが，開発にあたってのサンプルの属性や手法など，異なる点も多い。法制度や文化の異なる地域で，異なるサンプルに対して活用できるかどうかという点についての研究の進み具合も異なっている。開発地とは異なる地域における活用可能性については，実際に使用してみて，再犯予測にどの程度適応するのかを検証してみるほかない。世界的に最も広く用いられているStatic-99については，開発地であるカナダ，イギリス，また，アメリカ，オーストラリア，ニュージーランドなどの英語圏の各国に加えて，スウェーデン，香港における使用についても，肯定的な評価がなされており，我が国における活用可能性にも，ある程度期待できると考えられる。

3　性加害者に対する介入

(1) 介入の目的

　性加害者に限らず，犯罪者に対する介入は，再犯率を低下させることによって，潜在的被害者（将来当該犯罪者の加害によって被害を受ける可能性のある

人々）を保護することに主眼を置いて行うべきである。しかし，処遇プログラムや福祉的な介入は，ともすると犯罪者に対する甘やかしであるとして批判を受けやすく，世論は，より厳罰をもって対処する方向へと向かいやすい。オグロフとデイビス（Ogloff & Davis, 2004）はこれを，「厳罰が犯罪を抑止するという誤解に基づくもの」であるとしている。実際には，犯罪者に対する①抑止，②応報，③隔離，④改善更生のうち，「抑止」や「応報」が再犯率を低下させるというエビデンスは限られており，むしろ再犯率を高めるとする研究者も多い（例：Andrews & Bonta, 1998; Hollin, 1999; McGuire, 2000）。

このように，犯罪加害者に対する厳罰を求める声が高まる中で，再犯率を低下させるための効果的な介入方法を選択するためには，実証研究の蓄積が必要である。その結果としてアンドリューズとボンタ（Andrews & Bonta, 1998）が提唱するRNR（Risk, Needs, Responsivity）原則は，再犯を防ぐための効果的な介入のスタンダードとして，世界的に広く支持されている。RNR原則とは，①加害者の再犯リスクに見合った密度の処遇（リスク原則）を，②再犯リスクを低下させるために有効なニーズに的を絞って（ニーズ原則），③加害者に浸透しやすい方法で（反応性原則），提供することをいう。とくに，加害者のリスク・レベルに見合わない過剰な処遇は，リソースの無駄使いであるばかりでなく，反対に再犯率を高めるおそれもあることが指摘されている（Andrews & Bonta, 1998）。ワードら（Ward et al., 2006）は，RNR原則の適用により，カナダ，イギリス，ヨーロッパ，オーストラリア，ニュージーランドの犯罪者処遇は革命を迎えた，と評価している。

(2) 介入の種類

ここでは，性犯罪者に対する介入として，欧米で実施されているものを①情報登録・公開制度，②民事拘禁（Civil Commitment）制度，③処遇プログラムの3種に大別し，その概要を紹介したい。

① 情報登録・公開制度

性犯罪者情報の登録制度と公開制度は，異なるものである。登録制度は，特定の要件に該当する対象者の情報を登録し，特定の機関（警察，保護観察所，情報登録のため設置された機関など法域によって異なる）において管理し，犯

罪捜査や対象者の監視，子どもと接する職業に就労する人の制限などを行うためのものである。登録制度は，アメリカ，カナダ，イギリスなどにおいて導入されている。一方の公開制度は，登録制度によって収集された情報を一定の要件に基づいて，関連機関や地域住民，あるいはインターネットにおいて公開するものである。公開制度は，アメリカにおいて導入されているが，カナダの連邦政府（一部の州では実施）やイギリスでは実施されていない。

とくに後者の公開制度は，性犯罪の「抑止」および「応報」機能を担っているといえる。前述のとおり，「抑止」および「応報」が再犯率を低下させるというエビデンスは限られている。しかし，アメリカにおいては，1990年代に刑務所出所者による性犯罪再犯の事例が相次いで報道されたことにともなう社会からの強い要望を受けて，1994年に通称「ジェイコブ・ウェッタリング法」，1996年に通称「メーガン法」の各連邦法が成立し，米全州における性犯罪者情報の登録および公開を規定する法の整備が義務づけられた。さらに，2006年には，通称「アダム・ウォルシュ児童保護法」として，性犯罪に対する介入について，性犯罪者情報の登録および公開に限らず，より網羅的に整備された法が成立している。

性犯罪者情報の登録・公開制度の当初の目的は，「抑止」および「応報」よりも，当該対象者の周辺住民の自衛力を高めることにあったといえる。しかし，公開された情報を自衛のために活用する手段について，十分なコミュニティ・エデュケーションがなされなかったことなどから，性犯罪者を地域から排斥する動きや，性加害者に対する嫌がらせ行為が頻出し，その「応報」的側面が強調され，結果的に性加害者の再犯リスクを高めるという悪循環が生じた。性犯罪者情報の公開制度にともなう問題点としては，①加害者の社会復帰が阻害されることにより，再犯リスクが高まり，社会の安全を脅かすこと，②情報公開によって住居選択と就労が困難になることから，対象者が情報登録から離脱し，情報登録制度の長所まで損なわれること（なお，アメリカにおける対象者情報登録率は約5割にとどまっているが，登録制度のみを導入し，公開制度は導入していないイギリスの登録率は8〜9割を保っている），③公開する情報に性犯罪の概要や被害者の年齢などが含まれていることから，被害者の特定につながる場合があること，④公開された対象者に対する嫌がらせや個人情報を濫用

した詐欺などを防ぎきれず，国（州）賠訴訟コストが発生し，他の再犯防止に活用し得る予算が費やされること（たとえば，ワシントン州で地域住民から家屋を放火された性犯罪者の例では，州が敗訴し，350万ドル（約3億3,300万円）の賠償金を支払ったという），などがあげられている（橋本，2006b）。

② 民事拘禁制度

民事拘禁制度は，性犯罪者を「隔離」することによる再犯抑止機能を担っている。アメリカにおける民事拘禁制度の歴史は古く，1930年代から精神障害のある性加害者（Mentally Disordered Sexual Offender）を刑事司法制度から切り離し，病院などに拘禁した上で処遇プログラムを受講させる制度が稼動していた（Schlank, 2006）。しかし，民事拘禁が市民権の侵害に当たるのではないかという議論や，当該対象者を収容した施設における処遇プログラムの質を疑問視する声，民事拘禁の処分を受けた方が刑務所収容よりも早期に社会復帰できるという矛盾例が頻出したことなどを受けて，1980年代までには，アメリカのほとんどの州でいったん廃止された。

しかし，性犯罪者情報登録・公開制度と同様に，1990年代に性犯罪再犯事例が相次いで報道されたことを受けて，性犯罪者の民事拘禁制度の再活用が検討され，1990年代後半から複数の州において制度化された。この新制度は，再犯のおそれが高い性加害者を刑務所収容に代えて民事拘禁するのではなく，刑務所収容後に引き続き拘禁するという点で旧制度と大きく異なっている。対象者の選定要件の詳細は州ごとに違っているものの，多くの州で共通しているのは，①複数回の性加害歴を持つこと，および②再犯のおそれにつながる精神障害や人格障害があると認められること，である。この制度は，二重処罰に該当するなどとして，全米各地で憲法違反を訴える訴訟が数多く起こされているが，現在までに違憲判決は出されておらず，各州において数百人規模の対象者が民事拘禁されている。

新民事拘禁制度の最大の利点は，刑期中に十分な処遇プログラムを実施し，再犯リスクを十分に低下させることができなかったり，自ら「再犯しそうだ」と明言しているような性犯罪者をみすみす釈放することなく，引き続き処遇のチャンスを提供できるという点にあるといえる。一方で，これまで違憲の疑いが退けられているとはいえ，①民事拘禁要否の判断に資する再犯リスク・レベ

ルの認定が困難であること，②民事拘禁判定をおそれて受刑中の処遇プログラムにおいて十分な自己開示が進まないこと，③いったん民事拘禁に付された者の釈放率が非常に低く，収容・処遇費用がかさむこと（年間一人当たり9万～12万米ドル，日本円にして約850万～1,150万円）（Lieb & Nelson, 2001），④釈放率の低さなどから，対象者の処遇に対する動機づけを高めにくいこと，などの問題点が指摘されている（Schlank, 2006）。

これらの問題点を克服する代替案として，アメリカ各州において①性犯罪累犯者に対する長期刑または不定期刑の適用，②自宅拘禁やGPS，薬物テスト，ポリグラフなどを活用した集中的保護観察制度等の活用が2000年代から進められている。しかし，それぞれに問題点も指摘されているところであり，現段階で最善策を論ずることは困難である。

③ 処遇プログラム

処遇プログラムは，性加害者を「改善更生」させることによる再犯抑止機能を担っている。1970年代のアメリカでは，マーチンソン（Martinson, 1974）論文に代表されるリハビリ悲観論が台頭し，再犯を防ぐためには抑止，応報，拘禁を強化するしかないとして，拘禁刑の多用・長期化とこれにともなう刑務所過剰収容が引き起こされた。しかし，その後アンドリューズら（Andrews et al., 1990）が1990年に，リプシー（Lipsey, 1995）が1995年にそれぞれ発表したメタ・アナリシスでは，矯正処遇の再犯抑止効果が報告され，1990年代以降のアメリカでは，再び処遇プログラムの開発と実施に予算と人材が注がれるようになっている。

性犯罪者に対する処遇プログラムの効果については，表4-5のとおり複数のメタ・アナリシスが実施されている。

これらのメタ・アナリシスに共通する結果として，認知行動療法に基づく処遇プログラムの性犯罪再犯抑止効果が一貫して示されていることが注目される。認知行動療法を活用した犯罪者処遇プログラムは，性犯罪に限らず，犯罪者一般の再犯を抑止する手段としても，その効果が安定して示されている（たとえば，Lösel, 2001; McGuire, 2002）。認知行動療法の性犯罪者処遇への適用については，本章第3節に詳しい。

その他，古典的行動療法，薬物療法，去勢手術などの効果が示されている分

表4-5　性犯罪者処遇プログラムに関するメタ・アナリシス

著者	対象	研究数(本)	サンプル数(人)	平均追跡期間（月）*	性犯罪再犯**	一般再犯**
Alexander (1999)	成人少年	79	10,988	−	ES：.10	−
Aos et al. (2006)	成人	18	−	−	PT：0.0% CBT刑事施設：−14.9% CBT保護観察：−31.2% BT：0.0%	−
Dowen et al. (2003)	成人少年	24	−	−	RP ES：.15	−
Gallagher et al. (1999)	成人少年	25	−	−	全ES：.43 CBT/RP ES：.47	−
Hall (1995)	成人	12	1,313	60	ES：.24	−
Hanson et al. (2002)	成人少年	43	9,454	46	全ES：.11 CBT/RP ES：.28	OR：.57
Lösel & Schmucker (2005)	成人少年	69	22,181	TG：63.54 CG：62.41	全OR：1.70 CBT OR：1.45 BT OR：2.19	OR：1.67
Reitzel & Carbonell (2006)	少年	9	2,986	58.6	ES：.43	−

注：「−」は，論文中に当該項目にかかる記述がないことを表す。
注＊：TG（Treatment Group：処遇群），CG（Control Group：対照群）
注＊＊：ES（Effect Size：エフェクトサイズ），PT（Pharmacological Treatment：薬物療法），CBT（Cognitive Behavioral Therapy：認知行動療法），BT（Behavioral Therapy：行動療法），RP（Relapse Prevention：リラプス・プリベンション），OR（Odds Ratio：オッズ比）

析もあるが，これらの介入を受けた者と受けなかった者の質が大きく異なっていることや，認知行動療法に基づく処遇プログラムと比較すると研究数が少ないことなどの分析にかかる問題点が指摘されており（Lösel & Schmucker, 2005），今後の検討が待たれるところである。なお，医学的治療については，本章第4節を参照されたい。

このように，認知行動療法による性加害の再犯防止プログラムは，現時点では，最も安定して効果が示されている介入方法として評価される。性加害者処遇の効果研究は，①統制群を設けることへの倫理的な批判が他の犯罪者処遇プログラムにも増して強く，ランダム化比較試験（Randomized Controlled

Trial: RCT) を実施し難いこと，②公的データによる性犯罪者の再犯率は比較的低く，その分効果検証には大きなサンプル数が必要とされること，③プログラムの実施環境，実施対象者の特性等研究によるサンプルの差が大きく，追試が行いにくいことなど，独自の課題を抱えている。こうした中ではあるが，今後，認知行動療法に基づいたプログラムのどのような内容・過程が，どのような性加害者に対して有効であるのかをより詳細に検討し，プログラムの開発に活用していくことが望まれる。

4　日本における性犯罪者処遇

　日本においては，2005年以降，性犯罪者の再犯防止に関する取り組みが本格化したところである。その経緯や基本的枠組みについては，法務省性犯罪者処遇プログラム研究会（2006），名執と鈴木（2006），橋本（2006a），多久島（2006）に詳しいが，ここでは，その概要について紹介することとしたい。

(1)　処遇プログラム策定の経緯

　2004年11月に奈良県で元受刑者による女児誘拐殺害事件が発生したことを契機として，効果的な犯罪防止・再犯抑止対策を求める声が高まった。そして，2005年2月以降，内閣官房の主宰により，警察庁，法務省，文部科学省，厚生労働省，内閣府による「再犯防止に関する関係省庁会合」が随時開催されることとなった。これを受けて，法務省では，2005年2月，性犯罪者の再犯防止策の一環として，性犯罪者処遇プログラム（以下「プログラム」という）を開発することを発表した。2005年4月には，法務省矯正局（施設内処遇を所管）と保護局（社会内処遇を所管）とが共同で，「性犯罪者処遇プログラム研究会」を発足させ，効果的なプログラムの開発・策定作業に着手した。そして，2006年3月，同研究会における検討内容などをまとめた「性犯罪者処遇プログラム研究会報告書」（法務省矯正局・保護局，2006）が発表され，2006年4月以降，刑事施設および保護観察所において，実際にプログラムが稼動し始めた。

(2) プログラムの基本理念

プログラムの基本理念としては，次の3点があげられる。

第一に，受講対象者の選定，処遇計画の策定にあたって，専門的なアセスメントを実施するという点である。強姦や強制わいせつのみならず，下着盗，性器露出などの公然わいせつ，のぞき，売買春等性犯罪を広くとらえ，これらの性犯罪にかかわった者すべてをプログラムの対象とすれば理想的だとする見方がある一方で，多くの対象者をカバーしようとするあまり，重点的に処遇すべき対象者に十分な人的・物的資源を投入できなくなることも危惧される。そこで，刑事施設においては，再犯のおそれの高さと，再犯した場合に社会に与える損害の大きさの観点から，優先的にプログラムを受講させるべき対象者を選定し，その問題性の大きさに応じて，異なる密度の処遇プログラムを受講させている。

第二に，処遇プログラムは，認知行動療法に基づいたものとし，実践を踏まえた検討に加えて，国内外の理論と実証研究に基づいた改良を続けるという点である。刑事施設におけるプログラムは，理論と実証研究に基づいて開発されたカナダ連邦矯正局のプログラムをモデルとして策定されたが，これが日本においてどのような効果を発揮するのかについては，独自に確認しなければならない。そこで，プログラムの実施記録の蓄積や，実施者による検討会の開催と並行して，実施結果についてのデータの蓄積も開始し，定期的な評価や処遇効果の検証を行い，プログラムの効果と限界を明らかにしていくこととしている。これらの結果を踏まえ，改良すべき点は改良し，より効果的なプログラムへと発展させていくことが必要である。

第三に，アセスメントとプログラムを効果的に行うための体制作りを同時に進めるという点である。プログラムの実施に当たる職員には，定期的に専門研修を実施し，必要な知識と技能を身につけさせるとともに，直接プログラムの実施に携わらない職員に対しても，プログラムの目的や概要，各職員に求められる役割についての研修を実施している。また，刑事施設と保護観察所で行うプログラムは，理論，技術，情報，成果などについて共有し，連携を保ち，連続性の高い処遇を展開することとしており，従来以上に綿密な情報交換がなされている。

(3) アセスメント

刑事施設におけるプログラム受講対象者の選定は，①刑の執行を開始した施設においてスクリーニングを実施し，ここで選定された者について②調査センター（全国8か所の刑事施設が指定されており，心理技官等の専門スタッフが配置されている）において詳細な性犯罪者調査を実施する，という2段階構造をとっている。

第1段階のスクリーニングは，新たに刑が確定した受刑者全員を対象として実施するものであり，①性犯罪受刑者概念への適合からの判断，②常習性・反復性からの判断，③性犯罪につながる問題性の大きさからの判断，の3種からなる。①に該当し，②または③においてプログラムの受講必要性が認められる者は，調査センターにおける性犯罪者調査の対象とされる。

第2段階の性犯罪者調査は，主として再犯のおそれの高さと，再犯を防ぐために必要かつ有効な処遇の方法について把握することを目的として実施するものであり，①リスク調査，②ニーズ調査，③処遇適合性調査の3部から構成されている。これらの結果に基づき，受講するプログラムの密度と内容を判断したうえで，プログラムの実施施設，実施時期について総合的に検討し，処遇計画を策定している。

(4) 処遇プログラム

処遇プログラムは，①刑執行開始後間もなく実施するオリエンテーション，②プログラム本科，③出所前に復習と出所準備のために実施するメンテナンスの3部からなる。このうち，プログラムの本体といえる②の本科については，高・中・低の三つの密度が設定されており，性犯罪者調査の結果に応じて適当な密度のものを受講することとなっている。

プログラム本科は，8名程度の受講者と2名程度の指導者によって構成するグループワークを中心として実施している。各グループのメンバーは開始から終了まで固定とし，高密度は週2回9か月，中密度は週2回6か月，低密度は週1回3.5か月を標準としている。各密度のプログラムで実施する科目とその内容は，表4-6のとおりである。

プログラムの各科目は，それぞれが独立した要素なのではなく，全体として

表4-6　刑事施設における性犯罪者処遇プログラム（科目と密度）

科目		内容	密度		
			高	中	低
第1科	自己統制	本科の中心となる科目であり，全密度で必修とされている。プログラム本科の導入として，各受講者がプログラムを受講する目的や目標について再確認したうえで，①事件につながった要因を幅広く検討し，②それらの要因の再発を防ぐための具体的な介入計画を策定し，③介入に必要なスキル等を身につけさせることを目的としたもの	◎	◎	◎
第2科	認知の歪みと変容方法	認知的要素である思考や態度，価値観，信念と感情，行動との関係について理解させ，各要素を客観的にモニタリングするスキルを身につけさせるとともに，性加害の背景となっている認知の歪み等の変容を図ることを目的としたもの	◎	○	−
第3科	対人関係と親密性	対人関係や親密性に関する各受講者の問題性と性加害との関係に焦点を当て，望ましい対人関係を築き，維持するために必要なスキルや，余暇時間を善用するためのスキル等を身につけさせることを目的としたもの	◎	○	−
第4科	感情統制	感情が認知・行動に与える影響について理解させ，性加害に関連する感情を特定させるとともに，感情を効果的に統制し，安定させるスキルを身につけさせることを目的としたもの	◎	○	−
第5科	共感と被害者理解	他者への共感性を高めさせるとともに，性加害が被害者やその周囲の人に与える短期・中期・長期的影響について幅広く理解させることを目的としたもの	◎	○	−

注：◎は必修科目，○は選択科目，—は受講しないことを示す。

性加害の再犯を抑止する力を徐々に向上させていくための長期的な働きかけであるといえる。

5　まとめ

本節では，性加害を行った者の再犯抑止を目的としたアセスメントと介入について概観した。性加害に限らず，どのような犯罪も，未然に防ぐことが最大

の目標であるが，不幸にして加害が行われた場合，その再犯を防ぐために取り得る手段を求めて，どんな方法でも試してみなければならない。

1990年代には，性犯罪者の処遇プログラムの有効性を示す一つの方法として，費用対効果分析が相次いで発表された（たとえば，Prentky & Burgess, 1990；Marshall, 1992）。性被害に遭うダメージは，実際には到底金銭に変換できるものではなく，性被害によって生じるダメージを被害者の診療費や加害者の裁判にかかる人件費などに換算する費用対効果分析には，違和感・抵抗感がつきまとう。しかし，この場合の金銭は，単にさまざまに異なる事象を比較する際の共通の単位にすぎないのであり，「たかが金銭に換算可能な事項だけを取り上げたとしても」，性犯罪者処遇プログラムを実施する意味が非常に大きいことを示すという意味で，重要なアプローチであるといえる。興味のある方には，一読をお勧めしたい。

日本における性犯罪者処遇プログラムは，前述のとおり，2006年4月以降に本格稼動し始めたところである。このプログラムによって，どれだけの再犯を防ぐことができるのかについては，一定の処遇実績を重ね，対象者の出所後相応の追跡期間を設けて再犯抑止に対する効果を測定するための枠組みが整備されており，結果の発表が待たれる。全受講者の全再犯を防ぐような魔法のプログラムは，どこの国でも実現されていない。しかし，プログラムを実施することによって，再犯者（つまりは，被害者）を一人でも減らすことができるのであれば，プログラムを続ける意味は大きい。プログラム受講者の再犯状況を巨視的かつ科学的に吟味し，より効果的なプログラムにするための改良の糧を探し続けることが求められる。

第3節 加害者への認知行動療法

1 性犯罪者処遇プログラムと認知行動療法

　2004年秋に奈良県で発生した女児誘拐殺害事件を契機として，その事件の犯人が同様の性犯罪の前歴を有していたことから，性犯罪者の再犯防止に関する社会的関心が急速に高まった。そのような中，2005年度から法務省矯正局と保護局が共同して，性犯罪者の再犯防止を目的とした「性犯罪者処遇プログラム」の本格的導入の検討を開始した（法務省性犯罪者処遇プログラム研究会，2006）。現在わが国で実施されている処遇プログラムは，カナダやイギリスで先行実施されていた処遇プログラム内容を大筋において踏襲しており，その理論的基盤を「認知行動療法（Cognitive Behavior Therapy: CBT）」と呼ばれる心理療法の理論に置いている。

　この認知行動療法とは，クライエントの有する「考え方（認知）」や「振る舞い方（行動）」のスタイルを変容することによって，直面している問題を積極的に解決し，クライエント自身の自立（セルフ・コントロール，セルフ・マネジメント）を促進することを目指す心理療法（カウンセリング）である。したがって，性犯罪者処遇プログラムを用いた処遇は，性犯罪事件に結びつくような処遇対象者の不適応的な「考え方（認知）」や「振る舞い方（行動）」のスタイルを変容することを中心課題としながら，再犯の防止を試みようとする取り組みに焦点を当てているということになる。

　特に，性犯罪者を対象とした場合には，女性や性犯罪に関連するさまざまな事象に対する「認知の歪み」や，事件を起こした状況（あるいはそれに準ずる状況）における「不適応的な対処行動」を変容（修正）し，適応的な認知のあり方や行動を身につけることによって，その後事件を起こした状況と類似した状況に直面したとしても，犯罪行動を起こす確率が下がることが期待されている。最終的には，処遇対象者自身が自分の特徴（リスク）をよく理解し，それ

らに対処する具体的な方法を身につけることによって，自らが問題を乗り越える（再犯しない）能力を高めることを目指すことになる。

問題となる処遇対象者の「認知」や「行動」を変容させることは，従来から実施されている処遇でも行われてきているが，認知行動療法に基盤を置いた処遇プログラムの最も大きな特徴は，対象者の「認知」や「行動」がこれまでの「学習」によって身についてきたと考えるところにある。すなわち，犯罪行動は，不適応的な認知や行動を学習してきた（誤学習）か，適応的な認知や行動を学習してこなかった（未学習）ことによって生じると考えることから，不適応的な認知や行動を変容（学習解除）し，適応的な認知や行動を再学習させることによって，問題は解決に向かうと考えるのである。

2 心理療法における認知行動療法の位置づけ

現在の心理療法（カウンセリング）の理論的背景や技法は，非常に多岐に渡っているが，大きく分類すると三つの代表的なアプローチ（あるいはその折衷的アプローチ）に集約することができる。それらの三つのアプローチは，それぞれ「精神分析学的アプローチ」，「人間性心理学的アプローチ」，「（認知）行動論的アプローチ」と呼ばれることが多い。これらのアプローチの理論的背景は大きく異なっており，心理臨床現場で実際に用いられる具体的な方法論には相容れない部分も多いと考えられるが，おおまかに言えば，「（認知）行動論的アプローチ」は，他の二つのアプローチと比較して，構造化されており介入目的が明確であること，問題解決志向が強いこと，「今，ここ」の問題を取り扱うことで短期間の介入を原則としていること，などから犯罪者処遇に求められる条件に一致する部分が多いと考えられる。認知行動療法は，この（認知）行動論的アプローチに分類され，わが国においても犯罪者処遇のみならず，近年さまざまな分野で，飛躍的な広がりを見せている。

また，心理療法やカウンセリングの研究，実践領域では，医療分野で既に定着しているEBM（Evidence-Based Medicine：証拠に基づいた医療）の流れを組んで，最近になってクライエントの状態像と有効な心理的介入やカウンセリングの適合性（エビデンス）が重視されるようになってきた。すなわち，クラ

イエントのどのような問題に対して，どのような介入がどの程度の効果があるのかについて丁寧に検討（実証）し，有効な心理療法やカウンセリングを体系化しようとする試みである。アメリカ心理学会第12部会（臨床心理学部会）を中心に進められた報告（Crits-Christoph et al., 1995）を整理すると，介入効果のエビデンスがあるとされるものは，「(認知)行動論的アプローチ」や，それに準ずると考えられる心理療法やカウンセリングがその大半を占めており，認知行動療法の介入効果は科学的な裏づけも数多く示されている。

3 認知行動療法の特徴と犯罪処遇への応用

(1) 問題の理解の方法

認知行動療法は，構造化された心理療法であり，クライエントの抱える問題を，環境の問題（人間関係や生活環境に存在するさまざまな手がかりに関する問題），行動の問題（クライエントの振る舞いや態度，行動に関する問題），認知の問題（クライエントの考え方や考え方のスタイルに関する問題），情緒の問題（クライエントの感情，情動面に関する問題），身体の問題（クライエントの呈する身体的症状に関する問題），動機づけの問題（興味や関心，動機づけに関する問題）などの観点から理解する試みが行われる。そして，これらの整理された問題を「介入の標的」として明確化することになる。

すなわち，クライエントの抱える問題が，どのような問題から構成されており，それらの問題がどのような役割や機能を果たしているのかを明確にすることによって（アセスメント），それ以降に実施される介入の見通しを持つことになる。さらに認知行動療法では，このプロセスそのものをセラピスト（カウンセラー）が行うだけではなく，クライエント自身に理解させることが重要視される（心理的教育）。これによって，クライエントは自分自身の抱える問題の理解が深まり，それを克服するプロセス（メタ認知）をも同時に学ぶことによって，セラピストやカウンセラーの下を離れた後も，自分自身で直面する問題を解決する能力を高めることが期待される（セルフ・コントロール，セルフ・マネジメント）。

性犯罪者処遇における認知行動療法では，起こした事件（無罪事件，未発覚

事件などの有罪事件以外も含む）の詳細な分析，特に事件前後の状況（外的なきっかけ，内的なきっかけ，当時の感情，認知，行動，その後の具体的対応など）を丁寧に記述していく中から，その背景に処遇対象者自身の生育歴や生活環境を想定しながら，事件の生起に影響を与えた可能性があると思われる要因を先述の「問題の理解」の観点から整理することになる。そして，「再犯をしないため」には，それらの要因にどのように働きかければよいかという介入の標的を明確にすることが行われる。そして，この介入の原理を処遇対象者と共有することによって，個々の実情に応じた目標の達成を目指すことになる。たとえば，「認知の歪み」が事件を引き起こした直接的な影響の大きい要因であった場合には，事件を自分に都合がよいように解釈している（事件そのものの否認を含む）可能性が高いため，この「認知の歪み」を変容すれば，再犯をして拘束されずにすむ確率が上がることを理解させるのである。

(2) 協同的経験主義の考え方

認知行動療法は，このような問題の理解の方法を用いるため，クライエントとの協力関係は欠かせない要因になる。すなわち，具体的に何をするのか，何のためにそれをするのかをクライエントとセラピスト（カウンセラー）が共有し，同じ目標を持ち，その目標を達成するために，具体的な「共同作業」を行っていくと考える。そして，具体的な提案の実行の結果，その選択肢にたしかに効果があったのか（クライエントに効果があったと感じられたか）どうかを実際に検証していき，もしあまり効果が得られない場合には，別の方策を共に再度探索するというプロセスを重視する（協同的経験主義）。すなわち，認知行動療法では，「こうしなさい（こう考えなさい）」，あるいは「こうする方がよい（こう考えた方がよい）」といった指示よりも，クライエント側の「効果の感じられ方」を中心にまとめあげることによって，クライエントの当該の問題に対するセルフ・コントロール力（セルフ・マネジメント力）を高める効果をねらっている。

また，これを達成するための具体的な方略（テクニック）もいくつか考案されており，「誘導による発見」や「ソクラテス式質問」がそれに相当する。「誘導による発見」は，セラピスト（カウンセラー）が当該の問題に対する質問を

重ねることによって，クライエント自身が気づいていない（十分に理解していない）ような関連の情報を「クライエント自身に発見させる（発見したと感じさせる）」方略である。これによって，共同作業の結果として発見された情報をまとめ，これまでの「考え方（認知）」を見直すことができるような機会の提供が可能になる。また，「ソクラテス式質問」は，問題を解決するプロセスをクライエントの側に置き，たとえセラピスト（カウンセラー）の方が，ある意味その「答え」がわかっていたとしても，あえてそれを直接的には伝えず，クライエントにその「答えを引き出させる」ような方略である。これによって，クライエントに，当該の問題をどのように考えればよいかという「考え方」の力を高めるような機会の提供が可能になる。

　性犯罪者処遇の場合にも，やはり処遇を行う者が「（社会的に望ましい）適応的な考え方や振る舞い方」を一方的に押しつけるのではなく，処遇対象者自らが「適応的な考え方や振る舞い方（が結果的に社会や自分自身にとって好都合であること）」に気づくようにかかわることが求められる。したがって，いわゆる「人格的（精神的）な弱さなどに対する罰」として課される処遇プログラムというよりも，「再犯を防ぐためのコツ」を自分自身に身につけるための処遇プログラムであることを，処遇対象者に十分に理解させることが必須である。したがって，実際の処遇の際にも，マスタリーモデル（完全モデル：最初から（社会的に）望ましい方法をモデルとして呈示する方法）よりも，コーピングモデル（対処モデル：多くの試行錯誤を繰り返す中から結果的に（社会的に）望ましい方法をモデルとして呈示する方法）を基本とする方が，そのプロセスの理解が深まり，処遇効果が得られやすいと考えられる。

(3)　三項随伴性の考え方

　認知行動療法では，行動が生起し，維持されるプロセスを三項随伴性と呼ばれる「行動の学習のパターン」で理解することを試みる。すなわち，行動（認知を含む）を「ある特定の場面で，ある機能を果たしている反応群」ととらえることによって，問題の解決に利用しようとするのである。ここで，ある特定の場面は「先行刺激」と呼ばれ，そこで生起する「行動」，およびその行動によって引き起こされる「結果」との連鎖（随伴性）を分析していくことが基本

となる。したがって，ある特定の状況下（先行刺激）で，あることを行ったり，考えたりした（行動）ときに，本人にとって望ましい結果（結果）が得られれば，その行動の生起確率は増加し，逆に望ましい結果が得られなければ，その行動の生起確率は減少すると考える（三項随伴性）と，ある行動が繰り返される現象は，原則として，その後に得られる本人にとっての望ましい結果が随伴し続けている状態であると理解できることになる。

　この行動の学習パターンは，社会的に適応的な行動の獲得や維持のみならず，不適応的な行動の獲得や維持にも同じようなプロセスを経ていると仮定している。したがって，不適応的な行動の変容を促進する際には，先行刺激の操作（刺激統制：きっかけとなる外的，内的な刺激を遠ざける），行動の操作（適応的な行動や認知の獲得，不適応的な行動や認知の変容），結果の操作（本人にとっての望ましい結果を随伴させない）を行っていくことが大きな着眼点となる。認知行動療法では，この行動の生起や維持の原理そのものについても，原則としてクライエントと共有し，クライエント自身の自己理解の方法の一助として用いられる。

　性犯罪者処遇の場合には，性犯罪を行って（繰り返して）しまった原因として，たとえば，「処遇対象者の生い立ちに問題があった」，「反省がまだ不十分であった」，「性格に弱い面があった」などと抽象的にとらえるというよりも，むしろ，人間の行動の生起や維持のメカニズムである三項随伴性の原理（先行刺激→行動→結果）に照らし合わせて，先行刺激（外的，内的に問題が生じやすいきっかけがあった，など），行動（不適応的な認知や行動を学習してきた，あるいは適応的な認知や行動を学習してこなかった，など），結果（認知や行動の生起後に望ましい環境の変化があった，など）のそれぞれを，処遇対象者の事件（類似の感情や行動，認知が生じた状況を含む）に即して具体的に記述していくことによって理解を深めることが行われる。そして，処遇対象者自身に，再犯をしないためには，先行刺激，行動，結果の三側面からとらえると，どのような具体的な方策が考えられるのかを理解させることが求められる。

4　認知行動療法で用いられる諸技法

(1)　セルフ・モニタリング

　認知行動療法では，まず問題行動やさまざまな症状が，生活環境のどのような場面（状況）で生じやすく，どのような場面で生じにくいかを客観的に理解することが行われる。すなわち，問題のアセスメントである。この際に，心理臨床場面でしばしば用いられるのが「セルフ・モニタリング」の技法である。セルフ・モニタリングとは，クライエントの問題や症状に合わせてフォーマット（記録の書式）を作成し，主にクライエントの生活環境や自分自身の情報を，フォーマットに従って自己観察した結果を順次記入していく方法である。セルフ・モニタリングの実施の際には，その多くの場合，標的とする行動や症状が事前に定められていることから，問題のアセスメントのみならず，クライエント自身の自分の問題に対する客観的理解が促進されることも多い。

　また，認知行動療法においては，セルフ・モニタリングによって得られた情報を活用しながら，クライエントの問題行動や症状を多面的（情動的側面，行動的側面，認知的側面）に評価すること，問題行動や症状の維持や増悪に影響を与えているさまざまな背景要因（発達的要因，身体的要因，行動パターンや生活習慣に関する要因，性格的要因，家族を含む人間関係の要因など）を明らかにすること，それらの諸要因の関連性や影響性（機能分析）を明らかにすることを中心として，クライエントの理解や，当該の問題行動や症状の理解を深めることが行われる。このような構造化されたアセスメントの手続を経ることによって，当面の介入の見通しが得られることが多い。

　性犯罪者処遇の場合には，まずは処遇の対象となった事件に関して，情動的側面，行動的側面，認知的側面から，それぞれセルフ・モニタリングを行うことになる。そして，性犯罪の実行に影響を与えていると考えられる背景要因を精査し，機能分析的視点から整理する。ここで，それぞれの要因は，性犯罪を実行してしまう「（動的）リスク」というとらえ方をする。すなわち，一つひとつのリスク（要因）は，それほど大きな影響力を持っていなくとも，それら複数の「リスク」が積み重なると，当該の性犯罪の実行に確実に近づいてしまうと考えるのである。そして，処遇対象になった事件にとどまらず，類似の感

情や行動が生じた場面に関するセルフ・モニタリングの結果と比較検討する中から，処遇対象者自身が自分の（静的，ないし動的）リスクを十分に理解し，それらのリスクに対処する具体的な方法を身につけることによって，それぞれの処遇対象者の特徴に見合ったセルフ・コントロール（セルフ・マネジメント）の計画を立案することが可能になる。この点の考え方に関しては，ある意味，「自分自身のリスクといかにつきあうか」という発想でセルフ・コントロール力を高めようとするものである。

(2) **認知的再体制化（認知再構成）**

認知行動療法に分類される体系化された代表的な心理療法には，合理情動行動療法（論理療法，理性感情療法：Ellis & Grieger, 1977），認知療法（Beck et al., 1979），ストレス免疫訓練法（Meichenbaum, 1985）などがあるが，いずれもクライエントの問題行動や症状に影響を与えている「認知の歪み」を取り上げ，それらを適応的な認知に置き換える（再体制化，再構成）ことによって，問題行動や症状の改善を期待していることは共通している。すなわち，認知行動療法においては，人の行動や感情は，周囲からの刺激や出来事によってのみ引き起こされるのではなく，その刺激や出来事をその人がどのように「認知」したか（解釈したか）によって生じると考えることから，認知的再体制化は，認知行動療法の主要な技法の一つである。

認知行動療法における「認知」の果たす役割について，最もシンプルに示しているのは，ABC理論である（Ellis & Grieger, 1977）。AはActivating Events（賦活事象），BはBelief（信念），CはConsequence（結果）のことであり，実際に生じた出来事（A）が，感情面や行動面（C）に直接的に影響を与えると考えるのではなく，出来事（A）に対する認知（とらえ方や考え方：B）が，感情面や行動面の変化（C）を引き起こすと考える。すなわち，認知のあり方（出来事の受け止め方）こそが重要であるとされる（A→B→C，その後の「論駁」と呼ばれる認知的再体制化の手続を含めてABCDE理論とされることもある）。この「認知」のはたらきをさらに詳細に分類した（スキーマ，推論の誤り，自動思考など；Beck et al., 1979）モデルも提唱されており，最近は問題行動や症状別に特化した「認知（行動）モデル」の構築について精力的に研究

が行われている。

　性犯罪処遇の場合には，まず処遇対象者にABC理論を理解させることが行われる。すなわち，「認知」のあり方が，その後の感情や行動の生起に大きな影響を与える「仕組み」そのものに関する心理的教育（たとえば，「女性は，誰でも本当は，痴漢されることを望んでいる」という「認知」は，痴漢行為を正当化し，実際に「行動」を促進する可能性を高めてしまう，など）が行われる。そして，処遇対象者が起こした事件も，自身の「歪んだ認知」が影響を与えていた可能性を考えさせることで，再犯を防ぐためには「認知の歪み」を変容することが有用であることを理解させる（先述の例では，「目の前にいる女性が，痴漢されることを望んでいるとは限らない」など）。ここで重要なことは，具体的な認知の歪みの変容はもちろんのこと，認知の歪みの変容を行うことはどのような意味があるのかを処遇対象者に繰り返し説明し，十分な理解をさせることである。

　性犯罪者によく見られる認知の歪みには，二分法的思考（肌を多く露出している女性は，みんなレイプされることを望んでいる，など），否認（合意の上のことだったのに，金が欲しくて後から訴えてきた，など），最小化（相手は結局あまり抵抗しなかったから，それほどイヤではなかったのだろう，など），正当化（相手の方が勘違いさせるような態度をとった，など），合理化（相手は出会い系に登録しているような娘だ，など），コントロールの過信（このようなことは，やめようと思えばいつでもやめられる，など），状況に対する甘い見積もり（たったこのくらいのことで事件にはならないだろう，など）などがあり，いずれも認知的再体制化の対象となる。

(3) **社会的スキル訓練**（ソーシャルスキル・トレーニング：SST）

　認知行動療法では，決して認知的再体制化にのみ重きが置かれているわけではなく，介入の標的（性犯罪者処遇の場合には再犯の防止）を達成するために，実証的にその効果が確認されている行動的技法と認知的技法を組み合わせて用いることが多い。その技法の選択の際には，どこから取り組めば介入が行いやすいか，効果が得られやすいか，問題解決に向けての連鎖が生じやすいかなどのアセスメントの下に行われる。先に述べたとおり，認知的技法の主要技法は

「認知的再体制化」などであるが，行動的技法の主要技法としては「社会的スキル訓練（SST）」があげられる。社会的スキル訓練は，生活の中で必要とされる効果的な対人行動の獲得を，体験学習など通して構造的，体系的に援助していく技法である。すなわち，人間関係を円滑に営むためには，具体的な技術（スキル）を体系的に身につけることが必要であり，それらを生活の中で効果的に使用していくことで，人間関係に起因するトラブルやストレスは減少するという考え方である。

社会的スキル訓練は，目標となる標的スキルを段階的に習得することが可能なようにプログラム化し，モデルを観察することによって学習した（モデリング）後，実際にロールプレイによって練習し，それを日常生活で使用できるように「般化を促す」という手順で進められることが基本とされている。ここで「標的スキル」とされるものは，クライエントが日常生活の中で，他者から強化を受ける可能性が最大になるもの（周囲に最も受け入れられるもの）が望ましい。その一方で，社会的スキルには，視線や表情，手振りや身振りといった非言語的要素の影響，および，他者や環境，社会的文脈の理解などの認知的要素の影響なども大きいことから，クライエントの状態像や社会的スキルの目標などに応じて，適切な「標的スキル」を設定することが求められている。

性犯罪者処遇の場合には，処遇対象となった事件などの生起要因を詳細に検討する中から，直接的，間接的に人間関係に起因していると考えられるエピソードを取り上げる。たとえば，相手に自分の思いや考えがうまく伝えられずに暴力的手段を使用してしまった，職場の上司とうまくいかずにイライラしてストレスがたまってしまった，仲間からの誘いをうまく断れずに結局犯罪に加わってしまった，などがその典型的な例である。処遇プログラムにおいては，基本的なコミュニケーションを中心とした社会的スキルを踏まえながら，事件の生起に影響したと思われる人間関係の場面を具体的に想定し，実際にどのように振る舞えば，事件につながる可能性を低めることができたのかを，処遇対象者と共に考えながら，その練習やシミュレーションを行っていくことで，より効果が高まることが期待されている。また，その際には，スキルを使用する社会的環境や場面の文脈に対する適切な認知（解釈）が要求されるため，さまざまな認知的技法が併用されることも多い。

5 性犯罪者処遇プログラムの実践に向けて

(1) 処遇対象者の特徴と関係性の問題

　認知行動療法の特徴は，セルフ・モニタリングやさまざまなアセスメント・ツール，行動観察などによるアセスメントの後，標的とされる症状や問題行動の解決を図るために，認知的再体制化をはじめとする認知的技法，社会的スキル訓練をはじめとする行動的技法を組み合わせることによって，クライエントの問題を多面的に解決しようとするところにある。したがって，性犯罪処遇の際にも，処遇対象者の認知的特徴，行動的特徴を適切にアセスメントして，「再犯を防ぐため」には，どの側面を重視した処遇を行っていけば，より大きな効果が得られやすいかの見通しを持つことと同時に，その見通しそのものを処遇対象者と共有することによって，その後処遇対象者が事件を起こした状況と類似の状況に直面したとしても，現実的なセルフ・コントロールが可能になることが期待されている。

　性犯罪者処遇プログラムは，このような認知行動療法の考え方を基盤としているため，たとえ処遇が標準的な実施マニュアル通りに進行しない場合にも，認知行動療法の全般的な考え方を理解していれば，マニュアルと同等の効果が得られることが期待される別の材料を用いることも可能になる。とくに，認知行動療法で用いられる認知的技法は，ある程度の内省力や言語化能力が必要とされることから，知的水準がそれほど高くない処遇対象者には適用が難しいという指摘もある。ところが，最近の認知行動療法の研究領域では，小学生に対する認知的技法の効果も報告されていることから（小関ら，2007），処遇対象者の特徴に応じた材料（たとえば，ワークシートを用いる際に，文章呈示ばかりではなく視覚呈示を用いるなど）や，平易なたとえ話を工夫することで，プログラムが想定している手続きは補うことができると考えられる。これをふまえて，実際には「調整プログラム」として実施されている。

　一方で，矯正や保護の領域における処遇という制約が多い中でのプログラムの実践には，独特の難しさもある。たとえば，一般的な認知行動療法の手続では，クライエント自身の症状や問題行動が生起し，維持する要因を明らかにするために，経験した出来事ばかりではなく，思考や感情などを多面的に詳細に

記述する必要がある。性犯罪者処遇の場合にも，事件生起前後の思考や感情を調べることにはかわりがないが，性犯罪という事件の特徴から，処遇対象者の性癖や性行動などの非常に侵襲性が高い内容にも言及せざるを得ず，処遇という場面設定の中で，それがある程度ありのままに引き出すことができるかどうかがポイントになる。

協同的経験主義を重要視する認知行動療法では，再犯防止のために，同じ目線の高さで具体的な対処方法を共に探す姿勢が求められるが，表面的な処遇に終わらない（効果的な処遇になる）ためには，処遇対象者との関係性の構築が今以上に必要とされる場合も多くあると考えられる。この点に関しては，処遇実施者の方が，処遇対象者にいわゆる反省と望ましい答えを導くことだけに終始せず，なぜこのような処遇プログラムを行うのか，そして，プログラムを通じてセルフ・コントロールの能力を身につけることができれば再犯を防ぐことができる，ということを折りにふれて言及することで補うこともできる。そして，ゴールとなる目標を明確にし，毎回の具体的な処遇の中で，その心理的なハードルを低く感じさせることが可能になれば，処遇対象者の動機づけの向上にも寄与するものと考えられる。

(2) 認知的再体制化の問題

認知行動療法に基づく処遇において，とくに主要な技法になるのが，認知的再体制化である。これは「認知の歪み」の変容が目的になるが，実際には処遇対象者の価値観に挑むことになることから，短期間に手のひらを返したように変容することはかなり困難である。そこで，頭や心の中で起こっていること（感情，認知）が行動の決定（選択）に大きな影響を与えていることを理解させること，同じ状況を経験しても人によって「認知の仕方」はさまざまであることを知らせること，より望ましい「認知の仕方」の中で処遇対象者自身がしっくりくるものを繰り返し探すこと，しっくりくる「認知の仕方」を実際に使用してその効果を確認させること，などのように処遇対象者に応じた段階を作成して，取り組むこともできる。すなわち，処遇対象者にABC理論を理解させること，ある特定の状況に対する認知の多様性の存在（同じ場面に直面しても，その場面の解釈の可能性は多岐にわたること）を十分に理解させるだけで

も，認知的再体制化が可能になる素地ができると考えられる。逆に言えば，処遇対象者に，たとえそれが社会的に望ましいものであっても，特定の考え方を押しつけるだけでは，効果が得られにくいということでもある。

　このような認知の多様性を，効果的に学習させるためには，同じような事件の流れを小集団で追っていく方法が有効であると考えられる。その状況に対する解釈や選択する行動の多様性を集団のメンバーで互いに確認していくことによって，自分自身の認知の仕方の幅を広げることが可能になる。ここでの目的を踏まえると，用いる題材は必ずしも処遇対象者の事件でなくても，典型的な（マニュアルにあるような）架空の例や事件でもよいと考えられる（より効果を高めるためには，対象者に現実の情動の生起がともなう方がよい）。物理的な制約として個別処遇になってしまう場合にも，典型的な認知の多様性が第三者の立場から呈示できればよいと考えられる。認知的再体制化のテクニックは，証拠の検証（認知の根拠の検討），損得勘定（メリットやデメリットの検討），視点の転換（相手の立場に立つ），行動実験（考え方を変えると異なった結果が得られることの確認）など，非常に多岐にわたるが，いずれもその前提として，先に述べた処遇対象者の認知の多様性の理解が前提となっている。

6　今後の課題

　性犯罪者処遇プログラム全体では，三項随伴性の刺激統制（事件を起こした状況と類似した状況に出くわすことを避ける，など）や情動への対処（リラクセーションなど），共感性の育成などの総合的なパッケージとして構成されている。プログラム実施開始から数年が経過したことから，これらのどの要素がどのような特徴を有する処遇対象者に効果があったのか，なかったのかを整理していくことによって，より洗練されたプログラムになることが期待される。

第4節

医学的治療

1 はじめに

　男性ホルモン（アンドロゲン）は，前立腺や精嚢などの男性生殖器の発育促進や機能維持，男性型体毛の発生，骨格・筋肉の発育など，男性としての身体維持作用があるホルモンの総称である。なかでも男性では精巣で合成分泌されるテストステロンがもっとも強い男性ホルモン作用をもつので，男性ホルモンといえばテストステロンを意味する場合もしばしばである。このテストステロンは上記作用以外に，日常の気分や自信といった心理的な面とも深く関連し，とくに，性的空想，性欲，早朝勃起，自慰頻度，性的活動と強く結びついている。

　テストステロンは，視床下部―下垂体―精巣系により血清濃度の調整を受ける。視床下部から分泌されるLH-RH（黄体化ホルモン放出ホルモン）の作用を受けて，下垂体はLH（黄体化ホルモン）を分泌する。LHの作用により精巣はテストステロンを分泌するが，その血清濃度が高くなれば，視床下部，下垂体にブレーキがかかり，そのためLH-RH，LHの分泌が減少するのでテストステロン濃度が低下する（ネガティブフィードバック）。しかし，テストステロン濃度が低下すると視床下部，下垂体へのブレーキは軽くなり，このようにしてテストステロン濃度は保たれている。そして，テストステロンはアンドロゲン受容体と結合して作用を発揮する。

　成人男性の血清テストステロン濃度（基準値：225〜1039ng/dl）は，成人女性の血清テストステロン濃度（基準値：33〜51ng/dl）と比べ，常に，少なくとも5倍，おおかたは10倍前後の高い濃度であり，これは28日周期で増減のある成人女性の血清女性ホルモン濃度（基準値：40〜487pg/ml）が成人男性の女性ホルモン濃度（基準値：19〜51pg/ml）と周期内の一時期にほぼ同程度となることとは大きな違いである。このことは性行動の男女差を考える場合に重

要な要素であるが，男性においてテストステロン濃度が基準内であれば，単純にその濃度を比較して，高い男性の方が性行動をより活発に行うとは限らない。しかしながら，たとえば前立腺癌に対する標準的な治療であるテストステロン分泌を抑制する方法の前後で性行動を観察した報告（Rousseau et al., 1988）からも明らかなように，テストステロン濃度が基準値以下へ低下すると性的空想や性欲は減弱し，そのため性交頻度も減少する。ただ機能的に性交が不可能になるわけではない。なお，テストステロン分泌が減少すれば，筋萎縮，骨密度の減少，意欲の低下なども現れる。

　このようなテストステロンに関する知識が明らかにされていない時代から，男性性の源が精巣にあるということは経験的に理解されていたようで，男性性の喪失を目的とした外科的去勢（両側精巣摘除術：両方の精巣を手術的に取り除くこと。精巣の機能である精子を造る働きとテストステロンを分泌する働きが失われる）は，たとえば，神官（神への純潔を表すため，女神に仕えるため）や皇帝・後宮に仕える男性（後宮の女性を守るため）に，また，教会聖歌隊では高音の声を保つために思春期前の男性歌手（カストラート＝去勢歌手）に，そのほかに，奴隷に対して，さらには死刑に次ぐ極刑（宮刑と呼ばれた）として行われており，古代より世界中で存在していた。

　フレンチ（French, 1880）は，常習犯や重罪犯の生殖能力を喪失させることが犯罪数の増加を防止し，また，性的能力の喪失という刑罰が犯罪抑止に有効であるとして犯罪者に対する外科的去勢を提唱した。その後も同様の主張が行われたが（Everts, 1888; Daniel, 1893; Millikin, 1894; Flood, 1899），犯罪や性嗜好異常の原因論，犯罪抑止の方法に対する批判，法律上の問題，科学的知見の不十分さから反対論も根強かった。

　1902年アメリカ合衆国インディアナ州にある少年院の医師シャープ（Sharp）は，犯罪者や精神障害者が急増していることを憂慮し，180名弱の収容者に対して精管切除術（精子を運ぶ管である精管を切除すること。射出される精液に精子が含まれないようになるので生殖能力は失われるが，テストステロンは変化しない）を行ったことを発表し（Sharp, 1902），この方法が外科的去勢と比べ簡便で安全であり，自慰抑制（性的欲求の減少）とそれ以外の性的能力の維持，自制心と意志力の強化など心身上の改善（精子の再吸収による精力増強の

ためと説明)が得られることを強調した(Sharp, 1909)。この主張によって精管切除術は外科的去勢に対するほどの心理的抵抗や反対にあうことなく受け入れられ，さらに当時流行していた優生学(人類の遺伝的素質を改善することを目的とし，悪質の遺伝形質を淘汰し，優良なものを保存することを研究する学問)とも相まって，その結果1907年インディアナ州での強制断種(断種＝精管または卵子を運ぶ卵管を一部切除または結紮して，生殖能力を失わせること)を規定した断種法立法へと発展した。その後，全米32州およびヨーロッパ諸国でも同様の法律が制定され，精神障害者や犯罪者に対して強制断種が行われた。ここで現代の医学知識から考えてみると，精管切除術を行えばたしかに生殖能力を失うので何らかの心理的影響が生じることを否定できない。しかし，血清テストステロン濃度は手術で減少することはなく，シャープが主張した性的欲求の減少や心身上の改善が本当に得られたかどうかは疑わしい。

　一方，ブレマー(Bremer, 1959)は，外科的去勢を受けた102例の性犯罪者を10年間追跡調査し，再犯が3例であったことから，外科的去勢は断種としての目的に加えて男性性犯罪者の治療法として有効であることを主張した。また，ヘイムとハーシュ(Heim & Hursch, 1979; 1,036例の外科的去勢を受けた性犯罪者の再犯率2.3%)，スタラップ(Sturup, 1968; 900例の同去勢性犯罪者の再犯率1.1%)，オートマン(Ortmann, 1980; 738例の同去勢性犯罪者の再犯率1.4%)らも同様の報告を行った。ただ，このような良好と思われる成績が報告されてもなお，身体的侵襲が大きく(Maletzky, 1997)，野蛮で冷酷な処罰(Heim & Hursch, 1979)，保険でも填補されない非現実的な治療との批判があり，外科医は正常な臓器の摘出を嫌うこと，一度摘除してしまえば回復できないこと，仮に犯罪者自身が手術に同意しても，それが真のインフォームドコンセント(説明と同意)になり得ないと考えられること(刑期短縮を条件に手術を承諾する場合がある)などの理由から，しだいに外科的去勢は性犯罪者の治療として求められることが少なくなってきた(Maletzky & Field, 2003)。

　代わって性犯罪者の精巣テストステロン分泌を薬剤によって抑制する試みが報告されるようになった(Miller, 1998; Bradford & Pawlak, 1993; Money, 1970)。薬剤によりテストステロン分泌を抑制する方法は抗アンドロゲン療法(化学的去勢)とも呼ばれ，今日では性犯罪者に対する医学的治療の主流にな

っている。現在，アメリカ合衆国の9州とノルウェーなどヨーロッパ数か国において，犯罪者への化学的去勢（一部外科的去勢）が法の下に行われている（Scott & Holmberg, 2003）。

2 薬剤と機序

(1) 抗アンドロゲン療法（図4-4）

前述のように，テストステロンは，性的空想，性欲，早朝勃起，自慰頻度，

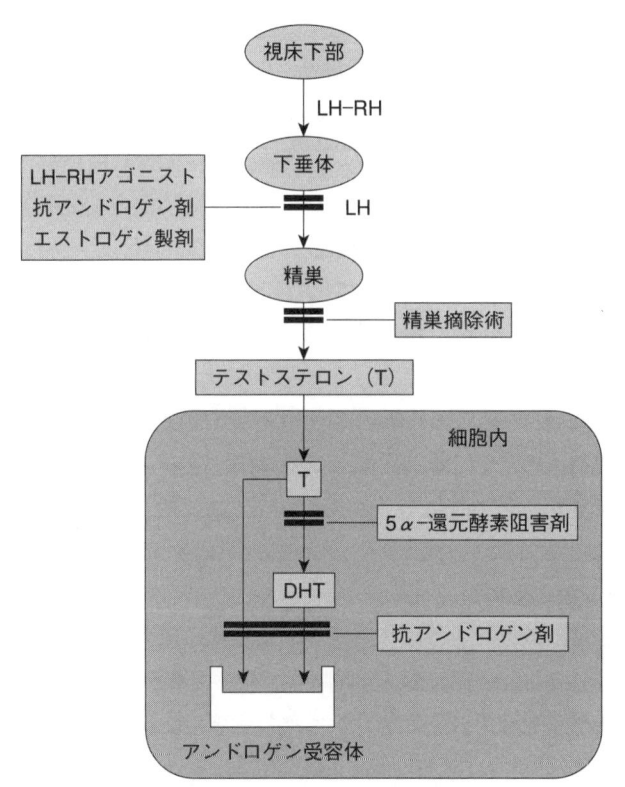

図4-4 抗アンドロゲン療法の作用機序

LH-RH：黄体化ホルモン放出ホルモン
LH：黄体化ホルモン
DHT：ジヒドロテストステロン

性的活動と強く結びついている。そのため，抗アンドロゲン療法によりテストステロン分泌を抑制すると，性機能障害，意欲の減弱などが現れる。

① 抗アンドロゲン剤（antiandrogen）

抗アンドロゲン剤は，標的器官において活性型アンドロゲンがアンドロゲン受容体に結合する機序を阻害または阻止する薬剤である。本邦には前立腺肥大症治療薬である酢酸クロルマジノン（chlormadinone acetate: CMA），アリルエストリール（allylestrenol: AE）などがある。いずれも黄体ホルモン作用があり，間脳・視床下部に存在するプロゲステロン受容体に結合してネガティブフィードバック的に作用し，LH（黄体化ホルモン）の放出を抑制して精巣でのテストステロン生合成を抑制し，その結果血清テストステロン濃度を低下させる。欧米では性犯罪者に対して，酢酸シプロテロン（cyproterone acetate: CPA）や酢酸メドロキシプロゲステロン（medroxyprogesterone acetate: MPA）が使用されている。ちなみにMPAは，日本では黄体ホルモン剤として婦人科領域で使用されている。

② LH-RHアゴニスト（LH-RH誘導体）

本邦には前立腺癌治療薬酢酸ゴセレリン（goserelin acetate）と前立腺癌・子宮内膜症・子宮筋腫・思春期早発症治療薬酢酸リュープロレリン（leuprorelin acetate）がある。LH-RH（黄体化ホルモン放出ホルモン）受容体に作用してLH分泌能を低下させるので，精巣でのテストステロン生合成を抑制し，その結果血清テストステロン濃度は低下する。欧米では性犯罪者に対してリュープロレリン注射剤やトリプトレリン注射剤（国内未承認薬）が使用されている。

③ エストロゲン製剤

間脳・視床下部に存在するエストロゲン受容体に結合してネガティブフィードバック的に作用し，LHの放出を抑制して精巣でのテストステロン生合成を抑制し，その結果血清テストステロン濃度は低下する。1940～1950年代には性犯罪者に使用されていた（Golla & Hodge, 1949; Whittaker, 1959）が，悪心嘔吐，血栓症，肝機能障害，女性化乳房，身体の女性化などの副作用のため，近年では性犯罪者に対する治療目的での使用はない。

第4節 ● 医学的治療

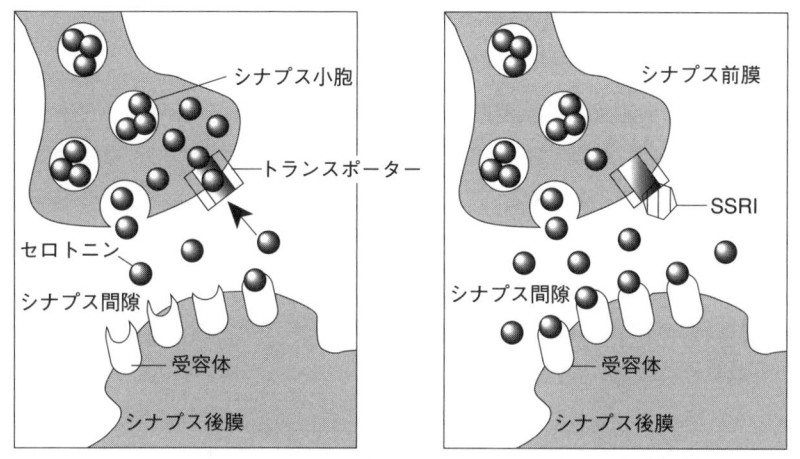

図4-5 選択的セロトニン再取り込み阻害剤（SSRI）の作用機序

(2) 選択的セロトニン再取り込み阻害剤（selective serotonin reuptake inhibitor: SSRI）（図4-5）

シナプス前膜より放出されたセロトニンは，シナプス後膜の受容体に結合しなければ，その一部が酵素で分解され，残りは速やかにトランスポーターからシナプス前ニューロン終末へ再取り込みが行われる。選択的セロトニン再取り込み阻害剤は，このトランスポーターからの再取り込みを阻害するので，その結果シナプス間隙のセロトニン量が増加することになる。セロトニンは気分に関連の深い神経伝達物質であり，SSRIはうつ病だけでなく，自信喪失，失敗恐怖，楽しいという経験の喪失といった症状にも効果を示す。

3 性犯罪者に対する薬物療法の成績

(1) 抗アンドロゲン剤

現在，性犯罪者の治療として標準的に行われている方法が抗アンドロゲン療法であり，カナダやヨーロッパでは酢酸シプロテロン（CPA），アメリカ合衆国では酢酸メドロキシプロゲステロン（MPA）が使用されている。

フェデロフら（Federoff et al., 1992）は，46人の性犯罪者のうち，精神療法（薬物を用いた薬物療法や身体に物理的に働きかける身体療法などに対し，治

療者が心理的な手段を用いて患者の心身に働きかけることによって行う治療)のみを行った19人と精神療法にMPA併用を行った27人を比較検討し,前者の再犯率が68%,MPA併用群の再犯率が15%だったことを報告した。また,メイヤーら(Meyer et al., 1992)も同様に,61人の性犯罪者を精神療法のみの21人と精神療法にMPA併用を行った40人で比較検討し,MPA治療中の再犯率が18%,MPA治療中止後の再犯率が35%,精神療法のみの再犯率は58%だったことを報告した。一方,CPAの治療成績でも再犯率は0～33%と良好な効果がみられており(Rosler & Witzum, 2000),MPAとCPAの比較においても,性的空想や性的衝動,自慰や勃起の頻度を減少させる効果に差はなかったことが報告されている(Cooper et al., 1992)。このように抗アンドロゲン剤は犯罪者の再犯防止という面からはかなりの効果が期待できるが,内服剤であるため自己中止などの脱落例が多いことが課題である(血液検査でテストステロン濃度が低値であれば服薬が守られていることになる)。また,体重増加,うつ傾向,高血糖,ほてり,頭痛,高血圧,胃腸障害,女性化乳房,肝機能障害,血栓症,心血管障害などの副作用があり,治療中は厳重な注意が必要になる。とくに肝機能障害者には使用禁忌である。

(2) LH-RHアゴニスト

まだ,標準の治療法として確立したわけではないが,LH-RHアゴニストが性犯罪者にも使用されている。CPAとの比較では,CPAが性的活動をより減少させ,LH-RHアゴニストが性的空想をより減少させるという若干の違いが指摘されている(Briken, 2002)が,CPAやMPAと同様に犯罪者の性的衝動や再犯を減少させる(Krueger & Kaplan, 2001)。なかにはCPAやMPAの前治療で十分な効果が得られず,LH-RHアゴニストに変更して治療が奏効した例も報告されている(Cooper & Cernowsky, 1994; Briken et al., 2001; Krueger & Kaplan, 2001)。

CPAやMPAに比べ重篤な副作用がないこと(長期になると骨粗鬆症)と1か月または3か月毎の注射剤であるため,治療の継続とその把握ができやすいことが特長であり(血清テストステロン濃度測定が効果のモニターになる),今後はLH-RHアゴニストが抗アンドロゲン療法の第一選択薬になると思われ

る。

(3) 選択的セロトニン再取り込み阻害剤（SSRI）

1990年代初めより，SSRIは性犯罪と関連の深い医学的疾患パラフィリア（性嗜好異常）の治療にも使用されるようになり，逸脱した性的空想，性的欲求，自慰回数，または性的行動を減少させることが明らかになってきた（Federoff, 1993; Kafka, 1991; Bradford & Greenberg, 1996; Gijs & Gooren, 1996)。ヒルら（Hill et al., 2003）は，14人の男性パラフィリア（小児性愛8人，性的サドマゾヒズム4人，露出症3人，フェティシズム2人，症状重複者あり）にSSRIによる治療を行った結果，逸脱した性的空想をともなった自慰回数が減少し（図4-6），さらに，性機能に関する副作用（性欲減退11人，勃起障害6人，射精遅延6人）が出現したにもかかわらず，ほとんどの例が治療効果に大きな満足を示したことを報告した。また，グリーンベルグら（Greenberg et al., 1996）は，パラフィリア199例を精神療法のみを行った群と精神療法にSSRI併用を行った群に分けて比較検討した結果，治療によって前者はいくらかの症状改善がみられたが，後者では有意に症状が減少したことを報告した。このような良好な治療効果に合わせて，副作用（不眠，悪心，食欲不振，肝障害など）がさほど重篤でないことも，SSRIが最近広く使用されている理由であるが，反面，服用遵守をモニターすることが難しいことや再犯防

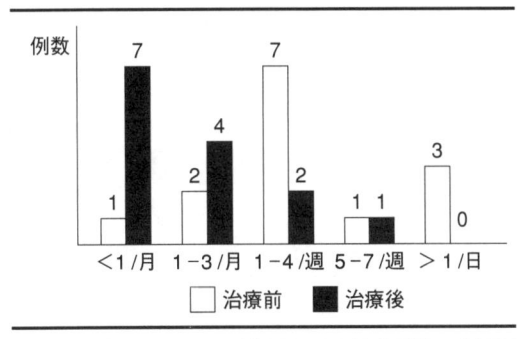

図4-6 パラフィリアに対するSSRI治療前後の自慰回数の変化
（Hill et al., 2003を改変）

止の効果がCPAやMPAなどに比べ劣ることが指摘されている（Maletzky, 1991）。

なお，パラフィリア（性嗜好異常）は性的興奮のために尋常でないイメージが不可欠である病態であり，DSM-IV-TR（アメリカ精神医学会　精神疾患の診断・統計マニュアル）によれば，フェティシズム（生命のない対象物），性的マゾヒズム（辱め，または苦痛を受ける），服装倒錯的フェティシズム（異性の服装），露出症（見知らぬ人に性器を露出），窃触症（おさわり），小児性愛（思春期前の子供），性的サディズム（辱め，または苦痛を与える），窃視症（のぞき），特定不能（部分性愛，電話わいせつ，死体愛，糞便愛など）に分類されている。

(4) **治療アルゴリズム**

各種薬剤の治療報告をもとに，ヒルら（Hill et al., 2003）はパラフィリア（性嗜好異常）に対する薬物療法のアルゴリズムを提唱した（図4-7）。

まず，強烈で逸脱した性的空想，性的衝動をもち，性犯罪の危険性のあるパラフィリアをmild（軽度）と分類し，このグループに対しては精神療法とSSRI投与を行う。とくに，露出症やフェティシズムなど，それほど重篤では

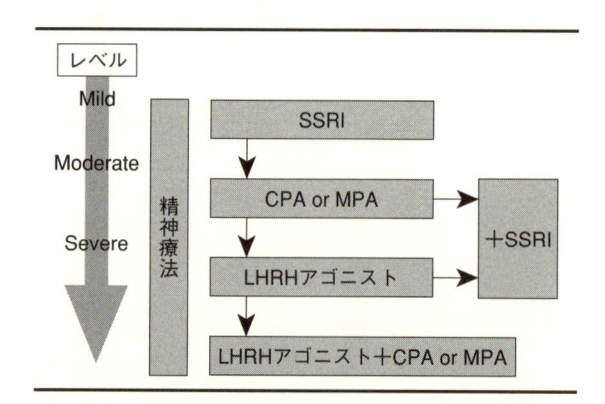

SSRI：選択的セロトニン再取り込み阻害剤
CPA：cyproterone acetate
MPA：medroxyprogesterone acetate

図4-7　薬物療法アルゴリズム（Hill et al., 2003を改変）

なく，また，不安，恐怖，抑うつ，強迫観念，罪悪感などの症状を併せ持つ例がよい対象になる．薬物治療の第一選択にSSRIを使用する理由として，このような症例のいくらかに対して効果が証明されていること，また，副作用が少なく，抗アンドロゲン剤のように性機能全般を抑制しないことがあげられている．

つぎに，前治療が不十分であった場合や，性犯罪の危険性がより高いと考えられる例をmoderate（中等度）と分類し，このグループに対しては精神療法とCPAまたはMPA投与を行う．とくに，よりいっそう衝動的，攻撃的な気質をもつ例や，小児性愛，性的サディズムなどのより重篤なパラフィリアが対象になる．通常は経口投与を行うが，用法用量が守られない場合は注射剤を使用する．副作用の懸念があるにもかかわらずCPAまたはMPAを抗アンドロゲン療法の第一選択とするのは，現時点でのパラフィリアに対する治療としてLH-RHアゴニストの使用経験が少ないことが理由としてあげられている．

以上の治療が不十分であった例をsevere（強度）と分類し，肝機能障害によりCPAまたはMPAの使用が禁忌である例，あるいは副作用により使用継続ができない例を含めて，このグループに対しては精神療法とLH-RHアゴニスト投与を行う．これは，SSRIやCPAまたはMPAによる前治療に失敗し，LH-RHアゴニストが効果的だった症例が，数は少ないが，報告されているからである．CPAまたはMPA，あるいはLH-RHアゴニスト単独で効果が不十分な場合は，SSRIの併用も考慮する．このとき注意すべきことは，とくに反社会的人格障害者や重篤な精神病者では，定期の血液検査で薬物の作用が示されていたとしても，蛋白同化ステロイド剤などを個人的に服用していることがあるので，SSRIを併用したLH-RHアゴニストでも治療効果が不十分と判断した場合は，CPAなどの併用をすることが必要であると警告している．

4 アメリカ合衆国における性犯罪者に対する去勢の実際

1996年，カリフォルニア州において性犯罪者に対する去勢を認める法案が可決された．「公共の安全」対「犯罪者の権利」という点で，物議を醸しているが，その後も8つの州で同様の法律が制定された．いずれも性犯罪者に対し，

表4-7 アメリカ合衆国における性犯罪者に対する去勢の実際
(Scott & Holmberg, 2003を改変)

州	被害者年齢（歳）	去勢方法	自由裁量・強制・自発的	費用負担
カリフォルニア	<13	C or S（自発的）	初犯：自由裁量 再犯：強制	州
フロリダ	不問	C or S（自発的）	初犯：自由裁量 再犯：強制	州
ジョージア	<17	C	自由裁量	カウンセリング料：犯罪者 MPA：不明
アイオワ	<13	C or S（自発的）	初犯（重い性犯罪）：自由裁量 再犯：強制	犯罪者（全額ではない）
ルイジアナ	<13 または再犯	C or S（自発的）	強制	犯罪者（全額）
モンタナ	<16（初犯） 不問（再犯）	C	初犯（被害者<16歳未満，加害者≧3歳年上の場合）：自由裁量 再犯：自由裁量	州
オレゴン	不問	C	強制（医学的禁忌がなく，適当と思われるすべての犯罪に対して）	犯罪者（全額）
テキサス	<17	S	自発的	州
ウィスコンシン	<15	C	自由裁量	不明示

去勢方法：化学的去勢（MPAまたは同種同効剤による抗アンドロゲン療法）＝C，外科的去勢＝S

　対象となる罪は州によって若干の違いがあるが，被害者年齢や初犯か再犯かなどの基準で，化学的去勢または外科的去勢を行うことを認めている（表4-7）。もし去勢に承諾しなければ，たとえばルイジアナ州では保護観察または仮出所の中止，モンタナ州では100年までの投獄が行われる。

　化学的去勢が行われる場合，アイオワ州，フロリダ州，オレゴン州ではインフォームドコンセント（説明と同意）の必要はないが，他の5州では副作用についてのインフォームドコンセントを行わなければならない。外科的去勢のみを行うテキサス州では，精神科医と心理学者のカウンセリングを受けた後，自由意志をもって書面での承諾が必要である。なお，去勢の責任について，ジョージア州，ルイジアナ州，テキサス州では医師の免責を明示しているが，他の

5州では具体的な記載はされていない（Scott & Holmberg, 2003）。

5 最後に

　性犯罪の原因は，生物学的・社会学的・心理学的といった各要因が輻輳しており，未だ明らかにされているわけではないが，医学的にはその多くがパラフィリアという精神疾患と関連が深く，したがって，薬物療法により異常な性衝動を抑制し，再犯を防止できる可能性がある。ある小児殺傷事件の犯人は，前歴に小児わいせつで逮捕歴があり，このとき小児性愛と診断されているが，医学的治療は受けていなかった（奈良新聞）。また，自殺サイト連続殺人事件の犯人（性的サディズムと診断）も，その前兆の傷害事件を起こした際，自ら去勢を求めて医療機関を受診しているが薬物療法は行われていなかった（大阪地方裁判所）。筆者は，性犯罪を犯すことを心配した過剰性欲の男性や窃視症の男性（2回逮捕歴あり）に薬物療法を行い，異常な性的衝動を抑制できた経験がある（池田・池田，2002，2009）。

　性犯罪再犯防止，とくに凶悪な犯罪へと発展することを抑止するために，医学的治療の積極的な活用を考慮すべきである。

Topics 14 — 性的殺人

『殺人・暴力犯罪辞典（Encyclopedia of murder and violent crime）』(Hickey, 2003) によれば，性的殺人（sexual homicide）とは，殺害に至る一連の出来事に性的な要素が認められるものと定義される。性的殺人の典型例として多くの人が想像する快楽殺人（Lust murderまたはerotophonophilia）は，この性的殺人の下位に二つある類型の一つであり，快楽殺人では，加害者が究極的性的満足に達するために，サディスティックに，残虐に被害者を殺害する。もう一つの類型では，強姦殺人など，性目的で接触するが，証拠隠滅のために殺害するものが該当する。性的殺人の犯行中に示される性的な意味や要素は，加害者が持つ性的ファンタジーを現実世界で実行した痕跡であり，個々の加害者にとって独自のものである。また，それは殺害行為の前，最中，後のいずれでも生じうる。加害者は，日常生活で頻繁に性的ファンタジーによるマスターベーションを繰り返していることから，犯行は計画的，連続的になりやすいと言われている。

性的殺人の例としては，女性の死体が全裸で性的なポーズをとらされたものなど，イメージしやすい典型例がある。しかし，性的な要素が認められないにもかかわらず，性的な動機に基づいて殺人が行われる場合があることが先行研究で指摘されている。そうした事例の場合は，加害者が性的動機に関する供述をしない限り性的な要素を確認することは困難で，把握が難しい。一方，性的な要素が認められる事件の多くで，殺人自体が性的な動機ではなく，被害者の抵抗抑圧や，被害者を殺害することによる証拠隠滅を動機として行われており，それを性的殺人の定義に含まないとする研究者もいる。こうした性的殺人の研究が直面する問題として，シュレジンガー（Schlesinger, 2004）は次の6点を指摘している。①広く合意のある定義がない，②性的殺人に見える事件の多くが，実際には性的に動機づけられていない，③性的殺人の多くは，外見的には性的に見えない，④性的殺人と性的行動と結びついた殺人との区別は曖昧な場合が多い，⑤国の犯罪統計に分類が存在しない，⑥不完全で不正確な生育歴の情報と学際的協力の欠如など実践上の障害があたりまえに存在する。これらの問題点は，性的殺人の全体像の把握やそれぞれの研究で得られた知見の統合の弊害になる。しかし，性的殺人のうち把握しやすいタイプのものについては，多くの研究の蓄積がある。

性的殺人の研究で有名なものはFBIのレスラーら（Ressler et al., 1988）が行ったもので，36人の性的殺人犯に対する面接調査と彼らに関する各種の記録調査の手法を用いて，性的殺人犯の分類や動機づけモデルを検討したものである。FBIが定義した性的殺人は，「証拠あるいは観察によって性的な要素を本質的に含むことが明らかな殺人」であり，具体的には，被害者が特別な服装をさせられている，着衣がない，性器部分が露出している，性的なポーズをとらされている，性交渉（口腔性交，肛門性交，性器性交）の形跡がある，異物挿入などの性的代償行為，性的関心やサディスティックな空想の痕跡が認められるもの，とされている。この基準に該当した36人の性的殺人犯の研究から，犯行特徴と犯人特徴とが関連した形で見いだされた

「秩序型」,「無秩序型」の2類型が提唱されている。秩序型の犯人は平均以上の知能を持ち，行動範囲が広く，社会性のある一見社会適応がよいタイプで，その犯行は計画的で，意図的に選択した被害者を巧みに支配して殺害し，凶器や証拠を現場に残さず，死体を移動させたり遺棄したりする。無秩序型の犯人は，平均以下の知能を有し，社会性は未熟で，熟練を要しない仕事に就いており，状況的なストレスの影響で犯行に及ぶタイプで，その犯行は拠点に近い範囲で既知の人間を対象に衝動的に行われ，犯行現場は乱雑で，死体や凶器をそのまま残していく。この類型は，性的殺人事件の犯人像を推定するための重要な枠組みとなっているが，実際には一つの事件が双方の特徴を有することも多く，実証的な類型ではないという批判もある。

国内における性的殺人の研究例には，岩見ら（2003）の報告がある。岩見らは，犯行時に性的な動機，あるいは性的な行為が認められた殺人（未遂を含む）を性的殺人と定義し，1989年から2003年4月までの間の検挙人員に占める性的殺人犯の割合は0.6%（87人）にすぎず，日本においては性的殺人は稀であることを示している。主犯83人でみた性的殺人事件の特徴としては，夜間（80.7%），屋内（67.5%），絞殺・扼殺（69.9%），車両利用（56.6%），犯行用具をあらかじめ準備する（48.2%）などがあげられ，典型的な犯人像としては，男性（98.8%），単独犯（95.2%），有職者（62.7%），指定犯罪（殺人，強盗，放火，誘拐，恐喝，窃盗，詐欺，性的犯罪）の経歴あり（49.4%），平均年齢35歳であり，居住地と同一市町村（63.9%）などのよく知った場所で（92.8%），面識のない（66.3%）被害者を対象とする場合が多いと報告されている。また，犯行形態を，①偽計による強盗・死後行為群，②侵入強盗・証拠隠滅群，③屋内犯行・死体偽装群，④偽計による屋外犯行・死体遺棄群の4つに分類し，この類型別で犯人のタイプの分布に違いがあることを見いだしている。

〈文献〉

Hickey, E. (eds.) 2003 *Encyclopedia of murder and violent crimes*. Thousand Oaks, CA: Sage.

岩見広一・横田賀英子・渡邉和美　2003　性的な殺人の犯行形態及び犯人特徴　日本鑑識科学技術学会誌, **8**（別冊号），157.

Ressler, R. K., Burgess, A. W., & Douglas, J. E. 1988 *Sexual homicide: Patterns and motives*. NY: Lexington Books.

Schlesinger, L. B. 2004 *Sexual murder: Catathymic and compulsive homicides*. Boca Raton: CRC Press.

第4章 ● 性犯罪の加害者

Topics 15　犯罪者プロファイリング

　性犯罪を犯罪心理学的な観点からとらえる際、「犯罪者プロファイリング」の知見は大いに役立つ。「犯罪者プロファイリング」は、実際の性的犯罪の分析に用いることで、この手法は大きく進展しているのである。それら研究成果や事例については、各節にて紹介されているので、ここでは歴史的な背景や現状について、簡単に述べてみたい（渡邉ら、2006）。

　そもそも、「プロファイリング（profiling）」とは、「プロフィールを作成すること」を指す言葉である。アメリカ合衆国連邦捜査局（Federal Bureau of Investigation、以下「FBI」と表記する）が、1970年代後半から行動科学を用いた新たな手法の開発に着手し、その手法に、「プロファイリング」という名称を用いたのが始まりである。以来、犯罪捜査において事件の情報分析から可能性の高い犯人像を導き出す手法をさすようになったのである。当初、FBIによる「犯罪者プロファイリング」の定義は、「犯行の分析に基づいて被疑者の性格特徴や行動特性を特定する手法」であったが、その後はより広義に「犯行の諸側面から犯人についての推論を行うこと」と定義している。

　FBIの手法は、36名の性的な連続殺人犯との綿密な面接から得られた分類を使用し、精神医学的見地から犯人像を描写していくものである。主な分類は、「秩序型（Organized）（計画的な犯行であり、犯行現場を統制し手がかりを残さず、面識のない被害者を襲う）」、「無秩序型（Disorganized）（無計画であり、行き当たりばったりの行動を見せる）」、「混合型（mixed）（前記2型の双方の特徴を持つ）」である。直感的で単純な分類ではあるが、これらを枠組みとし、プロファイラーの経験的知識を加味しながら犯人の特徴を提供するのがFBIの手法である。なお、41名の連続強姦犯との面接から得られた強姦犯の動機に基づく分類（「パワー確認型」、「パワー主張型」、「怒り報復型」、「怒り興奮型」）も、その後提案されている。

　一方、リバプール大学の環境心理学者カンター（Canter, D.）は、連続発生事件における警察捜査に対し、心理学者が心理学の理論をもって、いかに支援できるかを主眼とした犯罪者プロファイリングの研究をすすめている。彼は、1985年にロンドン警視庁から相談された連続強姦事件の分析以後、多変量解析などの統計手法を用いた手法を提唱する。たとえばこの連続強姦事件の分析では、警察が同一犯の犯行と考えた約30件の事件データから、犯人の行動に関する約100項目の変数を抽出し、統計手法にて、同一犯の犯行か否か、どの犯行が同一犯によるものか、犯行はエスカレートするかなどについて言及している。そして、それらの結果と後に検挙された容疑者の特質などとを照合したところ、捜査支援に効果的であったことが報告されている。以後、彼ら研究グループは、強姦事件251件（45人）の記録を解析して、強姦事件の中心的な行動群とは区別される「親密性」「暴力性」「性愛性」「犯罪性」「非人間性」という5つの犯行テーマを抽出している。カンターらは、これら各テーマから見出された犯人像を用いることによって、分析対象となる事件に対し効果的な捜査支援が可能となる、と提案する。

また，連続犯の生活拠点を地図情報にて割り出す「地理的プロファイリング」においても，性犯罪の分析は効果的であると考えられる。テキサス大学の犯罪学者キム・ロスモ (Rossmo, D. K.) は，犯罪地理探索 (CGT: Criminal Geographic Targeting) モデルを提唱し，コンピュータ・ソフト「Rigel (ライジェル，もしくはリゲル)」を開発した。このソフトは，犯人の活動拠点（犯人居住確率図）をランク付けし，3次元等高線地図（多色グラデーション）にて表示するものである。1984年から1995年にかけ，アメリカ，ルイジアナ州ラファイエット市にて発生していた14件の侵入強姦「サウスサイド強姦魔事件」に対しこのソフトを使用し，これまで考慮されていなかった地区が浮上，結果的に犯人割り出しに大きく寄与している。

日本における初めての犯罪者プロファイリング研究は幼少児誘拐・わいせつ事件に対するものであった。この研究は，1989年8月から1990年12月までの間に検挙に至った幼少児対象のわいせつ目的誘拐事件57件と，1990年に発生・検挙された幼少時対象わいせつ事件213件をもとに，犯罪者プロファイリングのための基礎的分析として行われている。その結果から，たとえば加害者の乗り物使用の有無とおおよその年齢がわかると，犯人像推定が効率的になるということが明らかとなっている。すなわち，自動車を使用する犯人は「20歳以上で，精神障害者は少なく，妻子持ちが多く，有職者で経済的にも中流である」のに対し，自転車を使用する犯人は「半数が少年」であり，また中年以降の自転車使用者の半数は「精神的な障害を有する者」であった。また，徒歩により犯罪を行う犯人は「全体の半数を占めるが，中年以降の者にはアルコール問題を持つ者が多い」ことも明らかにしている。

なお，日本ではここ数年の関連学会にて，「犯罪者プロファイリング」に関する討議が，盛んに行われている。たとえば，2006年の日本犯罪心理学会の大会ラウンドテーブルや日本心理学会の大会ワークショップでは，これまでの研究知見と実践の成果を見直し，科学として今後の犯罪捜査にいかに関わっていけるかが討議された。また，翌2007年の日本心理学会の大会では，被疑者の居住地などを含む生活圏などを推定する手法である「地理的プロファイリング」に関する専門的なワークショップもスタートしている。

性犯罪を犯罪心理学的な観点からとらえる際，その知見が役に立つ「犯罪者プロファイリング」は，今後の進展が大いに期待される手法といえよう。

〈文献〉
岩見広一・横井幸久・小城英子　2007　ワークショップ　行動科学と情報分析による犯罪捜査支援―地理的プロファイリングの実際と未来―　日本心理学会第71回大会発表論文集，W2.
桐生正幸・岩見広一・横田賀英子　2006　ラウンドテーブル　捜査心理学―犯罪科学の新しい波―　犯罪心理学研究，**44**（特別号），225-233
日本応用心理学会（編）　2007　応用心理学事典　丸善
渡邉和美・高村　茂・桐生正幸　2006　犯罪者プロファイリング入門―行動科学と情報分析からの多様なアプローチ―　北大路書房

Topics 16　児童ポルノ

児童ポルノは，「児童買春，児童ポルノに係る行為等の処罰及び児童の保護等に関する法律」の第2条において定義されている。これを要約すると，18歳に満たない子どもを被写体として，性交または性交類似行為を行わせて，視覚的に認識できる方法により描写したものをさす。児童ポルノの媒体は，写真，雑誌，DVDなどの有形のものから，電子ファイル化されたものやインターネット画像として配信されるものまで幅広く，今後さらに蔓延する可能性がある。

児童ポルノの最大の問題は，心身が未発達で正しい性的知識を持たない子どもが，被害者として存在することである。このような未発達の子どもに対する児童ポルノは，子どもに対する性的虐待でもある。これは性的搾取および性的虐待から児童を保護することを定めた，「子どもの権利条約」第34条に抵触する重要な問題である。しかし，法律や条約に抵触するということではなく，児童の健全育成や被害児童のトラウマを考えると，見過ごすことができない問題である。

また，インターネット社会が子どもの健全な成長に与える影響を調査している警察庁の「バーチャル社会のもたらす弊害から子どもを守る研究会」(http://www.npa.go.jp/safetylife/syonen29/finalreport.pdf) は，大手のサイト書店のサンプル調査 (2006年11月) の結果、販売された成人向けコミック約9,000点の3割が子どもを性行為の対象としていると推測している。コミックであるため，そこに実際の子どもが被写体になることがなく違法ではないが，バーチャルな世界を現実と混同したり，子どもに対する性行動への動機になったりする可能性も指摘できる。対面で購入して児童ポルノへの嗜好性を直接的に判断される可能性がないことから，インターネットでの購入はさらに進んでいくと予想される。

児童ポルノは，その被写体となる被害児童の虐待であることを認識しなければならない。そして，何よりもその保護と心身両面にわたるケアが必要となる。また，児童ポルノを販売することで不当な利益を得ている者の摘発，児童ポルノを視聴する者の矯正教育が必要である。ローレンツが示したように，動物にはベビーフェイスを見ると攻撃行動が収まり，それを慈しむ行動が見られる。子どもを愛し慈しむことは人間として正当な行為である。それが，児童ポルノとして形を変えていることに対し，早期教育段階からの指導，簡単に入手できる環境の是正，認知行動療法を含めた矯正教育にも期待したい。

Topics 17　　発達障がいと性犯罪

最近，性非行や性犯罪をおかした子どもの中にアスペルガー障がいが疑われる例が散見される。以下は中学2年の男児の例である。

Aは，白昼，自宅近くのスーパーの駐車場で小学校2年の女児にいたずらをして補導された。警察で事情を聞くうちに，わるびれることなく10回近く女児への強制わいせつ行為を繰り返していたことを話した。

事件を知った父親は高校受験への影響だけを気にかけて動揺し，母親はただただ怒り狂うばかりであった。Aは児童相談所に通告されて一時保護となり，筆者が面接を行った。

〈インタビュー要旨（カッコ内は筆者）〉

（相手が次々変わるのはどうして？）断られるからです。（乱暴なことはしなかった？）はい。ものとかゲームなんかをあげるといったら，だいたいついてきましたね。（嫌がられたら？）諦めました。（誘った子はみんな好きなタイプだったの？）はい，好きですね。（とくに誰が好き？）そうですねぇ，B子ですね。（どこが好き？）ついてきますから。（ほかの子は？）みんな好きですね。（小さい子じゃなく，同級生に好きな子はいないの？）います。（告白したの？）相手にされませんでした。（キミはもてないの？）もてませんね。キモイとか言われて。（誰から？）女子とかに。（男子は？）男子も言いますね。（友達はいる？）います。学校にたくさん。（友達はキモイなんて言わない？）いいますよ。（嫌じゃない？）嫌ですね。（友たちとは，どんな話をするの？）別に，話はしません。（学校じゃあ誰と話をするの？）誰とも，とくに。

（いま，どんなことに興味もってる？）女の子に興味があります。（女の子のどういうところ？）どうなってるのか，と。（どういう意味かな？）性器です。（知ってるの？）習いましたから。（習ったら見たくなった？）はい，見たくなりました。（それで？）触りたくなりました。（それで？）はい。キスしたり，指入れたりしました。（それも，知りたかったから？）そうしたくなりました。（それで？）気持ちよかったです。（また，経験してみたい？）いいえ。もうしません。（もっと知りたくなったときは？）さあ，わかりませんね。（いたずらしているとき，固くなる？）はい。（興奮して気持ちがいい？）はい。（いまでも，思い出したりする？）わかりません。（グラビア写真は持ってる？）いいえ。（見たことは？）あります。（欲しいと思う？）はい，欲しいです。（それを使ってマスターベーションする？）しませんね。自分のものは触りたくありません，男のものは。（それ，どういうこと？）気持ち悪いですね。

（これからのことだけど，どうしたい？）早く家に帰りたいです。（帰って何を？）学校に行きたいです。（今度みたいなこと，したくなったら？）しないように努力します。（どんな努力かな？）お母さんに相談します。（どんなことを？）わるいことをしないように。（男の子の性のこととか，お母さんが知ってるかな？）わかりません。（小さい子は，近所にいっぱいいるよね）はい。（誘いたくなるかもね？）はい，そうですね。でも我慢します。（どうやって？）わかりません。（グラビア写真見て，それで満足する方法を知りたくない？）わかりません。

199

不自然なほど落ち着き，丁寧な言葉で受け答えをする。質問にはまじめに淡々と答えるが，返答はすべて短い。ウソ・ごまかし・居直りなどはない。対象女児への恋愛感情はなく，身体局所への興味が大きい。相手が抱いたはずの恐怖や不快感には，まったく思いが至らない。自分の羞恥心や罪悪感についても語られることはない。

一般に性情報は同性集団との交わりによって修正され標準的な性知識となるが，Aのは性情報イコール性知識である。また，Aはオシャレ・恋愛のうわさ話・スポーツ等には無関心で，同級生から疎んぜられいじめもあったようだが本人にはそういう意識はない（学校のトイレで恥ずかしい行為を強要されているところを目撃したという他生徒の証言もあった）。以上，Aの関心は性知識に集中していて，そこには社会通念として持つべき性への"わきまえ"（藤川ら，2002）が欠如している。

そのほか，Aには日常的に朝起きて出かけるまでの手順とか時間的なことに強いこだわりがあり，それは幼児の誘い方やわいせつ行為をした場所がほとんど同じであるといった強迫性と似通っている。なお，成績は中位で知的な障がいは認めない。

こういった例を「理解しがたい子どもによる特異な問題」ですますことなく，アスペルガー障がいと診断することがとても重要である。なぜなら，その特徴をふまえて性の一般通念，相手の意思や感情，氾濫する情報への現実検討等々をプログラムにのせて支援することが，その予後を大きく左右するからである。過剰な診断は慎しむべきだが，発達障がいを念頭に置く心構えはいつも持っておくべきであろう。

〈文献〉
藤川洋子・梅下節瑠・六浦祐樹　2002　性非行に見るアスペルガー障害―家庭裁判所調査官の立場から―　児童青年精神医学とその領域，**43**(3)，280-289.

Topics 18　フェティシズム

　フェティシズム（fetishism，表1）とは，性的興奮を得るために生命のない対象物（"フェティッシュ"）を必要としたり，強烈に好む病態で，パラフィリア（paraphilia，性嗜好異常）の一つである（表2）。フェティッシュとしては，女性のパンティー，ブラジャー，ストッキング，靴，ブーツなどが多く，革，ゴム，エナメルなどの素材が対象になることもある。フェティシズムの人は，これらの対象物を手に持ったり，体にこすりつけたり，身にまとったり，臭いをかいだりしながら自慰を行い，また性行為のときに相手にその対象物を身につけるように要求することがある。なかには，その刺激に常に接触できるような職業を選ぶこともあり（例：女性の靴や下着を売ること），自分の欲求を行動化できるような同意する相手をもたない人は，commercial sex worker（性産業従事者）にお金を払ってサービスを受ける場合もある。なお，たとえば膝などの通常は性的興奮に結びつかない人体の一部への性嗜好は部分性愛（partialism）と呼ばれ，フェティシズムとは区別されている。

　フェティシズムは多くの場合，個人的に完結する性行動であり，本人に違和感がない限り医療機関を受診することは稀であるが，その異常な性行動を他の人達が恥ずべきものとか嫌悪すべきものと思った場合や，その人の性の相手が異常な性嗜好に協力するのを拒絶した場合には，社会的関係や性的関係に問題が生ずる。針間（2000）は，「妻の意に反し性交時に布団の上で妻に靴を履かせることを強要したことは，婚姻を継続しがたい重大な事由である」と認めた判例を紹介している。

　フェティシズムの人は，対象物を収集することが多く，いわゆる「下着ドロ」や「上履きドロ」などの窃盗行為につながることがある。フェティシズムは通常青年期に始まり，いったんフェティシズムが完成すると慢性化する傾向があるので，このような場合には，医療機関受診をすすめることも必要である。

表1　フェティシズムの診断基準（DSM-IV-TR）

A. 少なくとも6か月間にわたり，生命のない対象物（例：女性の下着）の使用に関する，強烈な性的に興奮する空想，性的衝動，または行動が反復する。
B. その空想，性的衝動，または行動が臨床的に著しい苦痛，または社会的，職業的または他の重要な領域における機能の障害を引き起こしている。
C. フェティシズムの対象物は，（服装倒錯的フェティシズムにおけるような）女装に用いられる女性の着用品，または性的感覚刺激を目的として作られた道具（例：バイブレーター）のみに限定されていない。

表2 性嗜好異常（DSM-IV-TR）

露出症 Exhibitionism（性器の露出）
フェティシズム Fetishism（生命のない対象物の使用）
窃触症 Frotteurism（同意していない人に触ったり体をこすりつけたりすること）
小児性愛 Pedophilia（思春期前の小児に対する関心）
性的マゾヒズム Sexual Masochism（辱めまたは苦痛を受ける）
性的サディズム Sexual Sadism（辱めまたは苦痛を与える）
服装倒錯的フェティシズム Transvestic Fetishism（異性の服装をする）
窃視症 Voyeurism（性的活動を見る）
特定不能の性嗜好異常 Paraphilia Not Otherwise Specified
　例：電話わいせつ（電話をしてみだらなことを言う），死体愛（死体）
　　　部分愛（身体の一部だけに関心が集中する），獣愛（動物）
　　　糞便愛（大便），浣腸愛（浣腸），小便愛（小便）など

〈文献〉

American Psychiatric Association　2000　*Diagnosis and Statistical Manual of Mental Disorders*（*4th ed.*）*Text Revision.* Washington, DC. 高橋三郎・大野　裕・染矢俊幸（訳）2004　DSM-IV-TR　精神疾患の診断・統計マニュアル　医学書院

針間克己　2000　夫婦性生活の義務と権利　日本性科学会雑誌，**18**，91-92.

第5章
性犯罪の発生と再発の抑止に向けて

第1節
研究成果の応用
（地域防犯，教育場面への応用）

性犯罪に関する研究成果を，現実社会に還元することの意義は重要である。本節では，性犯罪を未然に防ぐことに主眼をおき，地域防犯と教育場面について研究成果がどのようにかかわれるか，その可能性について論述してみたい。

1 防犯への応用

(1) 地域防犯の現在

現在の地域防犯活動は，自治会などボランティアが，そのエリアの街頭犯罪（具体的には侵入窃盗，ひったくり，器物損壊など）を予防しながら小学生を犯罪から守る，という目的で進展してきている。この活動の効果は，屋外における児童被害の予防が主となり，屋内での被害も多い性犯罪を網羅的におさえているとはいいがたい。この性犯罪研究と地域防犯活動との関連を述べる前に，まずこの活動について若干の説明を行う。

学校や地域におけるボランティア活動が全国的に活発となったのは，2001年に発生した大阪教育大学附属池田小学校における児童等殺傷事件などが契機となっている（岡本・桐生，2006）。以後，地域における防犯活動は，登下校時のパトロールなど，ある程度の方法や手順は行政や警察から示されてきたものの，その地域のボランティア・メンバーの特性や地域性を踏まえながら行われてきた（安全安心まちづくり研究会，2001）。2004年に奈良県で女児誘拐殺害

事件が，また，2005年には広島県と栃木県にて女児誘拐殺人事件などが相次いで発生し，自治体は「安全・安心まちづくり」運動の一環として防犯パトロール活動を全面的に支援することとなる（桐生，2009）。

実はこれら動向は，環境犯罪学を基本とした「まちづくり」「環境設計」に準拠する。警察庁が示した「安全・安心まちづくり推進要綱」には下記のよう記されている（小出・樋村，2003）。

第1 「安全・安心まちづくり」の意義

「安全・安心まちづくり」とは，道路，公園等の公共施設や住居の構造，設備，配置等について，犯罪防止に配慮した環境設計を行うことにより，犯罪被害に遭いにくいまちづくりを推進し，もって，国民が安全に，安心して暮らせる地域社会とするための取組みのことをいう。

これらは，各種社会のインフラの整備を伴うこと，地域住民が日常利用する空間における安全対策であること等から，警察のみでその推進を行えるものではなく，自治体関係部局はもとより，防犯協会，ボランティア，地域住民等と問題意識を共有し，その理解を得て，推進することが必要である。

この要綱は，たとえば米国などで1970年代から試みられている「環境設計による犯罪予防（Crime Prevention Through Environmental Design: CPTED）」（Crowe, 1991; Lab, 2004）といった「犯罪環境論的研究」を背景にしていると考えられる。このCPTEDの概念を示したといわれるジェフェリー（Jeffery, C. R.）は，①監視の強化，②部外者の行動規制，③住民による防犯活動の援助，④防犯意識の啓発，を具体的な対策としてあげている。また，同種研究を行ったクラーク（Clarke, R. V.）は，環境操作による犯罪抑止により注目すべきとの「状況的犯罪予防論」を提案し，その基本原則として，①犯罪予防の目的は犯罪者の機会を減少させることにある，②犯罪予防の対象は具体的な特定の犯罪形態である，③犯罪予防の方法は，犯罪者の更生や環境の一般的な改善ではなく犯罪発生の可能性がある環境に直接はたらきかけ，管理，設計および操作することをいう，④犯罪予防の重点は犯罪の際の労力とリスクを増大させ，犯罪から得ることができる利益を減少させることにある，をあげている。近年の

日本における地域防犯活動は，空間的な環境を改善し，住民の目を増やすことを，まず第1の目的として進められてきた。また，その地域防犯活動は犯罪者に直接働きかけることなしに推進されてきた[注1]。

(2) 環境設計から加害者行動への対策シフト

さて，2007年10月16日，兵庫県加古川市にて小学2年生の女児（7歳）が，自宅前で刺殺されるという事件が発生した。この事件は，子どもの防犯対策に取り組む地域の防犯ボランティアに，大きな衝撃を与えたといわれる。

この地域は，防犯活動に非常に熱心なところであり，2005年の春から子どもを守るためのパトロールを開始している。パトロールは，下校時の午後2時半から4時と午後7時から8時に行われており，午後6時台は夕食時にもあたることからはずされていた。女児が被害にあったのは，小学校から下校後に広場で遊び帰宅した午後6時であり，パトロールの間隙をついたものとなった[注2]。

現在の地域ボランティアによる防犯活動には，当然のことながら限界がある。帰宅後に襲われた今回のようなケースは，その限界を具体的に示した事件と考えられよう。たしかに，地域ボランティアの防犯活動は多発する街頭犯罪，たとえば「ひったくり」や「自転車盗」など機会性の高い犯罪，子どもに対する声かけなどを抑止する効果がある。しかしながら，「特定の犯罪者」に対しては，むしろ防犯活動が活発な地域や箇所，時間帯から，彼らを追い出す悪影響，すなわち犯罪の「転移（displacement）」（Lab, 2004）のような影響をもたらすリスクも有する。安全と思われた箇所，パトロールが実施されていない時間

注1　日本の防犯活動に関する具体的な研究や実践の紹介は，安全安心まちづくり研究会「安全・安心まちづくりハンドブック」(2001)，「地域の防犯」(竹花，2007) などに詳しく述べられている。前著では，都市工学の観点からの手法や事例が紹介されている。後著では，都市工学系の研究者に加え，環境心理学や犯罪心理学の心理学者も執筆者となっており，物理的環境からの研究，実践アプローチと心理的空間からの提言的なアプローチが，バランス良く記載されているのが特徴といえる。
注2　本事件の発生直後に，著者は加古川市を含む東播磨地区の「安全・安心まちづくりシンポジウム (2007.10.19, 稲美町役場)」へ，基調講演者として参加した。このとき，加古川市にて防犯ボランティアをなさっている方々のお話をお聞きし，そのご苦労を肌で実感したところである。当時の様子についての新聞記事などは，「平成20年度関西国際大学，現代GP『安心・安全まちづくり』報告書（文部科学省現代GP採択事業：大学，住民及び行政等の協働と地域活性化「安心・安全まちづくり」プロジェクト）」（桐生，2009）にて知ることができる。

帯に行われた今回の犯行は、そのリスクが示された事件ではなかっただろうか。
　以上より、犯罪者を直接的に対象としなかったこれまでの地域防犯活動に、彼らの行動特性を十分にふまえた対策が必要になったと考えられる。とくに性犯罪被害については、研究成果が重要な指標として期待できるであろう。

(3) 子どもが被害に遭う性犯罪の実状

　子どもの性犯罪の被害については、第2章第3節、第3章第1節にて述べられているとおりである。その傾向は、たとえば被害者数は1999年の4,515人から2003年には7,789人と、1.7倍に急増している（岡本・桐生、2006）。また、子どもを対象とした性犯罪者の再犯率も低くない（本書Topics 13「電話相談における性の悩みと子どもの犯罪被害」を参照）。
　具体的な被害状況としてはどのようなものがあるだろうか。まず、幼稚園や保育所の保護者に対して行った調査票による回答結果（桐生、2005）では、子どもが実際に出会った犯罪や危険な経験について質問をしたところ、10％の親が自分の子どもに犯罪などの被害経験があったと回答している。最も多かったのは「声をかけられた」や「つきまとわれた」であったが、次に多かったのは、「性的な動機による」と思われる行為の被害であった。具体的な内容としては、「子どもだけで数人が遊んでいた公園で、男性が性器を露出して見せた」、「自宅アパートのエレベーターで急に抱きつかれた」などがあった。
　筆者が犯罪捜査などでかかわった事案としては次のようなものがある（事件が特定できないよう一部修正を行っている）。

【事例1】集合住宅内にある公園で遊んでいた未就学の女児が、夕方、公園沿いの道路に駐車していた50歳代男性から声をかけられ、そのまま車内で陰部などを触られた事案である。この男性は、女児を膝の上に抱きかかえ、女児が気づかないように身体を触っており、同種手口にて市内の公園で複数回繰り返されていた。後日、被害者意識のない女児の話を聞いた保護者が警察に届け、事件が明るみに出た。逮捕当初は、子どもがあまりに可愛いのでスキンシップを行っただけ、との弁明を行っていた。

【事例2】 公園内のトイレに連れられた未就学の女児が，近所に住む10代男性からわいせつ行為を強いられた事案である。トイレの個室で，男性は自身の陰茎を女児に握らせ，その様子をビデオカメラに録画していた。被害にあった女児は，加害者の年齢を20〜30代と証言していたが，実際は高校生であった。

　また，子どもの性犯罪被害は屋外ばかりで起こっているわけではない。第3章第1節のとおり，ドメスティックな被害も無視できない問題となっている。警察統計（警察庁広報室，2005）では，児童虐待事件の態様別として，叩いたり蹴ったりする「身体的虐待」，性的行為におよぶ「性的虐待」，食事を与えなかったりする「怠慢・拒否」，暴言などの「心理的虐待」に大別している。

　児童虐待の理由としては，家庭環境の悪さや経済的困窮，アルコール依存症や何らかの精神疾患などがあると考えられる。そして，それら問題を相談できる相手や，解決を手助けしてくれる相手がいないことも大きく影響すると考えられている。児童虐待としての性犯罪は，他人に知られない，閉ざされた空間での犯罪である。それを未然に防ぐには，プライベートを侵害しないシステムとしての家庭内への介入が必要となる。性犯罪研究にて明らかとなる被害実態の傾向を基礎とし，友人や近所やコミュニティが互いに互いの子どもを守る人的ネットワークを作り上げる努力が，今後一層求められるものと考えられる。

2　教育場面への応用

(1)　生物学的性教育からのシフト

　日本での未成年に対する性教育は，生物学的見地から行われるものが多い[注3]。そのため，「人を愛することとは，どのようなことなのか」，「父親，母親になるということはどのようなことか」，「家族とは何か」といったテーマを，セックスと十分に結びつけて教育されることは稀である。未成年の発達段階をふま

注3　学習指導要領などを参考にされたい。たとえば，「中学校学習指導要領」では「保健分野2. 内容(1)　心身の機能の発達と心の健康について理解できるようにする。……イ　思春期には，内分泌の働きによって生殖にかかわる機能が成熟すること。また，こうした変化に対応した適切な行動が必要となること」とある。

え，かつ「性」と「心」と「社会」のあり方を結びつけ体系立てた性教育は，今の日本では見いだしにくいのが現状ではないだろうか。

　学校における性教育の生物学的事実の偏重は，子どもたちが持つ性への「憧れ」や「近寄り難さ」，「不道徳さ」，魅惑的な「快楽」といった輻輳した感情や興味関心を，あえて無視することを意味するだろう。小学校，中学校，高等学校では，その教育内容も異なっているが，いずれもセックスのための対人スキル形成よりも，性のメカニズムや妊娠や性感染症のリスクに重点が置かれている[注4]。そのため，多くの若者は，学校における性教育よりも，雑誌，漫画，小説，インターネットのアダルトサイト，家庭用ビデオなどのポルノグラフィーから得る情報を，実際的なものとして学ぶことになろう。とくに思春期を迎えた男子は，アダルトビデオと呼ばれるポルノグラフィーなどを用いて，自慰行為を通じ擬似的セックスを体験する。この際，そのアダルトビデオの内容が，「性的に露骨で，かつ女性を従属的・差別的・見世物的に描き，現に女性に被害を与えている表現物」（中里見，2007）であった場合，相手を愛しみ，親密で官能的な関係性のある「性」を知ることが難しくなる。このことは，性犯罪の発生を助長してしまうようなリスクをはらんでいることとなる。

　その意味から性犯罪抑止の観点による，性教育を考えることは重要である。人が「モノ化」し，身体がセックスの満足充足のための「ツール」となっている現代の犯罪傾向を考えれば，「性を通じて人を愛しむ」ことを学ぶ大切さは，性犯罪抑止の根本的な課題であると考えられる。被害者にならない防犯教育とともに，加害者になることを抑止するような性教育プログラムも，検討することが重要になってくるだろう。

注4　『読んで楽しい成人マニュアル：大人の常識！』（東京法規出版）は，成人を迎えた若者に配布するための207頁にわたる冊子である。大人としての心構えが，わかりやすく丁寧に書かれている。各章は，「冠婚葬祭の常識」，「人づきあいの常識」，「ビジネスの常識」，「ひとり暮らしの常識」，「その他の常識」となっているが，セックスについては「その他の常識」の中に6頁があてられており，「sex life」，「避妊」，「性感染症」が項目となっている。内容は，セックスの社会的，対人的な形は一様ではなくさまざまであることや，セックスの持つリスクについて医学的見地から記されている。ここで興味が持たれるのが，「恋愛の心得」（4頁分）という項目が「人づきあいの常識」の章に含まれていることである。恋愛とセックスが，分離して説明されていることになる。ここから，性に関する生活レベルでの実際と建前的な社会常識との乖離を容易に垣間見ることができる。

(2) 防犯教育①：犯罪不安の観点から

まず，性犯罪被害に遭わないための防犯教育を考えてみたい。現在の防犯教育では，略取・誘拐から子どもを守るためのテクニカルな内容が多い（横矢，2004；国崎，2005）。また，中村（2000）などが指摘する犯罪発生の空間要因を，子どもに具体的に伝えることは，各要因が単純でないことから難しい状況にある。子どもの発達段階をふまえた教育（桐生，2006），テクニック偏重ではない教育（岡本・桐生，2006）の必要性も高い。性犯罪被害の具体的な加害者および被害者の各要因を明らかにする性犯罪研究の成果は，これらの課題に有効な解決手がかりをもたらすものと考えられる。

被害者側の要因について，性犯罪の被害に遭うかもしれない不安感を簡単に述べたい。犯罪不安は，物理的空間から得られる犯罪遭遇に関する情報を認知的に処理し，犯罪という具体的な事象に対する情動が喚起される，といった「リスク認知」と「不安」による一連の心的過程と考えることができる（小野寺・桐生，2003；小野寺ら，2005）。したがって，情報の認知的な処理や情動成分の喚起の段階において，個人の属性や特性，社会的文化的背景，マスメディアや地域からの情報といった要因がかかわり，犯罪不安が形成されていると考えられる。

これまでの研究から，たとえば，暗い夜道を一人で歩く女性の不安感を男性が想像することは難しいことが指摘される。男性自身が，暗い夜道や電車内で性的犯罪の被害に遭うリスクを低く見積もり不安感も生じにくく，電車での痴漢被害の女性が声を出せない状態を理解できない，といった性的犯罪被害の解釈にも歪みを生じさせることを示唆する。

では，女性自身の性犯罪に遭うかもしれないリスク認知はどうであろうか。

池原ら（2009）は，20代の大学生および20代から50代までの有職者（女性107名，男性214名）に対し，エレベーター内で経験した不快な思いや，遭遇するかも知れない犯罪について調査している。実際の不快経験には，「二人のときににらまれた」，「いきなり話しかけられた」，「酔っぱらいにからまれた」，「混んでもいないのにすぐ後ろに立たれた」，「エレベーターの外で待ち伏せされた」などの回答があった。また，少数ながら「身体を触られた」，「盗撮しているところを見た」，「公然わいせつ」といった性犯罪的な被害経験の回答があ

第5章 ● 性犯罪の発生と再発の抑止に向けて

図5-1　性的犯罪被害の回答率

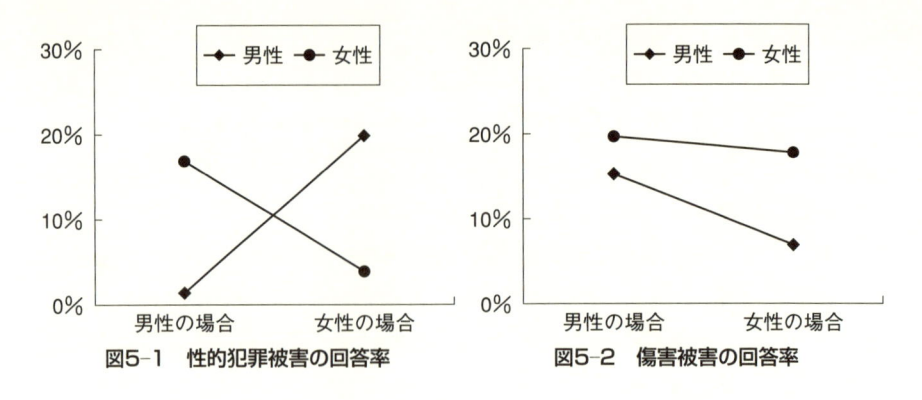

図5-2　傷害被害の回答率

り，これら多くは女性の回答であった。

　次に，「夜8時に飲食店などが入っている雑居ビルのエレベーター内で，40歳代男性と二人きりになった場合」を想定してもらい，遭遇するかも知れない犯罪について回答を求めた。その際，自己性と同じ場合と，自己性と異なる場合（男性なら女性を想定し，女性なら男性を想定する）の2通りの回答を求めた。まず，性的犯罪に遭うかもしれないとの回答率は，男性が男性を想定した場合1.4％，女性を想定した場合19.6％であった。それに対し，女性が男性を想定した場合16.8％，女性を想定した場合3.7％であった（図5-1）。また，傷害の被害に遭うかもしれないとの回答率は，男性が男性を想定した場合14.5％，女性を想定した場合6.1％であった。それに対し女性が男性を想定した場合18.7％，女性を想定した場合16.8％であった（図5-2）。これより，女性が同性である女性の性的犯罪被害に遭うとする回答率の低さが注目され，女性自身が持つ性的被害に遭うリスクがけっして高くないことが予測された。女性にとって性犯罪は，自分自身の問題ではなく，どこか別の場所で見知らぬ人に起こっているものだとのイメージがあるのかもしれない。被害の実際と認識との間の差異を，埋めていく防犯教育も必要となろう。

　性犯罪に対する防犯教育は，生まれながらに性犯罪の加害者としての資質を持つのが男性であり，生まれながらに性犯罪の被害に遭うリスクを背負っているのが女性であることを，まず前提として行われることが望ましいと考える。そのためには，男性と女性の「生物学的」かつ「文化的社会的」な性のあり方を，理解させることがスタートとなろう。そして，男性には，女性が具体的な

状況で感じる犯罪に遭うかもしれない不安感を理解させ，女性には，本人自身が性犯罪被害に遭う可能性があることへの注意喚起と具体的な防犯対策を教えることが必要であろう。

(3) 防犯教育②：具体的な内容

米国小児科学会が編集した『10代の心と身体のガイドブック』（Greydanus, 2003）では，親の目線，女性の目線で，セックスによる被害について，具体的に記述されており参考となる。たとえば「デートレイプ」の箇所では，アメリカの14歳から17歳までの女子は7人に1人が，デートのときに強引にセックスを迫られた経験があることを示し，それを防ぐために「望まないセックスに発展しないようする返答法」を具体的に示している。また，避妊法として最も望ましいのは「コンドームを使用すること」とし，男性がコンドームを嫌がった場合の具体的な発言例を示して，個々の返答例を明示している。日本の性教育での指導も，①女性が望まないセックスを強いることは愛情ではなく暴力であり，時として犯罪になること，②「コンドームなしのセックスは行ってはいけない」ことを大原則とし，男女ともそれを守ること，などを明確に示して行われるべきではないだろうか[注5]。そして，通常のセックスにおいて守るべきことを十分に教育したうえで，心身の発達段階と，各年代にてどのような犯罪被害が多いかをふまえながら，適切な性犯罪への防犯教育を今後構築していくことが期待される。これには，現場の教育者や教育学者，医師や発達心理学者，犯罪心理学が参加し，学校，PTA，司法関係機関がネットワークを形成しながら，具体的な性犯罪防止の教育体制を作り上げていくことが必要である。

注5　青年期において，セックスにおける満足へのプロセスや内容の男女間差についても，どのように教育すべきか検討する必要性は高いと考える。男女それぞれの，相手が確認できる身体的な変化とその説明，満足するための要望などを，平易な形で呈示する性教育は，恋愛とは何か，相手を愛しむとはどんなことかを学ぶ大きな手掛かりとなろう。ただし，セックスに関する直接的な表現は，さまざまな弊害をもたらすことも十分予測される。そのため，たとえば女性の性的絶頂感（orgasm）を大脳生理学的な変化を時系列で表し，男性との比較から双方の違いを示す（Brizendine, 2006），といった方法も可能ではないだろうか。

(4) 男性中心のセクシュアリティの是正

　最後に，社会的な性のあり方についての根本的な認識形成について論じてみたい。社会の性のあり方，すなわち文化的社会的背景は，実は性犯罪に深くかかわる要因であるし，性教育に強く影響を及ぼすものであろう。現代の日本における性のあり方に言及することは，性犯罪研究の成果を有効に社会に還元する際の，重要な水路となるものと考えるのである。

　この問題を論じる際に参考となるのが，哲学者の杉田聡と法学者の中里見博のそれぞれの著書である。

　杉田（1999）は，女性のセクシュアリティは，男権主義（集団としての男性による，集団としての女性に対する支配および抑圧のシステム）の社会によって支配され奪われてきたとし，それを「男権主義的セクシュアリティ」と命名している。そして，親密で愛情のある官能的な関係，すなわち「平等主義的セクシュアリティ」もあるが，問題は，支配・征服をエロチックとみなす「男権主義的セクシュアリティ」が構成されているという事実を指摘している。

　この男権主義的セクシュアリティを顕在化することにより，性犯罪の背景要因が明確となる。たとえば，「レイプ神話」は男権主義的セクシュアリティそのものであるし，なぜ，性犯罪被害者への取調べが「セカンドレイプ」をもたらすのかも容易に説明がつく。新聞報道などが，性犯罪被害の女性を守る，という名目で犯罪の事実を報道しない，ないしは強姦を「暴行」とし，強制わいせつを「いたずら」とするメカニズムも理解可能となる。男性が，性犯罪被害の女性は性的汚点を持つ，といった男性の暗黙の，身勝手な社会的常識によって女性を縛りつけていることに気づかずに，女性の性や被害を捉えているのである。加害者である男性が間違いなく悪いのにもかかわらず，被害者の女性に対し，なんらかの落ち度を探し，負の経歴を背負わそうとしているのが男権主義的セクシュアリティなのである。

　その影響は，犯罪を規定する刑法や審理する裁判にも現れる。強姦に関する構成要件「暴行または脅迫」の判例上の解釈は「相手の反抗を著しく困難にする程度」とあるが，強姦の恐怖を味わうことがない男性はどの程度の暴行を想定するであろうか。前述したように，暗い夜道を一人で歩く女性の不安感を想像することすら男性には難しいのである。加えて，この解釈に従うなら，通常

のセックスにおいて反抗を著しく困難にしない「暴力または脅迫」があっても致し方ない，ということになる。杉田の指摘は，性犯罪の直接的な加害者でなくとも，その加害者も含む世の中の男性すべてが，性犯罪を起こさせるシステムに荷担していることに気づかせてくれる。

(5) 女性の性的客体物化（性的モノ化）を防ぐ

社会的な性のあり方についての根本的な認識形成のための，もう一つ重要なキーワードは女性の「性的モノ化」である。中里見（2007）は，ポルノグラフィーと性暴力についての豊富な資料の分析を通じ，「ポルノ被害をなくすことに法規制の目的を変え，そのことをつうじて性的表現物の質的転換をめざす」ための積極的な論を展開している。その中で，この女性の「性的モノ化」について興味深い記述を行っているので以下に引用したい。

「女性の性的客体物化の究極的な形態は，女性の死であるといってよい。つまり，女性の性的客体物化の行き着く果ては，セックス殺人（セックスを目的に女性を殺すこと）である。女性を性的客体物化することを快楽とする男性のセクシュアリティは，究極的にセックスと死を結びつける―女性の死こそを男性の最大の性的快楽とする―権力にほかならない。つまり，女性を性的客体物化する男性のセクシュアリティそのものが，一つの権力である。……女性を性的に客体物化にすること，つまり非人間化することを，自らの性的な快楽とするとき，男性もまた非人間化する。男性は，女性の非人間化を快楽とする限りにおいて，人間性を失うのである。」

中里見のこの記述は，あながち大げさとは言えないだろう。FBIが犯罪者プロファイリングの対象とする快楽殺人者は，女性を性の満足を満たす道具として扱うことが明らかにされている（Ressler et al., 1988）。快楽殺人者にとって女性はすでにモノ化されているので，殺す際に罪悪感は生じない。彼らは殺人を犯しているのではなく，性的な満足に没頭しているのである。多くの一般男性は，快楽殺人者をモンスターと呼び，別の生き物のように差別する。しかし彼らとの距離はけっして遠くなく，隔てる壁もないことが明らかとなる。中里

見（2007）は，現在，大量に出回っているポルノグラフィー（性的に露骨で，かつ女性を従属的・差別的・見世物的に描き，現に女性に被害を与えている表現物）の共通原理として，女性の性的客体物化があることを指摘する。男性が，性的にモノ化されたアダルトビデオを好み視聴している現実は，暗黙に女性の非人間化を支持し助長していることを意味する。快楽殺人者と一般男性の違いは，対象が現実の女性か，映像の中の女性かだけであり，モノ化された女性に性的満足を感じている事態においては，ほとんど差異がない。加えるなら，映像の中の女性は，撮影時に身体的もしくは心理的被害を現実に受けている場合もある。その犯行現場の映像を視聴し楽しむ男性は匿名の共犯者となろう。

　本書全般を通じて，性犯罪に対する常識と思われていたものが，実は，さまざまなバイアスのかかった常識であることを気づかせてくれたのではないだろうか。性の文化的社会的背景は，性犯罪に深くかかわる要因であり，防犯教育を含む性教育においての根幹といえよう。今，当然と思われている社会的な性のあり方に疑問を抱き改善する努力をしなければ，性犯罪に対する真の防犯活動，真の防犯教育はありえないと考えるところである。

第2節

座談会：「まとめと展望」に代えて

　2009年12月19日（土），福山大学に田口真二（熊本県警察本部），桐生正幸（関西国際大学），平　伸二（福山大学）が集まり座談会を行った。"性犯罪"への3人それぞれのアプローチから，本書に補足したい事柄や取り上げなかった事柄，これからの研究に期待することなどを話し合った。本節はその座談会の要約を記して，本書の「まとめと展望」に代える。

1 研究のスタート

桐生「本日は，平さんの研究室におじゃまし，本書の内容を振り返りつつ今後の"性犯罪"研究の展望を話し合いたいと思います。まずはそれぞれの性犯罪

研究を開始した経緯について振り返ってみましょう。最初に，田口さんからお願いいたします。」

田口「私が警察の科学捜査研究所に入り，実際は性犯罪がかなり多く発生していると感じました。強姦などの性犯罪事件は，テレビや新聞で報道されることがほとんどないため，そう感じたのかも知れません。しかし，犯罪捜査などを通じて，多くの性犯罪が発生しているという実態を知り，始めは捜査という観点から研究の必要性を感じました。したがって，捜査支援の一つである，犯罪者プロファイリングの視点から関心を持ちました。そして，1996年から始まった犯罪者プロファイリング研究会において，私の研究テーマを性犯罪にして，研究を始めたのが性犯罪研究へのかかわりの最初です。」

田口真二

桐生「なるほど，お仕事での実感と研究テーマがスタートというわけですね。では，平さんはいかがですか。」

平「私は1986年から2000年までの間，広島県警本部科学捜査研究所に勤務していましたが，その頃より一貫してポリグラフ検査の研究を行っています。さらに，最近は子どもの安全や青色防犯灯，目撃証言などにも研究対象を広げています。ところで，私も田口さんと同じように，ポリグラフ検査者として事件にかかわり，性犯罪被害の実態を目の当たりにしてきました。とくに，被害を受けても警察に届けることができない，相談する相手や機関がないという実情に接し，被害者支援の必要性を感じました。現在，公益社団法人広島被害者支援センターの理事として，支援活動員の養成講座や研修に携わっています。また，2004年に日本心理学会で田口さんと一緒に性犯罪のワークショップを企画しました。私は心理的時間とポリグラフ検査のワークショップを過去に企画していて，そのノウハウを役立てることができました。ワークショップは，さまざまな所属から，さまざまな年齢層の人が集まって専門的な討論ができますし，それまでに知らなかった知識や人との出会いが生まれるメリットもあります。そこで，日本心理学会といった学会レベルで，討論できる環境づくりが是非とも必要と考えて，田口さんのワークショップ企画に協力してきたのです。当初のかかわりは，そのような経緯であり，2004年のワークショップには，他のテーマのワークショップでも引っ張りだこであった桐生さんにも司会という立場で

平　伸二

参加してもらいました。」

桐生「研究業績よりも司会で引っ張りだこ，だったのかな（笑）。2004年当時は，犯罪者プロファイリング研究会の構成メンバーが増え，日本の警察でも本格的に研究が始まり，急速に研究数が増えた発展期でした。日本の犯罪者プロファイリング研究は，イギリスのカンター教授による統計的手法をお手本としましたが（渡邉和美・桐生正幸・高村茂編著『犯罪者プロファイリング入門』，2006年，北大路書房），彼らの研究の中でも性犯罪研究は重要な位置を占めていました。しかし本邦においては，まだまだ性犯罪の調査，分析が少なく，個人的にもプロファイリング研究会の中では優先事項として必要性を感じていたところです。また，2005年に"犯罪不安"に関する研究で文部科学省が支援する科学研究費がとれたこともあって，子どもや女性が街頭で感じる性犯罪に遭うかもしれない不安感について調査を始めたのも動機づけになっています。」

平「なるほど，三人三様のスタートがあったわけですね。そんな中で，大きく流れが変わったのはやはり2004年のワークショップがきっかけになったと思います（序章を参照）。過去に性犯罪研究を実践している研究者が，話題提供者や指定討論者としてかかわってくれたと同時に，私たちも知らない研究者や性犯罪にかかわる機関の職員の方々が大きな期待のもとに集まっていただきました。」

桐生「あのときは，大勢の研究者が集まりましたよね。とくに，若い女性研究者や学生が多かったなあ。」

平「私の経験になりますが，以前，"心理的時間"の研究をまとめるにあたり，ワークショップを企画したら，とてもたくさんの人が集まりました。当初の予想をはるかに超えて，立ち見の参加者も出ました。そこで参加者名簿に任意で記入してもらって，研究者データベースをつくりました。そのワークショップを3年間続けて，そのデータベースをもとに執筆依頼をして，執筆者26名による『心理的時間』（松田文子・調枝孝治・甲村和三・神宮英夫・山崎勝之・平伸二編著，1996年，北大路書房）が完成しました。また，1997年に企画して現在もまだ継続しているポリグラフ検査に関するワークショップも同様です。こ

のワークショップの成果も29名で『ウソ発見』(平　伸二・中山　誠・桐生正幸・足立浩平編著，2000年，北大路書房) という本としてまとめました。『心理的時間』『ウソ発見』ともに，それぞれの分野の研究者のバイブル的存在になっています。ポリグラフ検査のワークショップでは，警察の内部で実施されていて情報公開がほとんどされていなかった領域が，日本心理学会のワークショップという学会の場でオープンにされたということが新鮮であったのか，当初は参加者数が100名近くになり，当時50種類くらいのワークショップが行われていた中で，常に集客数の上位に名を連ねていました。犯罪心理学者だけでなく，社会心理学者，法心理学者，認知心理学者，感情心理学者，脳機能研究者，心理統計を専門とする研究者など，爆発的な広がりが生まれました。

　この3名の中で性犯罪研究の研究歴が長い田口さんに聞きたいのですが，性犯罪研究においても，これと同じような瞬間があったのではないでしょうか？」

田口「4年間の性犯罪ワークショップでは，性犯罪研究の広がりを強く感じました。また，研究者の広がりとともに，研究方法も進化心理学的な視点（第2章第1節）や，統計的な手法（第2章第2節）など，たしかにそれまで思いもしなかった広がりがありましたね。」

平「警察の中で研究を続けていた田口さんは，主に捜査という観点で性犯罪研究へアプローチされていたから，新鮮だったのでは？」

田口「捜査，とりわけ犯罪者プロファイリングからの視点は，現場の状況や犯行スタイルといった情報から犯人に関する情報を推定するといった，性犯罪者に関する内容に重点が置かれがちでした。そういう意味で，性犯罪被害や性犯罪者の矯正などに関する分野は大変勉強させてもらいました。学際領域が広がるにつれて私の研究方法も大きく影響を受けたと思います。とくに，性犯罪の測定という観点において，受刑中の犯罪者ばかりが研究対象になるわけではなく，一般人を母集団としても研究が可能であるということ。その視点の変化がありましたね。」

平「犯罪心理学研究のこれまでの考え方は，実際の被害者や犯罪者のデータがなければできないといった論調でしたね。しかしながら，一般人を対象とした研究ができるということは，法務省矯正局や警察以外の一般の研究者，たとえ

ば，大学研究者や大学院生にも勇気を与えたのではないでしょうか。」
田口「そうですね。アナログ研究です。簡単に言うと，性犯罪という特定の犯罪に焦点をあてた一般社会人を対象とした自己報告研究。」
桐生「性犯罪の研究が，犯罪心理学研究の多様な視点を示したということで大変意義深いんです。ひるがえって，犯罪者のデータはサンプル的に偏っていることを改めて認識させたことも重要と考えます。性犯罪の研究には総合的なアプローチ，つまり生物学的な，社会学的な，心理学的なアプローチが当然必要であり，その点を再度，私たちを含めた参加者にも示したという意義が，ワークショップにはあったわけですからね。」
平「言うまでもなく本書は，ワークショップへ参加されなかった方々にも，この新しい視点を提供することになると思いますよ。」

2 性犯罪の定義

平「さて，田口さんの案をもとに，序章で性犯罪に関する定義を示しました。このあたりを再度確認しておきたいのですが……。」
田口「『性犯罪とは，身体的かつまたは心理的な性的被害を与える行為であり，被害を受けた人がその被害を認識する必要はなく，加害者に性的な目的があれば行為自体に性的内容がともなう必要もない。』と定義しました。」
平「性犯罪は犯罪ですから，当然刑法に準じて考えなければいけません。しかしながら，それぞれの刑罰法規に定められた構成要件に該当する違法かつ有責な行為，という定義だけでは，性犯罪の全体像を解明し，性犯罪を抑止する目的のためには狭すぎるということでしたね。田口さん，この定義についてもう少し詳しく説明していただけませんか？」
田口「たとえば強姦殺人は統計上"殺人"に入れられるし，色情盗は窃盗事件としてくくられる。性的動機があるのであれば罪種，罪名にかかわらず性犯罪という枠組みで研究対象としていくほうが望ましいと感じました。」
平「なるほど，つまり刑法の枠組みだけで性犯罪をとらえると，取りこぼしが出てくる……。」
桐生「……以前のわれわれのストーカー研究（Topics 19）にも似ていますね。

法律では行為の範囲などが規定されているが，犯罪心理学の研究ではより幅を広くもたせ，行為者の動機と行動の実態を十分に踏まえた定義になっている。」
平「動機からの定義？」
田口「動機を考慮したということもですが，性的被害を被害者が認識しない場合も考慮しました。たとえばのぞきや盗撮などは被害者が気づかないで被害に遭っているわけです。その場合に受ける心理的被害も性犯罪研究の対象として含めていったほうがいいだろうということです。」
桐生「具体的な例で示すと，従来から研究対象であった強姦，強制わいせつに加え，公然わいせつ・痴漢行為（Topics 10），買売春（Topics 20）といったものから，のぞき・盗撮（Topics 6），色情盗（Topics 7），セクシュアルハラスメント，暴力的形式のポルノグラフィーなども想定した定義ということですね。」

3 生物学的要因

桐生「では，その定義に照らし合わせて，各章を見てみますとどうなりますか？」
平「性犯罪の要因からみてみましょう。田口さんの話の中で最初は犯罪捜査の視点から性犯罪を見ていたというのがありました。しかし，定義のところで話したように性犯罪を理解していくためには，性行動に関する視点も忘れてはいけない。たとえば，生物学的な視点は，性行動を考えるときにとても重要ではないかと思うのですが？」
田口「強姦や強制わいせつは，加害者である男性の生物学的要因抜きではその発生メカニズムが解明できないと思っています。一方で，レイプ神話というものがあり，性犯罪の原因は性的衝動ではない，社会的なもの，文化的な影響だという主張が優先される傾向が多いですね。私たちの"男性用性的欲求尺度"に関するポスター発表のときもだいぶお叱りを受けました。レイプ神話は男女差別的な態度や信念を改善する役割を果たすためや，性犯罪の原因を被害者の落ち度に求めようとする誤った考え方を払拭しようとするための重要な警鐘であるのは間違いありません。しかし，性的加害行為への生物学的なアプローチ

は欠かせないかと……。」

平「生物学的視点は，犯行を行う人間が動物であるということから重要な視点ですよね。とくに，男性が加害者となる性犯罪については，社会的や文化的な影響も重要ですが，男性の性行動発現のメカニズムは，生物学的に説明ができているわけです（第2章第1節）。また，性行動の異常亢進や日常生活にまで影響する行動変化や心理状態の悪化は，診断と治療の経験から数多くのデータの積み上げもあるわけです。テストステロンという性ホルモンが，性行動に重要な役割を果たしていることは動かしがたい事実です。池田先生が示された医学的治療による性犯罪抑止の可能性（第4章第4節）も生物学的視点を持っているととても理解しやすい。この事実を把握しておくことは，あらゆる視点を持った研究者にとって重要なはずです。」

桐生「当初，日本心理学会のワークショップでも，社会心理学者と医学者間の意思疎通が難しかった。そもそも，性犯罪の発現要因については共通認識が形成されにくかったこともありました。後天的な社会的文化的要因を重視するか，先天的な遺伝子的生物的要因を重視するか，ちょっとした論議になったわけです。研究者間のこの障壁が破られた時点で，この研究はブレイクスルーしたと思います。」

平「それに加え，坂口先生の進化心理学の観点（第2章第1節）は，性犯罪と性行動を研究する上で全体を俯瞰するような視点であり，非常にワクワクしました。対象が個人の行う性犯罪ですから，当然視点は個体というレベルに設定します。もちろん，社会的・文化的要因も考慮されていましたが，それも個体をとりまく環境です。それに対し，進化心理学という観点は注目に値します。今後も，犯罪は進化的適応か，進化的不適応かという観点からの研究などは，目を離してはいけないと思います。」

桐生「まさに，性犯罪研究の"相互作用説"的進展ということになりますね。平さんは，これについてはどの点を重視しますか？」

平「そうですね，2002年に刑法犯の認知件数が369万件を超えて戦後最悪となり，その頃から環境心理学の知見に基づく防犯対策が行われ，日本の犯罪は

徐々に減少しつつあります。たとえば，割れ窓理論や防犯環境設計の導入による，地域での監視性の確保や連帯意識の構築による犯罪抑止ですね。性犯罪に関しても生物学的要因をベースにして，状況要因を重要視していく研究アプローチが必要ではないですかね？」

桐生「たしかに，それに関しては状況要因も重要なのですが，本文にも書きましたが（第5章第1節），性犯罪の場合，犯罪者の特性がやはり最重要視されるものと考えられます。と申しますのも，犯罪者プロファイリング（Topics 15）において性犯罪者のテーマ分析は，ほぼどの国においても一様な結果を示しています。そのことは，社会的・文化的な差よりも，加害者の生物学的な要因が性犯罪には深くかかわっていることを，強く示唆していると考えられるからです。」

平「カンター教授の性犯罪者のテーマ分析ですね。同様の分析が世界で行われて，あるいは日本で行われて，加害者の特性のウェイトが高いということでしょうか？」

田口「加害者特性のウェイトが大きいといいますか，社会や文化的背景といった相違を超えた犯行のテーマが共通してあるということですかね。もちろんその加害者の持つ特性の強弱は，たとえばイギリスと日本では異なっているので，まったく同じということはできないでしょうが。」

桐生「そのとおりですね。」

4 状況要因と環境要因

平「性犯罪の要因として加害者特性が重要という意見でしたが，犯罪の発生要件として加害者と被害者という二者関係だけではすべて説明ができないでしょうから，そういう意味では，状況要因，環境要因などについての正確な情報共有も必要だと思います。それをしっかりとおさえることで，より的確な研究，防犯への提案ができると思います。」

桐生「まさしくその通りで，ルーティン・アクティビティ（犯罪者は，一般市民と同じように日常的な予定を持っており，これら日常的な移動の途中で，犯罪の対象を探索するというもの）のような考え方が，性犯罪研究には大切です

ね。とくに，防犯という観点からみていくと，"監視者"や場所と時間といった"環境空間"要因の持つ意味も研究者内で共有していかなければいけない。たとえば犯罪不安などの研究では，心理的変化を環境要因にて説明を試みます。また，犯罪発生の状況を環境の変数で表現する研究もある。これらの研究手法は，性犯罪研究には有力だと考えます。たとえば電車内での痴漢研究には，効果的ではないでしょうか。」

田口「性犯罪研究では，集団強姦（group rape）にメスを入れることも必要でしょう。集団による性犯罪は，単独による性犯罪とは異なり，個人的な性的要因がなくてもかかわってしまう場合があります。没個性化，集団力学，チームの維持要因などが関与していそうで，今後の研究が待たれます。」

桐生「その意味から社会心理学の理論を，性犯罪研究に当てはめる研究も今後発展すべきと思います。」

平「今の桐生さんの指摘は，今後の課題になると思います。具体的にどんなテーマや犯罪を想定していますか？」

桐生「思いつくまま述べますと，"態度"と"対人行動"あたりでしょうか。双方とも，性犯罪の暗数にかかわる要因について，調査や実験である程度説明できる切り口ではないかと考えています。たとえば，潜在的被害者と潜在的な加害者との間に生じる態度変化の研究ですね。対人行動の理論については，目撃証言をするかどうかの研究，援助行動に関する研究への応用でしょうか。また具体的な犯行形態としては，インターネットで仲間を募り，匿名の構成員による集団痴漢行為の調査です。いずれも，今後の研究課題ですが。」

平「集団的犯罪には，アルコールの要因も関係あるでしょうね。また，性犯罪には薬物やアルコールの影響も見過ごすことはできない。薬物が性的快楽を増強し，持続させるために使用されて犯罪になる場合もあれば，薬物を買うお金を得るために売春や援助交際という犯罪にも結びついています。暴力犯罪がアルコールの影響下で行われることが指摘できますが，性犯罪ではどうでしょうか。薬物とアルコールに関しては，本文では触れなかったと思いますが，これらに関する調査・研究を知っていますか？」

田口「アルコールが性犯罪に及ぼす影響については第2章第3節で取り上げましたが，集団的性犯罪への影響や薬物の影響については今回取り上げませんで

した。欧米でも集団強姦とアルコールや薬物の関連についてはほとんど研究されていないと思いますが私のリサーチ不足かもしれません。ただ，欧米のデータを使った集団強姦の研究によれば，凶器の使用などの犯行のスタイルがイギリスとアメリカとでは違うという報告もあるので，なおさら日本での研究が今後必要ということでしょう。」

平「状況要因・環境要因の研究上，研究対象として少年を扱うか，成人を扱うか，そして，研究を進めるうえでは少年と成人を区別して考えるのかも重要な問題です。1930年代にシカゴで少年非行による犯罪原因論研究が行われたように，少年を対象とした研究が多いのではないかと感じます。また，日本でも，少年法の理念から少年鑑別所では矯正へ向けて，原因の解明と教育が法務技官の努力により積み上げられています。これは素晴らしい研究データである反面，犯罪心理学の知見は，対象が少年である場合も多かったのではないかと思います。」

桐生「たしかに，当時のシカゴ大学の社会学者らのデータが"非行"であったことは注意しなければなりません。また，戦後日本の犯罪心理学研究が，"非行臨床心理学"的アプローチで行われていたことも忘れてはいけないと思います。つまり，それら研究の知見は少年が対象となっているわけです。成人の性犯罪を論じる際に，そのまま当てはめることにはある程度考慮が必要となります。また，状況要因・環境要因に生物学的要因の関連性を加えると"発達段階"の視点が出てきますが，この点からも少年と成人の区別は大切であると考えます。」

5 ポルノグラフィーとセクシュアルハラスメントに関する問題

田口「状況要因の中で重要であるにもかかわらず依然として論議が絶えないのがポルノグラフィーの影響についてです。第2章第2節でも紹介しましたが，歴史的に1970年代から1990年代のスパンでみると，強姦と強制わいせつの認知件数が大幅に減少している。厳密には人口10万人当たりの発生率でみるんですけどね。その減少した理由を説明するのに，ポルノグラフィーの流通量が増えたためだという主張があるんです。」

平「今の説明のように、ポルノグラフィーが性犯罪を抑制してきたか否かに関しては、さまざまな検証方法で異なってくると思う。」

田口「同感です。ポルノグラフィーの影響の問題は、単純な要因だけで把握できる現象ではないでしょう。とくに、犯罪発生率の変化を社会要因に求める際に、失業率などの経済情勢の変化も無視できません。」

平「それにしても、私たちが成人してからの約30年間、ポルノグラフィーに関する変化は、ビデオ、DVD、インターネットの普及とめまぐるしく、相当の変化がありました。それとともに、性のあり方に対する考えは厳しくなってきたけれども、まだまだ行動レベルや規制（Topics 16）に関してはうまくいってないように感じます。」

桐生「心理学も現代の性のあり方を見直す時期に来ていると思う。たとえば、ポルノグラフィーの影響について実験する際に、性的に露骨な表現物を刺激呈示しているだけの調査・実験の結果をもって、現実が反映されたものであるとは即断できない状況になっている。中里見氏は、現在のポルノグラフィーの定義として『性的に露骨で、かつ女性を従属的・差別的・見世物的に描き、現に女性に被害を与えている表現物』とし（中里見　博著『ポルノグラフィと性暴力』、2007年、明石書店）、そのような表現物がDVDやインターネットに氾濫していることを指摘しています。このような現状を反映させた調査なり実験を行うことにより、その結果が現代の性のあり方のどの部分を明らかにし、そして改善に寄与するのか、心理学者は自覚しなければならないと思います。」

平「なるほど。」

桐生「当然、日常生活においても、相手の立場になって、性のあり方を考える視点の変換が肝心なわけで……。」

平「そう。相手が望まないという視点が重要であり、被害者中心になるべきですが、まだまだその認識は薄いと思います。日本全国がそのように変わっていくことが不可欠です。男性が多い社会や上層部を男性が占めている社会にはとくに重要です。」

田口「職場での性犯罪といえば、セクシュアルハラスメントの問題がありますね。職場での男女差別的な組織風土や男性優位の職務状況が環境要因として指摘されています。」

平「心理学におけるセクハラの研究はいつ頃始まったんだろう？」

桐生「そういえば先日，大学院生と市役所におけるハラスメントの論文を輪読したけど……。」

田口「心理学的研究では，1990年代の後半からいくつかの被害調査が始まっていますし，その後いくつかの実証的な研究が行われています。」

桐生「田口さんの性犯罪の定義にもかかわるとおり，ポルノグラフィーやセクハラの問題も，きちんと整理しておく必要がありますね。」

6 被害者支援

桐生「次に，被害者支援（第3章第2節，第3節）についてですが……。」

平「犯罪被害者に関する支援は，日本では1990年頃から本格的に動きが始まっています。」

桐生「当時の『警察学論集』に，多くの特集や論文が掲載されていたのを憶えています。」

平「そもそも警察の中では，従来は被害者に対する配慮に関して明文化したものはありませんでしたが，1996年に警察庁が『被害者対策要綱』を制定して，被害者の視点に立った各種の施策を総合的に推進することを決めました。1999年には，警察官が犯罪捜査を行うにあたって守るべき心構えを記した『犯罪捜査規範』の条文に，『捜査を行うに当たっては，被害者又はその親族の心情を理解し，その人格を尊重しなければならない。』と記述して，被害者支援が警察の業務となりました。その後，2004年には，『犯罪被害者等基本法』が成立して，犯罪被害者等の支援は，国・地方公共団体・国民の責務となりました。これらの法整備に対し，実務的には被害者支援は，殺人事件の被害者遺族，心身ともに未成熟な少年被害者，性犯罪被害者が重点対象者としてケアされてきたと思います。」

桐生「法整備や組織作りは順調だったわけですね。」

平「ただその中で，その実態が把握できないのが性犯罪被害者の問題で，それゆえに性犯罪被害者への支援は諸外国に比べて著しく遅れているのではと危惧します。」

田口「性犯罪被害の実態は，第3章第1節に示していますが……。」
平「性犯罪被害者の分野では，二次的被害の問題が深刻です。レイプ神話に代表されるように，被害者には何の落ち度もないのに，被害者にも責任があったという論調が抜けません。」
田口「調査そのものが精神的苦痛を喚起する場合があるため，二次的被害を防止するための配慮は最低限守らなければならない研究者としてのモラルです。また，性的被害の定義が調査によってばらついていることがあり，この点もこの研究の課題です。たとえば，過小評価の危険性，あるいは法的に強姦ではないのに強姦と判断する過大評価などなど。」
桐生「その点については強姦罪の法的な構成要件も，そろそろ変えていくことが必要と思うのです。女性の犯罪不安を調査してわかったのですが，暗い夜道を一人で歩く女性の不安感は，われわれ男性には一生感じることができないものだということです。男性が，暗い夜道を一人で歩いていても，けっして性的犯罪の被害に遭うかもしれない，とは思わない。電車内での痴漢被害でも同じです。女性と同等の不安や恐怖を感じることのない男性主体の考えでは，声を出せない女性の極度の状態を理解できず，性的犯罪の解釈にも歪みが生じます。日本の刑法は，男性が中心になって作ったものです。強姦罪を成立させるのに，なぜ抵抗が必要なのか，男性が感じ得ない恐怖の最中に抵抗という行動ができるものかどうか，じっくりと検討すべきだと思いますよ。」
田口「被害の通報をためらわせる要因として，『証拠がないから』といったことがあるし，さらに本当は抵抗できなかったのに抵抗しなかったと思われるのが嫌で通報しない場合もあります。」
桐生「女性が被害について通報できないというのは，やはり男性中心的な社会の在り方の問題が反映しているからですよね。」
平「というのは？」
桐生「被害者に何らかの落ち度があるように規定されてしまう社会は，男性主義的なイデオロギーが背景にあるのだと思います。杉田氏は，現在のセクシュアリティは，『集団としての男性による集団としての女性に対する支配および抑圧のシステム』すなわち"男権主義"に準拠する（杉田　聡著，1999年，『男権主義的セクシュアリティ：ポルノ・買売春擁護論批判』，青木書店）と指

摘しています。言い換えれば，性犯罪に限らず，日常のセクシュアリティは，"強制的異性愛"制度のもとで男性が振るまい，性対象者との支配・従属関係，暴力関係もあることを，杉田氏は明らかにしているわけです。女性の性犯罪被害というものは，女性として生まれた時点からスタートしていることになる。」

平「子どもの被害もそう。親が公的機関や他者に相談することさえためらう環境です。そのために，被害者である子ども自身や親兄弟が問題を抑え込んでしまう。」

田口「デートレイプの問題も同様の構造で，しかも暗数が多い問題です」

平「子どもの性被害も相当に暗数が多いでしょう。他者ではなく，家族内や教育的立場にある人からの性被害は，犯罪と自覚できない場合や他者に伝えることで関係が崩壊するという不安があるでしょう。したがって，抱え込むケースが多くなり，実態がわからず，事後のケアができないばかりか，再発防止もままならない。」

田口「信頼している人から乱暴されたことで受ける心理的ダメージは大きいという指摘もあります。」

桐生「そもそも，潜在化している強姦の問題ですよね。これまでは，その行為が犯罪として認知されていなかったし，性犯罪被害とは考えられていなかった。」

平「レイプ神話に『強姦加害者のほとんどは，見知らぬ人である』というものがありますが，実は見知らぬ人からの場合は警察に届け出やすく，知人や友人，職場の同僚などは届けにくいという問題もあります。このように，実際の性犯罪被害者は，暗数化され，支援を受けることができずに，心身に深刻な影響を持つことになります。」

田口「暗数の問題はやはり重要ですね。」

平「男性の性被害（Topics 9）も暗数が多いことが予想されますが，これらの暗数をなくすことが，やっぱり課題です。暗数があることで実態把握も研究も，支援活動も十分に進まない。1998年5月に8組織をもって『全国被害者支援ネットワーク』が設立され，ついに2009年7月1日に47都道府県すべてに民間被害者援助組織が設置されるに至りました。このような組織が機能するうえでも，性犯罪被害者の人権を尊重する考えを持つことが必要です。」

桐生「それと，先ほども申したように心理学者の責務として，社会心理学などの理論を使用しながら暗数発生のメカニズムも明らかにすることも必要ですよね。このあたりの研究を，若い心理学者にチャレンジしてもらいたいな。」

7 加害者の処遇

桐生「次に，加害者の処遇と教育の問題に移りましょう。」
平「防犯の観点からすると，環境の問題も考慮すべき要因ですが，犯罪者のことも考えなければならない。実際に，矯正施設の研究者が，本書でその取り組みを記していることは意義深い（第4章第2節）。認知行動療法に基づく心理学の貢献は，加害者の処遇と教育に大きな転換を示しています。」
田口「性犯罪者の再犯率の問題がありました。これは第4章第1節で詳しく述べられていますが，必ずしも高いということではないようで……。」
桐生「たしか，性犯罪の再犯率は1割程度だったかと……。」
平「性犯罪以外の犯罪への再犯率はもう少し高い。この実態把握ももっと調査する必要があるでしょうね。」
桐生「認知行動療法（第4章第2節）は興味深いですよね。」
平「ええ，認知行動療法に対して個人的には大いに期待をしています。認知的な歪みを正すということ，具体的な行動レベルで改善していくというアプローチは，大きな可能性を持っていると思います。性犯罪者は，まず性犯罪自体や被害者の受ける身体的，精神的，経済的被害が理解できていない。また，性犯罪を起こす前に他の行動パターンがあることを知らず，知っていても他の回避行動を体験していないので実践できない。たとえば，ワークショップの中で嶋田先生が，電車内の痴漢行為を抑える方法として，対象となる女性が同じ車両に乗車してきた場合，自ら別の車両に移動することで痴漢行為を回避できるといった，具体例を話されたことがありました。これはその時の質問に対する1例でしょうが，とても納得できるものがありました。性犯罪者に自らの行動を気づかせるというのは，再犯防止に有効であると思います。」
田口「自分自ら気づかせるという点も認知行動療法の重要なポイントなんですね。」

平「平成19年版犯罪白書にあるように，2006年（平成18年）度から全国の指定刑事施設で性犯罪再犯防止指導を実施し，対象者が性犯罪者処遇プログラムを受講しています。これについては第4章第2節と第3節で詳しく記述してもらいましたが，認知行動療法によるプログラムが基礎となっています。しかし，その実践者についてはまだ不十分なところがあると思います。おそらく，認知行動療法の専門家が新たに雇用されて，すべての行刑施設に配置されているとは聞いていないので，刑務所職員の方が研修を受けて，マニュアルにしたがって実施されているのではないかと思います。これを非難しているわけではなく，やはり専門的なプログラムの導入に加え，心理学の専門家を配置して専務での取り組みを実施しなければ効果はあがらないと思います。このような職域ができれば，若い心理学者で協力したい人は大勢います。国などの動きに注目したいし，社会に提言していきたいと思っています。」

桐生「兵庫県加古川市にある半官半民の刑務所『播磨社会復帰促進センター』では，臨床心理士の方々が中心となってやっています。」

平「そういった動きが，民からもっと多くなって実績をあげ，官に波及することを期待したいですね。」

8 多様なアプローチ

桐生「性犯罪研究に関する心理学以外のアプローチについて考えてみましょう。まず，医学的な接近は？」

平「外国では，薬物による化学的去勢などがありますね。アメリカでは州によっては累犯者に薬物療法を強制する場合があります。また，韓国では，国営の化学的去勢施設もできています。」

田口「日本では本書の編者でもある池田先生が医学的な治療を第4章第4節で紹介しています。池田先生は，過剰性欲者と窃視症者に対して治療されていますが，両方ともうまくいったようです。」

平「教育場面ではどうでしょうか。たとえば子どもへの性教育の研究は，どのくらい進んでいるのだろうか。大きなプロジェクトが行われたことがあるのでしょうか。」

桐生「そのあたりの調査も今後必要だと思います。個人的な意見としては，生物学的な内容のみで行われる子どもへの性教育，セックスのメカニズムばかりが強調されている性教育では駄目だと思います。愛情とセックスがワンセットである教育内容が必要だと思ってますが，具体的な内容といわれるとちょっと難しい。」

平「じゃ性教育ではなく，性犯罪やセクシュアルハラスメントに関する教育はどの程度，行われているんだろう。」

田口「被害者にならない，加害者にならない，双方の教育がありますよね。」

桐生「性犯罪被害を防ぐための教育については，おおむねテクニカルな話が中心になっているのだと思います。前兆事案があったときは大きな声をあげなさい，とか急いで逃げなさいとか。なんというか，肝心な理念がないような教育ですよね。ましてや加害者にならないための教育については，あやふやな社会的通念にお任せ状態で，発想すらないのではないでしょうか。先ほどの男権主義的セクシュアリティにかかわってきますが，性風俗を暗黙に認める社会構造は"性イコール金銭"を許していることであり，女性を商品，モノとして扱っても良し，としているわけです。その事実をしっかりと見つめ直さないかぎり，しっかりとした性犯罪に関する教育はできないんじゃないでしょうか。」

田口「今日の座談会にはいらっしゃっていませんが，池田先生が泌尿器科医としての立場から，中学生や高校生，あるいは先生たちに向けた講演活動をされています。もちろん熊本県内でですが……。その講演の中で，今回の我々の共同研究の成果をふまえ，性犯罪の加害者にならないためのお話もされているようです。池田先生は性犯罪者の治療も実践されている，いわば第一線の研究者ですから，講演の内容も迫力あるんじゃないでしょうか。奥様の池田景子先生も講演をされていて，こちらは婦人科がご専門の先生ですから，思春期の性について，小学生から高校生までお話をされています。今回もトピックスに参加していただいていますが，性犯罪被害の防止に関するお話をされるものと期待しております。いや，もうされているかもしれません。しかし，池田先生たち以外にはお話しできる方がいるのかどうかはわかりません。」

平「本書を契機にして，学校教育現場での性に関する多面的な教育プログラムに関する研究者が生まれてくると良いですね。」

田口・桐生「そうですね。」

桐生「次に，司法関係ですが，まず法学者の動きとしては，先駆的な調査を進められている中里見氏らの研究が注目されます。彼らの視点や調査結果には，社会的に意義深いものが多くあります。」

田口「日本心理学会のときに，われわれのポスター発表へ中里見さんが来てくれたんですね。」

桐生「そうなんです。今後，双方のグループで情報交換ができればと思っています。われわれ心理学者としての接近，情報としては事件捜査から……。」

田口「犯罪者プロファイリング，目撃証言，認知面接。」

平「犯罪者プロファイリングについては，先ほどの話にもあったように，暗数化が顕著で一人の犯罪者が何度も犯行を繰り返して被害者が増えるという現状があります。よって，性犯罪者を捕まえるためにはこの研究は重要です。」

桐生「ただ，犯罪者プロファイリングのためのデータとして扱われているのは捜査機関によって認知されたものであり，暗数データが含まれず，ひょっとすると偏っているかもしれないという問題がある。このあたりは，どうなんでしょうか？」

田口「犯罪者プロファイリングの研究や実践は，開始されてかなり時間がたっているので，進展，蓄積はあります。しかし，桐生さんが言われるように認知されていない事件，あるいは捕まっていない犯人のデータが含まれないことは常に意識しておく必要があります。データの偏りも問題ですが，そもそも捕まっていない犯人がいること自体が大変なことで，捜査機関の人間としての重大な責務を感じます。」

平「マスメディアへの，犯罪者プロファイリングの正確な宣伝も大事ですね。そのことによって，性犯罪被害の届出に良い影響が表れるといいと思います。」

桐生「目撃証言については……。」

平「性被害を受けた幼児・児童へのアプローチがあります。アナトミカルドール（性器を含め比較的正確に作製された人形）などの補助物の使用に関する研究は海外では盛んです。現在学生が調査しているのですが，日本の警察やその他の法的機関では，アナトミカルドールは使用されていません。海外でも，アナトミカルドールは，子どものファンタジーが喚起され，実際の性行為にはな

かった事柄が供述に持ち込まれる可能性もあり，子どもに絵を描かせるアナトミカルドローイングの方が良いという考えが強いようです。ただし，絵を描くことで体験した事実を表現できる技術が必要なので，児童が対象になるようです。なお，日本の場合，子どもを面接する際に保護者が同席する，とくに母親が同席する場合が多いようです。これは子どもと親に不安を与えないという点では優れていますが，一方で真実を明らかにするには面接者と被面接者以外が入るデメリットがあります。この幼児と児童からの聞き取りは，法的機関だけでなく，医療機関，教育機関を含めて今後のあり方を考えねばならない分野です。」

田口「日本では，性的虐待を受けている子どもの識別に関する研究として，越智研究があります。詳細は第3章第1節に紹介してあります。」

平「世界的にも，そのような方向性が示されています。メタ認知の能力が低い幼児童の記憶を引き出すためにはやはり，成人とは異なる面接技法や時には補助物も必要でしょう。」

9 今後の進展

桐生「では，性犯罪に関する研究において，今後の進展や期待することについてお願いいたします。」

平「私が期待するのは，まず研究者が増えること。研究の公表機会が増えること。それが今後の課題でしょうか。まだ，日本の場合は，そのような状況にはなっていないように感じます。」

田口「私も，この本を契機に性犯罪研究がおおいに発展することを期待しています。性犯罪者のデータがなくても研究ができる，ということをわかってもらえれば，興味を持つ研究者も増えますし，研究テーマも無限にあります。」

平「本書では，法務省や警察庁を中心に積み上げてきた多くの知見に加え，社会学的，生物学的，医学的，進化心理学的，統計学的アプローチ，さらには，現場からのアプローチなど多くのものが取り上げられていますね。」

田口「本書のコンセプトにあるように，エビデンスベースドなアプローチが不可欠です。統計的手法，とりわけ構造方程式モデリングという一つの手法が示

されて，性犯罪という現象を説明するのに役立ちました。今回，示された自己報告研究は調査研究に該当しますが，実験研究も因果関係をきっちりみるためには必要でしょう。まさか性暴力をそのまま実験するわけにはいかないので，従属変数を何にするかという問題がありますが，今後実験室研究も必要でしょう。」

桐生「私は，多くの人に性犯罪の実際を知ってもらい，どうすればこの犯罪を抑止することができるのかを，いろんな方々と知恵を出し合いたいと思っています。」

平「私は日本生理心理学会を主たる研究活動の場としていますが，会長を務められたこともある宮田洋先生が，パブロフ研究の第一人者であった古武彌正先生の生前のお言葉を1998年の心理学研究『古武彌正先生追悼の記』で書いておられます。古武彌正先生は，常々『応用を望めば望むほど，その学問の基礎を固めよ』と仰っておられたそうです。心理学は，人の幸福に貢献する学問であると思いますが，そのために応用を焦らず，基礎を固めることの大切さを痛感します。犯罪という人権が侵される世界だけに，この考え方は最も重要です。このことから，性犯罪研究を科学的に議論できる発表の場が必要ですが，その場としてはどこが適切でしょうか？」

田口「これまで，学会レベルでは，日本犯罪心理学会や日本心理学会で発表してきました。」

平「論文にすることが必要です。ただし，掲載されるまでには審査などもあり時間がかかる。日本におけるこれまでの論文件数は？」

田口「今回の調査では70本ありました。近年増えてはいます。しかし，欧米と比較するとやはり本邦は少ないですね。」

平「日本には，アメリカのキンゼイ研究所（Topics 1）に匹敵するような研究所はありますか？ なければ，どういう枠組みが期待できますか？」

田口「性科学会（Topics 2）というのがありますが，ちょっと違う内容ですね。他には……。」

桐生「中里見先生らが作っている研究会があります。今後，われわれで心理学の観点から性犯罪に関する研究会を作っていっても良いかもしれません。」

平「研究調査の必要性は高いので，研究者の意識も高めなくてはいけないです

ね。研究者が研究費の申請も積極的に行う必要があるでしょう。科学研究費補助金データベースで"性犯罪"をキーワードにして検索すると55件がヒットします。心理学，刑事法学，社会学，ジェンダーの領域の研究が主です。私たちが存じ上げている駿河台大学の小俣謙二先生，法政大学の越智啓太先生の研究もあります。」

田口「私も科研費（奨励研究）を2度もらいました。調査研究の場合，印刷費や送料に費用がかかるので大変助かりました。研究の発展には費用も必要なので，若手の研究者の方に性犯罪のテーマでどんどん申請をしてもらいたいですね。」

平「本書のまとめと展望に代えて座談会を行ってきましたが，かなり長くなってきました。最後に一言ずつ，読者へのメッセージを話して終わりにしましょう。私は性犯罪をなくすという社会的要請の強いテーマに関するアプローチが，本書を通じて盛り上がることを期待します。その際，古武彌正先生が仰った『応用を望めば望むほど，その学問の基礎を固めよ』という言葉を胸に刻んでいきたいと思います。」

桐生「科学としての心理学の手法を用いて性犯罪を研究しながら，長い間当たり前のように思われてきた性に対する社会通念を疑っていきたいと思っています。加害者が圧倒的に男性である性犯罪は，生物学的にも社会文化的にも男性に悪しき要因があることを，ひょっとしてそれを知りながら見て見ぬ振りを，これまで男性がし続けていたのかも知れません。その懐疑を忘れず地道に研究していきたいと思います。」

田口「とにかく性犯罪を何とかして抑止できないかという熱い想いを持った先生方が集まりました。そしてその想いが本書の出版につながったわけですが，想いばかりが先行して，実証的研究を網羅したつもりで漏れてしまった研究があるかもしれません。お気づきの点はご指摘ご教示いただければ幸いです。最後に，本書が，性犯罪にかかわる司法機関や大学の研究者による性犯罪研究のさらなる進展に寄与することができ，また性犯罪と対峙している人たちには性犯罪という現象のより客観的な理解につながり，さらに性犯罪抑止のために役立てればと期待しています。」

Topics 19　　　　愛と性：ストーカー犯罪

　恋愛の最中においては，お互いのどんな些細な行為であっても，彼らに多くの幸せをもたらしてくれる。しかし，恋愛関係にない者にとって，相手から一方的な行為が繰り返し行われることは苦痛や恐怖でしかない。いわゆるストーキングと呼ばれる行為である。この場合，性的な行為は含まれないが，つきまとったり待ち伏せしたりする行為者の動機には，少なからず性的欲求に伴う要素が含まれていると考えられる。たとえば，恋愛関係の終わりを契機に，再度，性的関係も復活させたい欲求もしくは復活できない腹いせ，といった要素，もしくは片想いが募り，性的関係をもちたい欲求もしくはもてないもどかしさ，といった要素，などが考えられよう。

　「ストーカー行為等の規制等に関する法律（ストーカー規制法）」は，2000年11月24日から施行された法律である。この法律はストーカー行為等を処罰するなど必要な規制と，被害者に対する援助等を定めており，規制の対象となるのは，「つきまとい等」，「ストーカー行為」の2つとなっている。法律では「つきまとい等」は，特定の者に対する恋愛感情その他の好意感情またはそれが満たされなかったことに対する怨恨の感情を充足する目的で，その特定の者またはその家族などに対して行う行為，と規定している。その内容は，①つきまとい・待ち伏せ・押しかけ，②監視していると告げる行為，③面会・交際の要求，④乱暴な言動，⑤無言電話，連続した電話，ファクシミリ，⑥汚物などの送付，⑦名誉を傷つける，⑧性的しゅう恥心の侵害，がある。そして，同一の者に対し「つきまとい等」を繰り返して行うことを「ストーカー行為」と規定している。

　さて，ストーカーにおける「愛と性」を考えるにあたり，犯罪心理学的な観点から行われているストーカー研究を概観してみたい。これらの研究では，「ストーカー規制法」施行以前に紹介されていたストーカーのいくつかのタイプ—たとえば，FBIのライトら（Wright et al., 1995）の「見知らぬ者を対象とする」タイプ，「元の交際者など既知の者を対象とする」タイプ，「マスメディアに登場する者に妄想的に恋愛感情を抱く」タイプ，など—をふまえ，日本における特徴や分類を試みている（桐生，1998）。長澤（2002）の研究では，数量化理論Ⅲ類にて4つのタイプを見いだし，「異性との交際経験の有無」「結婚の有無」が特徴としてあげられることを明らかにしている。この分類の対象となった事例の中には，会社の上司の妻に恋愛感情を抱いた50歳代の従業員が，匿名で自作のポルノ小説（登場人物は上司の妻）などを3年間定期的に送りつけた事例などがあった。また，「いのちの電話」への相談（135頁）でも（桐生，2007），同一人物が困りごとと偽った性的なトラブルを，特定の相談者に対し電話し続けたストーカー的ケースもあった。これらの事例を概観すると，恋愛感情や好意感情から派生するストーカー行為の背景には性の問題が含まれていること，性的欲求が繰り返し行為の重要な動因になっていることが推測される。

　さて，現代の若者は，恋愛とストーカーとの違いをどう捉えているのだろうか。以下に著者が行った簡単な調査の結果を記してみたい。調査対象者は，大学2年生98名であり，

講義中に記入式調査を行った。

彼らに,「ストーカーと恋愛の違いは何か」という課題を与え,自由記述で回答してもらったところ男子（59名）の「恋愛」に関する主な記述としては,「相手の気持ちを理解」「思いやり思いやる」「お互いの気持ちが通じ合う」などがあった。一方,「ストーカー」に関する記述としては,「相手の気持ちを理解せず」「一方的に自分の感情,想いをぶつける」「間違えた求愛方法」というものが,また,恋愛とストーカーとの関連については,「恋愛が行き過ぎるとストーカー行為となる」「ストーカーと恋愛感情は紙一重」という記述があった。では,女子（39名）の捉え方はどうであったろうか。「恋愛」に関する主な記述は,「お互いの気持ちが一致」「お互いの幸せを望む」「相手を優先し相手の幸せを願う」などがあった。「ストーカー」に関する記述としては,「逆恨み」「偏った愛情」「自己中心的」などであり,恋愛とストーカーとの違いについては,「二者間の距離を保つことができるかどうか」「思いやりの気持ちがあるかどうか」といったものであった。加えて,男女の関係について「独占欲は本当の愛情ではない」「自由,平等,お互いに尊重が大切」「嫌と言ったらすぐに手を引くべきだ」といった回答もあった。

このように,ストーカーと判断するかどうかは相手次第,と考える男子大学生とは異なり,女子大学生は,相手が嫌がっていることが分からない行為者がストーカー,とする捉え方であった。恋愛を,性も含めた「自己所有」として認識する男性と,独占欲は愛情ではないとする女性との認識の差異は,そのままストーカー事案発生の背景要因としてかかわっているもの考えられるのである。

〈文献〉

桐生正幸　1998　ストーキングの分類　警察公論, **53**(4), 55-64.
桐生正幸　2007　犯罪心理学からの視点と防犯活動　加納寛子（編）　子どもを危険から守る　文部科学省委託事業　子どもの安全に関する効果的な共有システムに関する調査研究報告書　Pp. 100-108
長澤秀利　2002　ストーカー犯罪　笠井達夫・桐生正幸・水田恵三（編）　犯罪に挑む心理学—現場が語る最前線—　北大路書房　Pp. 110-111.
Wright, J. A., Burgess, A. G., Burgess, A. W., McCrary, G. O., & Douglas, J. E. 1995 Investigating stalking crimes. *Journal of Psychological Nursing*, **33**(9), 30-43.

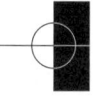

Topics 20　　売春，女子性非行

1　売春，女子の性非行とは

売春とは，金銭などの対償を受け，または受ける約束で，不特定の相手方と性交することである。我が国では，1958年に施行された売春防止法によって，売春は法的に禁止されており，売春をする女子は保護すべき対象とされている。しかし，18歳未満の児童を対象とした買春を除き，買春をする者に対する具体的な罰則はない。我が国では，売春は形態を変えつつ，社会に存続している。総理府（1986）による調査では，街娼型，風俗営業型，個室浴場型，派遣型が売春の形態としてあげられていたが，昨今では，テレホンクラブや出会い系サイト利用型などの形態も多くなっている。

女子の性非行には従来から，①売春防止法違反事件の売春をしていた女子少年，②児童福祉法34条1項6号（淫行させる行為の禁止）違反事件の被害女子少年，③青少年保護育成条例による「みだらな性行為の禁止」違反事件の被害女子少年，④刑法182条（淫行勧誘罪）の被害女子少年，⑤ぐ犯送致したうち，不純な性行為をしていた女子少年，⑥その他不純な性行為を反復していた女子少年が対象とされてきたが，2000年以降には⑦児童買春・児童ポルノにかかる行為等の処罰及び児童の保護等に関する法律（通称，児童買春・児童ポルノ法）違反事件の被害女子少年，2004年以降には，⑧インターネット異性紹介事業を利用して児童を誘引する行為の規制等に関する法律（通称，出会い系サイト規制法）違反事件の被害女子少年がこれらに含まれるようになってきている。

売春・性非行は，女子非行の特徴の一つである。性非行を行う女子少年に対するさまざまな調査の結果は，一般の女子少年と比較した場合の特徴として，家庭環境が悪く，親の監護能力が低いこと，家庭適応がよくないこと，性的虐待の経験率が高いこと，学校適応がよくないこと，孤独の耐性が低く，自尊感情が低いこと，人格が未熟であること，初交年齢が低いこと，不特定多数の男性と性的関係をもつことが多いこと，などがあることを示している。特に母親との心理的な親密度が希薄で，それまでの親子関係の中で充足されない依存欲求を異性に対して求めた結果として，女子の性非行があると考えられている。

2　出会い系サイトの利用実態

警察庁の統計によれば，出会い系サイト規制法6条（禁止誘引行為）違反での送致件数は，統計を取り始めた2004年では31件であったが，2007年には100件を超え，2008年以降は300件を超えており，出会い系サイトにおいて，児童との性交や異性交際に関する誘引行為が数多く行われていることがわかる。社会安全研究財団（2007）による中学生女子1,569名と高校生女子1,511名に対する調査結果によれば，出会い系サイトへのアクセス経験を有する者は中学生女子で7.1%，高校生女子で8.7%であった。これら出会い系サイトへのアクセス経験を有する者の7割が携帯電話でアクセスしており，アクセスは興味本位で行われる場合（44.3%）が最も多く，次いで，同じ趣味を持つ仲間が欲しい（9.4%），恋人が欲しい（6.1%），悩みを相談できる友だちが欲しい（5.7%）など親密性の欲求を満たそうとする者が多かった。また，お小遣いが欲しい

(7.4%) という金銭的な欲求を動機として「援助交際」を目的とする者も含まれていた。

3 援助交際をする女子の特徴

「援助交際」は，必ずしも売春を意味するものではないが，近年，売春化の傾向を強めていることが指摘されている。この援助交際であるが，東京都生活文化局による調査（1996）によると，高校生女子における経験率が4.6%，中学生女子における経験率が3.0%であることが報告されている。高校生女子に対する調査結果では，援助交際の経験者や援助交際に対する抵抗感が弱い者の背景には，性非行の背景として指摘されてきた要因が共通して存在するほか，流行に追従する意識や，金銭を最優先に考える傾向，自分以外の事に対して関心が少なく，寂しさを埋め合わせるために他者を利用する傾向が強いなど，現代青年に特徴的な心性が認められている（桜庭ら，2001）。

4 援助交際に対する男性の意識

援助交際を容認する傾向は，時代や回答者の年齢層によって異なる。廣原と服部（2007）による男子高校生に対する調査では，「援助交際をよくない行為だから絶対にしない」という回答は37%にすぎず，「良くない行為だが個人の自由」（46%）が半数近くを占めており，「悪い行為だと思わない」という回答も7%認められた。これに対し，福富（2000）らは，60歳未満の成人男性の多くが「援助交際は売春の一つである」（79%）と認識しており，金品と引き換えに高校生女子とお茶・デートをすることや，セックス（性交）をすることに抵抗感を抱く（それぞれ81%，85%）ことを示した。援助交際に対する抵抗感の低さは，買春経験の有無や性への興味・関心の強さと関連しており，そうした成人男性は，女性をステレオタイプ視する傾向が強く，高校生女子を性的対象としてみなしている。こうした結果は，売春や女子性非行の対策には，その後買春の側に立ちうる男子少年に対するものを含める必要性があることを示唆している。

〈文献〉

福富　護（研究代表者）　2000　「援助交際」に対する成人男性の意識と背景要因　財団法人女性のためのアジア平和国民基金報告書

廣原紀恵・服部恒明　2007　高校生男子のSTD（性感染症）に関する知識と性行動の意識について　茨城大学教育学部紀要（教育科学），**56**，155-164.

桜庭隆浩・松井　豊・福富　護・成田健一・上瀬由美子・宇井美代子・菊島充子　2001　女子高校生における「援助交際」の背景要因　教育心理学研究，**49**，167-174.

社会安全研究財団　2007　出会い系サイトに関する調査報告書　（財）社会安全研究財団

総理府　1986　売春対策の現状　総理府

東京都生活文化局　1996　中学・高校生の生活と意識に関する調査（中間報告）　東京都生活文化局

文　　献

■第1章

Abbey, A., Zawacki, T., Buck, P. O., Testa, M., Parks, K., Norris, J., Martin, S. E., Livingston, J. A., McAuslan, P. A., Clinton, A. M., Kennedy, C. L., George, W. H., Davis, K. C., & Martell, J. 2002 How does alcohol contribute to sexual assault? Explanations from laboratory and survey data. *Alcoholism: Clinical and experimental research*, **26**(4) 575-581.

安香　宏・鎌原雅彦・清水　裕・星野周弘・麦島文夫　2001　痴漢・ストーカー被害に関する不安感と対処に関する研究　社会安全研究財団調査研究事業報告書　http://www.syaanken.or.jp/index2.html

Bartol, C. R., & Bartol, A. M. 2005 *Criminal Behavior: Psychosocial Approach* (7th ed.). NJ: Prentice Hall. 羽生和紀（監訳）横井幸久・田口真二（編訳）2006　犯罪心理学―行動科学のアプローチ―　北大路書房

曹　陽・高木　修　2005　女性の服装は痴漢被害の原因になるか―「痴漢神話」に関する被服社会心理学的研究―　繊維製品消費科学，**46**(11)，743-747.

Dussich, J. P. J., & Shinohara, S.　2001　Non-reporting of sexual assault in Japan. *Acta Crim. Japon*, **67**(1), 21-33.

橋本健一・藤田一夫　1964　性的犯罪者の心理特性に関する一考察　犯罪心理学研究，**1**(2), 105-111

法務省法務総合研究所　2005　法務総合研究所研究部報告29　―第2回犯罪被害実態（暗数）調査―

法務省法務総合研究所　2008　犯罪白書（平成20年版）

井上和則・岡本英生　1997　質問紙への回答に見られる少年鑑別所入所少年の社会的望ましさ　犯罪心理学研究，**35**（特別号），76-77.

伊藤冨士江　1985　性非行で補導された女子少年の性行動と性意識　科学警察研究所報告防犯少年編，**26**(1)，58-69

伊藤冨士江　1987a　女子少年による性非行に関する研究　1．生活様式の逸脱度と性非行の態様との関連　科学警察研究所報告防犯少年編，**28**(1)，52-62

伊藤冨士江　1987b　女子少年による性非行に関する研究　2．性非行の背景要因の分析　科学警察研究所報告防犯少年編，**28**(1)，63-71

岩見広一・横田賀英子・渡邉和美　2005　犯罪手口に基づく被疑者順位づけシステムを応用した屋内強姦における犯罪者プロファイリングの方法　科学警察研究所報告犯罪行動科学編，**42**(1)，80-87.

岩崎直子　2000　日本の男女学生における性的被害―date/acquaintance rape の経験および被害者にとっての"重要な他者"としての経験―　こころの健康，**15**(2)，52-61.

角山　剛・松井賚夫・都築幸恵　2003　セクシュアル・ハラスメントを生む組織風土　―統合過程モデルの検証―　産業・組織心理学研究，**17**(1)，25-33.

河上婦志子　2000　共同研究　スクール・セクシュアル・ハラスメント　神奈川大学心理・教育研究論集，**19**，172-182.

Kilpatrick, D. G., Edmunds, C. N., & Seymour, A. K. 1992　*Rape in America: Report to the nation*. National Victim Center.

小宮山　要・松本　巌・土井敏彦・斉藤勝次　1970a　単独強姦の犯行過程（1）―攻撃場面を中心とした既遂，未遂要因の比較―　科学警察研究所報告防犯少年編，**11**(1)，50-58.

小宮山　要・松本　巌・土井敏彦・斉藤勝次　1970b　単独強姦の犯行過程（2）―犯行場面を中心とした既遂，未遂要因の比較―　科学警察研究所報告防犯少年編，**11**(1)，59-72.

小西吉呂　2001　性被害調査をめぐる諸問題　―質問紙調査に寄せられた自由記述をもとに―　沖縄大学法経学部紀要，**1**，35-51.

小西吉呂・名嘉幸一・和氣則江・石津　宏　2000　大学生の性被害に関する調査報告―警察への通報

および求められる援助の分析を中心に— こころの健康, **15**(2), 62-71.
Koss, M. P., Dinero, T. E., Seibel. C. A., & Cox, S. L. 1988 Stranger and acqaintance rape: Are there differences in the Victim's experience? *Psychology of Women Quarterly*, **12**, 1-24.
Krahé, B. 2001 *The Psychology of Aggression*. New York: Psychology Press. 秦 一士・湯川進太郎 (編訳) 2004 攻撃の心理学 北大路書房
Malamuth, N. M. 1981 Rape proclivity among males. *Journal of Social Issues*, **37**, 138-157.
見神誠子 1968 類型化による性非行機制への接近の試み 犯罪心理学研究, **5**(2), 26-29.
森正義彦・篠原弘章 2007 心理学研究法 培風館
大渕憲一・石毛 博・山入端津由・井上和子 1985 レイプ神話と性犯罪 犯罪心理学研究, **23**, 1-12.
越智啓太 2006 虐待の疑いのある子どもに対する面接技法の開発—被誘導性対策を中心として— 科学研究費補助金成果報告書基盤研究(C) 研究成果報告書
小俣謙二 1997 セクシュアル・ハラスメントに関する女子短大生の被害体験と態度 学校保健研究, **39**(5), 423-431.
小俣謙二 2003 セクシュアル・ハラスメント被害がもたらす心理的影響に関する研究 —女子短期大学生を対象とした調査— 駿河台大学論叢, **27**, 135-150.
Russel, D. E. H. 1983 The prevalence and incidence of forcible rape and attempted rape of females. *Victimology: An International Journal*, **7**, 81-93.
坂本真士 1995 抑うつと不安における正常と異常 精神科診断学, **6**, 131-142.
坂本真士 2000 アナログ研究—臨床心理学研究の技法— 福村出版 Pp. 119-125.
佐野幸子 2006 セクシュアルハラスメントに対する意識—行為への不快感・被害者への認知等の視点から— 臨床心理学, **3**, 31-37.
笹川真紀子・小西聖子・安藤久美子・佐藤志穂子・高橋美和・石井トク・佐藤親次 1998 日本の成人女性における性的被害調査 犯罪学雑誌, **64**(6), 202-212.
性暴力被害少年対策研究会 1999 少年の性暴力被害の実態とその影響に関する研究報告書 (財)社会安全研究財団助成研究事業
Takamura, S. 2007 An overview of offender profiling and the current situation in Japan. *Japanese Journal of Applied Psychology*, **33**(1), 13-22.
田村雅幸 1992a 幼少児誘拐・わいせつ事件の犯人の特性の分析 科学警察研究所報告防犯少年編, **33**(1), 30-41.
田村雅幸 1992b 幼少児誘拐・わいせつ事件の実態 科学警察研究所報告防犯少年編, **33**(1), 95-102.
田村雅幸 1993 質問紙調査法における非行少年の回答の歪曲について 犯罪心理学研究, **31**(1), 1-12.
田中堅一郎 2000 日本語版セクシュアル・ハラスメント可能性尺度についての検討—セクシュアル・ハラスメントに関する心理学的研究— 社会心理学研究, **16**(1), 13-26.
津富 宏 2003 女子学生の性的被害の測定 犯罪社会学研究, **28**, 141-144.
山上 皓・渡邉和美 2005 高齢者にみられる性犯罪 老年精神医学雑誌, **16**, 1274-1280.
山口雅敏 2006 非行少年を対象とした質問紙検査における再検査効果について 犯罪心理学研究, **43**(2), 13-27.
山口静夫・室井誠一・澤田直子・吉田弘之 1984 殺人, 強盗及び強姦事犯者に関する研究—受刑者の意識を中心として (第1報告)— 法務総合研究所研究部紀要, **27**, 1-31.
山岡一信 1965 犯罪行動の形態 (第4報)—性犯罪(1) 科学警察研究所報告, **18**(3), 281-287.
山岡一信 1966a 犯罪行動の形態 (第4報)—性犯罪(2) 科学警察研究所報告, **19**(2), 167-172.
山岡一信 1966b 犯罪行動の形態 (第4報)—性犯罪(3) 科学警察研究所報告, **19**(3), 202-208.
山岡一信 1968 性的動機による犯罪およびその諸特性 科学警察研究所報告, **21**(4), 401-414.
横田賀英子・藤田悟郎・渡邉和美・伊原直子・吉本かおり 2007 連続略取誘拐事件の犯罪者プロファイリング手法の一考察—被害者の年齢別にみた犯行形態と犯人属性について— 犯罪心理学研

究, **45**(1), 35-45.
湯川進太郎・泊 真児 1999 性的情報接触と性犯罪行為可能性—性犯罪神話を媒介として— 犯罪心理学研究, **37**(2), 15-28.
渡邉和美・田村雅幸 1999a 13歳未満の少女を対象とした強姦事件の犯人像分析—1加害者の特徴と犯歴に関する分析— 科学警察研究所報告防犯少年編, **40**, 67-81.
渡邉和美・田村雅幸 1999b 13歳未満の少女を対象とした強姦事件の犯人像分析—2加害者・被害者間の面識関係に関する分析— 科学警察研究所報告防犯少年編, **41**, 58-66.

■第2章
(第1節)
Albert, D. J., Walsh, M. L., & Jonik, R. H. 1993 Aggression in humans: What is its biological foundation? *Neuroscience and Biobehavioral Reviews*, **17**, 405-425.
Anderson, K. B., Cooper, H., & Okamura, L. 1997 Individual differences and attitudes toward rape: A meta-analytic review. *Personality and Social Psychology Bulletin*, **23**, 295-315.
新井康允 1999 脳の性差—男と女の心を探る— 共立出版
Archer, J. 1991 The influence of testosterone on human aggression. *British Journal of Psychology*, **82**, 1-28.
Bailey, J. M., Kirk, K. M., Zhu, G., Dunne, M. P., & Martin, N. G. 2000 Do individual differences in sociosexuality represent genetic or environmentally contingent strategies? Evidence from the Australian twin registry. *Journal of Personality and Social Psychology*, **78**, 537-545.
Bartol, C. R., & Bartol, A. M. 2005 *Criminal behavior: A psychosocial approach* (7th ed.). NJ: Prentice Hall. 羽生和紀 (監訳) 横井幸久・田口真二 (編訳) 2006 犯罪心理学—行動科学のアプローチ— 北大路書房
Bartz, J. A., & Hollander, E. 2006 The neuroscience of affiliation: Forging links between basic and clinical research on neuropeptides and social behavior. *Hormones and Behavior*, **50**, 518-528.
Belsky, J., Steinberg, L., & Draper, P. 1991 Childhood experience, interpersonal development, and reproductive strategy: An evolutionary theory of socialization. *Child Development*, **62**, 647-670.
Book, A. S., & Quinsey, V. L. 2005 Re-examining the issue: A response to Archer et al. *Aggression and Violent Behavior*, **10**, 637-646.
Bradford, J. M., & Pawlak, A. 1993a Effects of cyproterone acetate on sexual arousal patterns of pedophiles. *Archives of Sexual Behavior*, **22**, 629-641.
Bradford, J. M., & Pawlak, A. 1993b Double-blind placebo crossover study of cyproterone acetate in the treatment of the paraphilias. *Archives of Sexual Behavior*, **22**, 383-402.
Brown, W. A., Monti, P. M., & Corriveau, D. P. 1978 Serum testosterone and sexual activity and interest in men. *Archives of Sexual Behavior*, **7**, 97-103.
Brownmiller, S. 1976 *Against our will: Men, women, and rape*. New York: Bantam.
Buss, D. M. 1994 *The evolution of desire: Strategies of human mating*. Newbury Park, NJ: Sage.
Buss, D. M., & Schmitt, D. P. 1993 Sexual strategies theory: An evolutionary perspective on human mating. *Psychological Review*, **100**, 204-232.
Clutton-Brock, T. H., & Vincent, A. C. 1991 Sexual selection and the potential reproductive rates of males and females. *Nature*, **352**, 58-60.
Cooper, A. J., Sandhu, S., Losztyn, S., & Cernovsky, Z. 1992 A double-blind placebo controlled trial of medroxyprogesterone acetate and cyproterone acetate with seven pedophiles. *Canadian Journal of Psychiatry*, **37**, 687-693.
Dean, K. E., & Malamuth, N. M. 1997 Characteristics of men who aggress sexually and of men who imagine aggressing: Risk and moderating variables. *Journal of Personality and Social Psychology*, **72**, 449-455.
Dixson, A. F. 1980 Androgens and aggressive behavior in primates: A review. *Aggressive Behavior*, **6**, 37-

67.
Ellis, L. 1989 *Theories of rape: Inquiries into the causes of sexual aggression.* New York: Hemisphere.
Ferrari, P. F., Palanza, P., Parmigiani, S., de Almeida, R. M., & Miczek, K. A. 2005 Serotonin and aggressive behavior in rodents and nonhuman primates: predispositions and plasticity. *European Journal of Pharmacology,* **526,** 259-273.
Gebhard, P. H., Gagnon, J. H., Pomeroy, W. B., & Christenson, C. V. 1965 *Sex offenders: An analysis of types.* New York: Harper & Row.
Giotakos, O., Markianos, M., Vaidakis, N., & Christodoulou, G. N. 2003 Aggression, impulsivity, plasma sex hormones, and biogenic amine turnover in a forensic population of rapists. *Journal of Sex & Marital Therapy,* **29,** 215-225.
Groth, A. N., & Burgess, A. W. 1977 Rape: A sexual deviation. *American Journal of Orthopsychiatry,* **47,** 400-406.
Grunt, J. A., & Young, W. C. 1952 Differential reactivity of individuals and the response of the male guinea pig to testosterone propionate. *Endocrinology,* **51,** 237-248.
Hammock, E. A., & Young, L. J. 2002 Variation in the vasopressin V1a receptor promoter and expression: Implications for inter- and intraspecific variation in social behaviour. *European Journal of Neuroscience,* **16,** 399-402.
Hammock, E. A. D., & Young, L. J. 2005 Microsatellite instability generates diversity in brain and sociobehavioral traits. *Science,* **308,** 1630-1634.
長谷川寿一・長谷川眞理子　2000　進化と人間行動　東京大学出版会
Heim, N., & Hursch, C. J. 1979 Castration for sex offenders: Treatment or punishment? A review and critique of recent European literature. *Archives of Sexual Behavior,* **8,** 281-304.
Insel, T. R., & Young, L. J. 2001 The neurobiology of attachment. *Nature Reviews Neuroscience,* 2, 129-136.
Kafka, M. P. 1997 A monoamine hypothesis for the pathophysiology of paraphilic disorders. *Archives of Sexual Behavior,* **26,** 343-358.
Kanin, E. J. 1985 Date rapists: differential sexual socialization and relative deprivation. *Archives of Sexual Behavior,* **14,** 219-231.
金城辰夫　1996　図説　現代心理学入門（改訂版）　培風館
近藤保彦・小川園子・菊水健史・山田一夫・富原一哉（編）　2010　脳とホルモンの行動学—行動神経内分泌学への招待—　西村書店
Lalumière, M. L., Chalmers, L. J., Quinsey, V. L., & Seto, M. C. 1996 A test of the mate deprivation hypothesis of sexual coercion. *Ethology and Sociobiology,* **17,** 299-318.
Lim, M. M., & Young, L. J. 2006 Neuropeptidergic regulation of affiliative behavior and social bonding in animals. *Hormones and Behavior,* **50,** 506-517.
Macdonald, J. M. 1971 *Rape: Offenders and their victims.* Springfield, IL: C. C. Thomas.
Malamuth, N. M. 1993 An evolutionary-based model integrating research on the characteristics of sexually coercive men. In J. G. Adair, D. Belanger, & K. L. Dion（Eds.）, *Advances in psychological science, Vol. 1: Social, personal, and developmental aspects.* Hove, UK: Psychology Press. Pp. 151-184.
Malamuth, N. M., Heavey, C. L., & Linz, D. 1996 The confluence model of sexual aggression: Combining hostile masculinity and impersonal sex. *Journal of Offender Rehabilitation,* **23,** 13-37.
Malamuth, N. M., Linz, D., Heavey, C. L., Barnes, G., & Acker, M. 1995 Using the confluence model of sexual aggression to predict men's conflict with women: A 10-year follow-up study. *Journal of Personality and Social Psychology,* **69,** 353-369.
Malamuth, N. M., & Malamuth, E. Z. 1999 Integrating multiple levels of scientific analysis and the confluence model of sexual coercers. *Jurimetrics: Journal of Law and Science,* **39,** 157-179.
Malamuth, N. M., Sockloskie, R. J., Koss, M. P., & Tanaka, J. S. 1991 The characteristics of aggressors against women: Testing a model using a national sample of college students. *Journal of Consulting*

and Clinical Psychology, **59**, 670-681.
Meyer, W. J. III, Cole, C., & Emory, E. 1992 Depo provera treatment for sex offending behavior: An evaluation of outcome. *The Bulletin of the American Academy of Psychiatry and the Law*, **20**, 249-259.
Mitchell, G. 1981 *Human sex differences: A primatologist's perspective*. New York: Van Nostrand Reinhold Company. 鎮目恭夫（訳）1983 男と女の性差―サルと人間の比較― 紀伊國屋書店
Mosher, D. L., & Anderson, R. D. 1986 Macho personality, sexual aggression, and reactions to guided imagery of realistic rape. *Journal of Research in Personality*, **20**, 77-94.
Moyer, K. E. 1968 Kinds of aggression and their physiological basis. *Communications in Behavioral Biology*, **2**, 65-87.
Nelson, R. J. 2005 *An introduction to behavioral endocrinology* (3rd ed.). Sunderland, MA: Sinauer Associates.
Norris, J. 1988 *Serial killers*. Broadway, NY: Doubleday.
Oliver, M. B., & Hyde, J. S. 1993 Gender differences in sexuality: A meta-analysis. *Psychological Bulletin*, **114**, 29-51.
Palmer, C. T. 1988 Twelve reasons why rape is not sexually motivated: A skeptical examination. *The Journal of Sex Research*, **25**, 512-530.
Palmer, C. T. 1989 Rape in nonhuman animal species: Definitions, evidence and implications. *Journal of Sex Research*, **26**, 355-374.
Palmer, C. T. 1991 Human rape: Adaptation or by-product? *The Journal of Sex Research*, **28**, 365-386.
Palmer, C. T. 1992 The use and abuse of darwinian psychology: Its impact on attempts to determine the evolutionary basis of human rape. *Ethology and Sociobiology*, **13**, 289-299.
Phelps, S. M., & Young, L. J. 2003 Extraordinary diversity in vasopressin (V1a) receptor distributions among wild prairie voles (Microtus ochrogaster): Patterns of variation and covariation. *The Journal of Comparative Neurology*, **466**, 564-576.
Pinel, J. P. J. 2003 *Biopsychology*. (5th ed.) Boston: Pearson Education. 佐藤 敬・若林孝一・泉井 亮・飛鳥井 望（訳）2005 バイオサイコロジー―脳 心と行動の神経科学― 西村書店
Pope, H. G, Jr., Kouri, E. M., & Hudson, J. I. 2000 Effects of supraphysiologic doses of testosterone on mood and aggression in normal men: A randomized controlled trial. *Archives of General Psychiatry*, **57**, 133-140.
Popova, N. K., Nikulina, E. M., & Kulikov, A. V. 1993 Genetic analysis of different kinds of aggressive behavior. *Behavior Genetics*, **23**, 491-497.
Rada, R. T. (Ed.) 1978 *Clinical aspects of the rapist*. New York: Grune & Stratton.
Rose, R. M., Bernstein, I. S., Gordon, T. P., & Lindsley, J. G. 1978 Changes in testosterone and behavior during adolescence in the male rhesus monkey. *Psychosomatic Medicine*, **40**, 60-70.
Rosler, A. & Witztum, E. 1998 Treatment of men with paraphilia with a long-acting analogue of gonadotropin-releasing hormone. *The New England Journal of Medicine*, **338**, 416-422.
Sadowsky, M., Antonovsky, H., Sobel, R., & Maoz, B. 1993 Sexual activity and sex hormone levels in aging men. *International Psychogeriatrics*, **5**, 181-186.
坂口菊恵 2006 一夫一妻配偶システムと恋愛 齊藤 勇（編）イラストレート恋愛心理学 誠信書房 Pp. 147-157.
Sanders, W. B. 1980 *Rape and woman's identity*. Newbury Park, CA: Sage.
Sanford, L. T., & Fetter, A. 1979 *In defense of ourselves: A rape prevention handbook*. Garden City, NY: Doubleday.
Schmitt, D. P. et al. 2003 Universal sex differences in the desire for sexual variety: Tests from 52 nations, 6 continents, and 13 islands. *Journal of Personality and Social Psychology*, **85**, 85-104.
Shields, W. M., & Shields, L. M. 1983 Forcible rape: An evolutionary perspective. *Ethology and Sociobiology*, **4**, 115-136.
Simon, N. G., Kaplan, J. R., Hu, S., Register, T. C., & Adams, M. R. 2004 Increased aggressive behavior

and decreased affiliative behavior in adult male monkeys after long-term consumption of diets rich in soy protein and isoflavones. *Hormones and Behavior*, **45**, 278-284.

Simon, N. G., McKenna, S. E., Lu, S. F., & Cologer-Clifford, A. 1996 Development and expression of hormonal systems regulating aggression. *Annals of the New York Academy of Sciences*, **794**, 8-17.

Smuts, B. 1992 Male aggression against women. *Human Nature*, **3**, 1-44.

Susman, E. J., Inoff-Germain, G., Nottelmann, E. D., Loriaux, D. L., Cutler, G. B, Jr. & Chrousos, G. P. 1987 Hormones, emotional dispositions, and aggressive attributes in young adolescents. *Child Development*, **58**, 1114-1134

Symons, D. 1979 *The evolution of human sexuality*. New York: Oxford University Press.

Thornhill, R., & Palmer, C. T. 2000 *A natural history of rape: Biological bases of sexual coercion*. Cambridge, MA: The MIT Press. 望月弘子（訳）2006 人はなぜレイプするのか——進化生物学が解き明かす 青灯社

Thornhill, R., & Thornhill, N. W. 1983 Human rape: An evolutionary analysis. *Ethology and Sociobiology*, **4**, 137-173.

Thornhill, R., & Thornhill, N. W. 1992 The evolutionary psychology of men's sexual coercion. *Behavioral and Brain Sciences*, **15**, 363-375.

Travis, C. B.（Ed.）2003 *Evolution, gender, and rape*. Cambridge, MA: The MIT Press.

Trivers, R. L. 1972 Parental investment and sexual selection. In B. Campbell（Ed.）, *Sexual selection and the decent of men 1871-1971*. Chicago: Aldine. Pp. 136-179.

Vigil, J. M., Geary, D. C., & Byrd-Craven, J. 2005 A life history assessment of early childhood sexual abuse in women. *Developmental Psychology*, **41**, 553-561.

Walum, H., Westberg, L., Henningsson, S., Neiderhiser, J. M., Reiss, D., Igl. W., Ganiban, J. M., Spotts, E. L., Pedersen, N. L., Eriksson, E. & Lichtenstein, P.（2008）. Genetic variation in the vasopressin receptor la gene（*AVPR1A*）associates with pair-bonding behavior in humans. Proc Natl Acad Sci USA, 105, 14153-14156.

Weinberger, L. E., Sreenivasan, S., Garrick, T., & Osran, H. 2005 The impact of surgical castration on sexual recidivism risk among sexually violent predatory offenders. *The Journal of the American Academy of Psychiatry and the Law*, **33**, 16-36.

Wrangham, R., & Peterson, D. 1996 *Demonic males: Apes and the origins of male violence*. Boston, MA: Houghton Mifflin. 山下篤子（訳）1998 男の凶暴性はどこからきたか 三田出版会

Young, L. J., Nilson, R., Waymire, K. G., MacGregor, G. R., & Insel, T. R. 1999 Increased affiliative response to vasopressin in mice expressing the V1a receptor from a monogamous vole. *Nature*, **400**, 766-768.

Young, L. J., & Wang, Z. 2004 The neurobiology of pair bonding. *Nature Neuroscience*, **7**, 1048-1054.

Zitzmann, M., & Nieschlag, E. 2001 Testosterone levels in healthy men and the relation to behavioural and physical characteristics: Facts and constructs. *European Journal of Endocrinology*, **144**, 183-197.

（第2節）

Bartol, C. R., & Bartol, A. M. 2005 *Criminal Behavior: Psychosocial Approch*（7th ed.） NJ: Prentice Hall. 羽生和紀（監訳）横井幸久・田口真二（編訳）2006 犯罪心理学——行動科学のアプローチ— 北大路書房

Bumby, K. M., Marshall, W. L., & Langton, C. 1999 A theoritical model of the influences of shame and guilt on sexual offending. In B. K. Schwartz（Ed.）, *The Sex Offender*. NJ: Civic Research Institute.

Burt, M. R. 1980 Cultural myths and supports for rape. *Journal of Personality and Social Psychology*, **38**（2）, 217-230.

Davis, K. C., Norris, J., George, W. H., Martell, J., & Heiman, J. R. 2006 Men's likelihood of sexual aggression: The influence of alcohol, sexual arousal, and violent pornography. *Aggressive Behavior*, **32**, 581-589.

Davis, M. H. 1983 Measuring individual differences in empathy: Evidence for a multidimensional

approach. *Journal of Personality and Social Psychology*, **44**, 113-126.
出口保行・大川　力　2004　エンパシッククライムに関する研究(1)　犯罪心理学研究, **42**（特別号），140-141.
Drieschner, K., & Lange, A. 1999 A review of cognitive factors in the etiology of rape. *Clinical Psychology Review*, **19**, 57-77.
Ellis, L. 1991 A synthesized (biosocial) theory of rape. *Journal of Consulting and Clinical Psychology*, **59**, 631-642.
藤岡淳子　2006　性暴力の理解と治療教育　誠信書房
Hald, G. M., Malamuth, N. M., & Yuen, C. 2010 Pornography and attitudes supporting violence against women: revisiting the relationship in nonexperimental studies. *Aggressive Behavior*, **36**(1), 14-20.
Hall, G. C. N., & Hirschman. R. 1991 Toward a theory of sexual aggression: A quadripartite model. *Journal of Consulting and Clinical Psychology*, **59**(5), 662-669.
稲葉小由紀・新堂研一　2007　非行少年における罪悪感の様相(3)　日本心理学会第71回大会発表論文集, 403.
菊池章夫　1988　思いやりを科学する　川島書店
Kingston, D. A., Fedoroff, P., Firestone, P., Curry, S., & Bradford, J. M. 2008 Pornography use and sexual aggression: The impact of frequency and type of pornography use on recidivism among sexual offenders. *Aggressive Behavior*, **34**, 1-11.
北風菜穂子・伊藤武彦・井上孝代　2009　レイプ神話受容と被害者―加害者の関係によるレイプの責任判断に関する研究―　応用心理学研究, **34**(1), 56-57.
Knight, R. A., & Sims-Knight, J. E. 2004 Testing an etiological model for male juvenile sexual offending against females. *Journal of Child Sexual Abuse*, **13**, 33-55.
Koss, M. P., Abbey. A., Campbell, R., Cook, S., Norris, J., Testa, M., Ullman, S., West, C., & White, J. 2007 Revising the SES: A collaborative process to improve assessment of sexual aggression and victimization. *Psychology of Women Quarterly*, **31**(4), 357-370.
Koss, M. P., & Gidycz, C. A. 1985 Sexual experiences survey: Reliability and validity. *Journal of Consulting and Clinical Psychology*, **53**(3), 422-423.
Koss, M. P., Gidycz, C. A., & Wisniewski, N. 1987 The scope of rape: incidence and prevalence of sexual aggression and victimization in a national sample of higher education students. *Journal of Consulting and Clinical Psychology*, **55**(2), 162-170.
Koss, M. P., & Oros, C. J. 1982 Sexual experiences survey: A research instrument investigating sexual aggression and victimization. *Journal of Consulting and Clinical Psychology*, **50**(3), 455-457.
Krahé, B. 2001 *The Psychology of Aggression*. New York: Psychology Press. 秦　一士・湯川進太郎（編訳）2004　攻撃の心理学　北大路書房
Malamuth, N. M. 1981 *Rape Proclivity among males*. Journal of Social Issues, **37**, 138-157.
Malamuth, N. M. 2003 Criminal and non-criminal sexual aggressors: Integrating psychopathy in a hierarchical-mediational confluence model. In R. A. Prentky, E. Janus, & M. Seto (Eds.), Understanding and Managing Sexually Coercive Behavior. *Annals of the New York Academy of Sciences*, Vol. 989. New York: New York Academy of Sciences. Pp. 33-58.
Malamuth, N. M., & Ceniti, J., 1986 Repeated exposure to violent and nonviolent pornography: Likelihood of raping ratings and laboratory aggression against women. *Aggressive Behavior,* **12**(2), 129-137.
Malamuth, N. M., Linz, D., Heavey, C. L., Barnes, G., & Acker, M. 1995 Using the confluence model of sexual aggression to predict men's conflict with women: A 10-year follow-up study. *Journal of Personality and Social Psychology*, **69**(2), 353-369.
Marshall, W. L., Champagne, F., Sturgeon, C., & Bryce, P. 1997. Increasing the self-esteem of child molesters. *Sexual Abuse: A Journal of Research and Treatment*, **9**, 321-333.
Mihailides, S., Devilly, G. J., & Ward, T. 2004 Implicit cognitive distortions and sexual offending. *Sexual Abuse: A Journal of Research and Treatment*, **16**, 333-350.

文 献

Muehlenhard, C. L. 1988 Misinterpreted dating behaviors and the risk of date rape. *Journal of Social and Clinical Psychology*, **6**, 20-37.
越智啓太 2007 子どもに対する性犯罪に関する研究の現状と展開(1)―発生状況と犯人の特性― 法政大学文学部紀要, 54, 107-117.
大渕憲一 1991 暴力的ポルノグラフィー―女性に対する暴力, レイプ傾向, レイプ神話, 及び性的反応との関係― 社会心理学研究, 6(2), 119-129.
大渕憲一・石毛 博・山入端津由・井上和子 1985 レイプ神話と性犯罪 犯罪心理学研究, **23**, 1-12.
大住猛雄・浜井郁子 2000 共感性 総務庁青少年対策本部 青少年の暴力感と非行に関する研究調査 http://www8.cao.go.jp/youth/kenkyu/hikoug/pdf/0-1.html
Osborne, K. 1982 Sexual violence. In M. P. Feldman (Ed.), *Developments in the study of criminal behavior: Vol. 2. Violence*. New York: Wiley.
Rice, M. E., Chaplin, T. C., Harris, G. T., & Coutts, J. 1994 Empathy for the victim and sexual arousal among rapists and nonrapists. *Journal of Interpersonal Violence*, **9**(4), 435-449.
佐渡眞紀子 1999 大学生の性暴力観に内在するコミュニケーションの問題―異文化間コミュニケーションの視点からみた性暴力― 慶應義塾大学メディア・コミュニケーション研究所紀要, **49**, 133-148.
鈴木淳子 1991 平等主義的性役割態度―SESRA（英語版）の信頼性と妥当性の検討および日米女性比較― 社会心理学研究, **6**, 80-87.
鈴木淳子 1994 平等主義的性役割態度スケール短縮版（SESRA-S）の作成 心理学研究, **65**, 34-41.
田口真二・平 伸二・桐生正幸・池田 稔 2006 一般成人男性を対象とした性暴力加害に関する自己報告研究 犯罪心理学研究, **44**(特別号), 130-131.
田口真二・猪口武典 1998 多変量解析法による連続強姦犯の行動分析 日本鑑識技術学会第4回学術集会講演要旨集, 139.
田口真二・桐生正幸・伊藤可奈子・池田 稔・平 伸二 2007a 男性用性的欲求尺度（SDS-M）の作成と信頼性・妥当性の検討 犯罪心理学研究, **45**, 1-13.
田口真二・桐生正幸・平 伸二・池田 稔 2007c 性犯罪行動に関わる要因構造の等質性・連続性 犯罪心理学研究, **45**(特別号), 114-115.
田口真二・荘島宏二郎・平 伸二・桐生正幸 2007b 性犯罪の発生に関わる個人要因 日本心理学会第71回大会発表論文集, 404.
田村雅幸 1993 質問紙調査法における非行少年の回答の歪曲について 犯罪心理学研究, **31**(1), 1-12.
Vega, V., & Malamuth, N. 2003 A mediational-hierarchical model of sexual aggression. Paper presented at the annual meeting of the International Communication Association, Marriott Hotel, San Diego, CA Online, 1-23.
Vega, V., & Malamuth, N. 2007 Predicting sexual aggression: The role of pornography in the context of general and specific risk factors. *Aggressive Behavior*, **33**, 104-117.
Ward, T., Polaschek, D. L. L., & Beech, A. R. 2006 Malamuth's confluence model of sexual aggression. Chapter 6, in *Theories of Sex Offending*. London: Wiley.
Wheeler, J. G., George, W. H., & Dahl, B. J. 2002 Sexually aggressive college males: Empathy as a moderator in the "Confluence Model" of sexual aggression. *Personality and Individual Differences*, **33**, 759-775.
山口雅敏 2005 非行少年を対象とした質問紙検査における再検査効果について 犯罪心理学研究, **43**(2), 13-27.
柳井晴夫・柏木繁男・国生理枝子 1987 プロマックス回転法による新性格検査の作成について（I） 心理学研究, **58**, 158-165.
湯川進太郎・泊 真児 1999 性的情報接触と性犯罪行為可能性―性犯罪神話を媒介として― 犯罪

心理学研究, **37**(2), 15-28.
(第3節)
Abbey, A., Zawacki, T., Buck, P. O., Clinton, A.M., & McAuslan, P. 2001 Alcohol and sexual assault. *Alcohol Research & Health*, **25**(1), 43-51.
Allen, M., D'Alessio, D., & Brezegel, K., 1995 A meta-analysis summarizing the effects of pornography II: Aggression After Exposure. *Human Communications Research*, **22**, 258-283.
Allen, M., Emmers, T., Gebhardt, L., & Giery, M. A. 1995b. Exposure to pornography and acceptance of rape myths. *Journal of Communication*, **45**, 5-26.
Bartol, C. R., & Bartol, A. M. 2005 *Criminal Behavior: Psychosocial Approach*（7th Ed.）. NJ: Prentice Hall. 羽生和紀（監訳） 横井幸久・田口真二（編訳） 2006 犯罪心理学―行動科学のアプローチ― 北大路書房
Bauserman, R. 1996 Sexual aggression and pornography: A review of correlational research. *Basic and Applied Social Psychology*, **18**(4), 405-427.
Boeringer, S. B. 1994 Pornography and sexual aggression: Associations of violent and nonviolent depictions with rape and rape proclivity. *Deviant Behavior*, **15**, 289-304.
朴　元奎　2001　計量犯罪学―犯罪学がわかる―　朝日新聞社　Pp. 112-113.
Davis, K. C., Norris, J., George, W. H., Martell, J., & Heiman, J. R. 2006 Men's likelihood of sexual aggression: The influence of alcohol, sexual arousal, and violent pornography. *Aggressive Behavior*, **32**, 581-589.
Diamond, M., & Uchiyama, A. 1999 Pornography, rape and sex crimes in Japan. *International Journal of Law and Psychiatry*, **22**(1), 1-22.
儀間義一　2009　共和分回帰・誤差修正モデルによる仮釈放者再入所への経済変動の効果の検証　心理学研究, **80**(3), 207-214.
Greenfeld, L. A. 1997 Sex offences and offenders: An analysis of data on rape and sexual assault. US Department of Justice Bureau of Justice Statistics Report no. NCJ-163392.　http://www.ojp.usdoj.gov/bjs/pub/pdf/soo.pdf
Hald, G. M., Malamuth, N. M., & Yuen, C. 2010 Pornography and attitudes supporting violence against women: Revisiting the relationship in nonexperimental studies. *Aggressive Behavior*, **36**(1), 14-20.
羽生和紀　2005　犯罪環境心理学　越智啓太（編）犯罪心理学　朝倉書店　Pp.30-52.
法務省　2006　犯罪白書（平成18年版）
Hulin, C. L., Fitzgerald, L. F., & Drasgow, F. 1996 Organizational influences on sexual harassment. In Stockdale, M. S.(Ed.), *Sexual Harassment in the Work-place*: *Perspectives, Frontiers, and Response Strategies. Vol. 5: Woman and Work*. London: Stage. Pp.127-150.
角山　剛・松井賚夫・都築幸恵　2003　セクシュアル・ハラスメントを生む組織風土―統合過程モデルの検証―　産業・組織心理学研究, **17**(1), 25-33.
警察庁　2009　平成20年の犯罪　http://www.npa.go.jp/toukei/keiji37/h20hanzaitoukei.htm
Kingston, D. A., Fedoroff, P., Firestone, P., Curry, S., & Bradford, J. M. 2008 Pornography use and sexual aggression: The impact of frequency and type of pornography use on recidivism among sexual offenders. *Aggressive Behavior*, **34**, 1-11.
小林敦子　2006　地方自治体の男性職員によるジェンダー・ハラスメント―男女平等とされている組織の意外な側面―　日本大学大学院総合社会情報研究科紀要, **7**, 431-440.
小林敦子　2009　ジェンダー・ハラスメントが達成動機に及ぼす効果　―地方公務員の女性を対象として―　応用心理学研究, **34**(1), 10-22.
厚生労働省　2006　事業主が職場における性的な言動に起因する問題に関して雇用管理上講ずべき措置についての指針　平成18年厚生労働省告示第615号
Krahé, B. 2001 *The Psychology of aggression*. New York : Psychology Press. 秦　一士・湯川進太郎（編訳）2004　攻撃の心理学　北大路書房
Lloyd, C., & Walmsley, R. 1989 *Changes in rape offences and sentencing. Home Office research Study 105*.

文献

London: HMSO.
Malamuth, N. M. 1981 Rape proclivity among males. *Journal of Social Issues*, **37**, 138-157.
松本　巌・小宮山　要・平野孝雄　1972　強制わいせつの加害者と被害者の関係　科学警察研究所報告, **13**(2), 38-47.
見神誠子　1968　類型化による性非行機制への接近の試み　犯罪心理学研究, **5**(2), 26-29.
水田恵三・小林　裕・渡辺成夫　2001　トルネード仮説の実証的研究　犯罪心理学研究, **39**（特別号), 46-47.
守山　正・西村春夫　1999　犯罪学への招待　日本評論社
西村春夫　1992　犯罪予防に対するマスメディアの寄与　八木国之先生古希祝賀論文集：刑事法学の現代的展開（下）刑事政策編　朝倉京一他（編）　法学書院　Pp.354-377.
Norris, J., Davis, K. C., George, W. H., Martell, J., & Heiman, J. R. 2002 Alcohol's direct and indirect effects on men's self-reported sexual aggression likelihood. *Journal of Studies on Alcohol*, **63**, 668-695.
Norris, J., & Kerr, K. L. 1993 Alcohol and violent pornography: Responses to permissive and nonpermissive cues. *Journal of Studies on Alcohol*, **11**, 118-127.
大渕憲一　1990　性的覚醒の攻撃行動に及ぼす影響　心理学評論, **33**(2), 239-255.
大渕憲一　1991　暴力的ポルノグラフィー―女性に対する暴力, レイプ傾向, レイプ神話, 及び性的反応との関係―　社会心理学研究, **6**(2), 119-129.
小俣謙二　1997　セクシュアル・ハラスメントに関する女子短大生の被害体験と態度　学校保健研究, **39**(5), 423-431.
小俣謙二　2003　セクシュアル・ハラスメント被害がもたらす心理的影響に関する研究―女子短期大学生を対象とした調査―　駿河台大学論叢, **27**, 135-150.
Paolucci, E. O., Genuis, M., & Violato, C. 1997 A meta-analysis of the published research on the effects of pornography, *Medicine, Mind and Adolescence*, XII, 1-8.
Pollard, P. 1992 Judgements about victims and attackers in depicted rapes: A review. *British Journal of Social Psychology*, **31**, 307-326.
Porter, L. E., & Alison, L. J. 2004 Behavioural coherence in violent group activity: An interpersonal model of sexually violent gang behaviour. *Aggressive Behavior*, **30**, 449-468.
Porter, L. E., & Alison, L. J. 2006 Examining group rape: A descriptive analysis of offender and victim behaviour. *European Journal of Criminology*, **3**(3), 357-381.
佐野幸子　2006　セクシュアル・ハラスメントに対する意識―行動への不快感・被害者への認知等の視点から―　臨床心理学, **3**　31-37.
佐野幸子・宗方比佐子　1999　職場のセクシュアル・ハラスメントに関する調査　―女性就業者データから―　経営行動科学, **13**, 99-111.
瀬川　晃　1998　犯罪学　成文堂
高桑益行・松本良枝・佐藤典子　1971　強姦犯人の心理特性とその背景に関する研究　法務総合研究所研究部紀要, **14**, 179-198.
田中堅一郎　2000　日本語版セクシュアル・ハラスメント可能性尺度についての検討―セクシュアル・ハラスメントに関する心理学的研究―　社会心理学研究, **16**(1), 13-26.
田中堅一郎　2006　職場でのセクシュアル・ハラスメントに関する心理学的研究の動向　日本大学大学院総合社会情報研究科紀要, **7**, 493-504.
都市防犯研究センター　1999　都市空間における犯罪発生実態に関する調査報告書（2）　―性犯罪編―
上芝功博・鈴木理包・豊田昭子　1972　最近の性非行について　犯罪心理学研究, **9**(1), 19-21.
内山絢子　2000　性犯罪の被害者の被害実態と加害者の社会的背景（下）　警察時報, **55**(12), 51-64.
Vega, V., & Malamuth, N. M., 2007 Predicting sexual aggression: The role of pornography in the context of general and specific risk factors. *Aggressive Behavior*, **33**, 104-117.
Wilson, C.（監修）1995　週刊マーダー・ケースブック　第4号　作田　明（日本語監修）　省心書房

Wright, R., & West, D. J. 1981 Rape: A comparison of group offences and lone assaults. *Medicine, Science and the Law,* **21,** 25-30.
山岡一信　1966　犯罪行動の形態（第4報）―性犯罪(2)―　科学警察研究所報告，**19**(2)，51-56.
湯川進太郎　2005　バイオレンス―攻撃と怒りの臨床社会心理学―　北大路書房
湯川進太郎・泊　真児　1999　性的情報接触と性犯罪行為可能性―性犯罪神話を媒介として―　犯罪心理学研究，**37**(2)，15-28.

■第3章
（第1節）
安藤久美子　1999　児童期の性的被害によるPosttraumatic Stress Reaction―一般成人女性の自記式質問紙調査の結果から―　被害者学研究，**9**，48-66.
Arata, C. M., & Burkhart, B. M. 1998 Coping appraisals and adjustment to nonstranger sexual assault. *Violence Against Women,* **4,** 224-239.
Bartol, C. R., & Bartol, A. M. 2005 *Criminal Behavior: Psychosocial Approach*（7th ed.）. NJ: Prentice Hall. 羽生和紀（監訳）　横井幸久・田口真二（編訳）　2006　犯罪心理学―行動科学のアプローチ―　北大路書房
Brown, J., Cohen, P., Johnson, J. G., & Salzinger, S. 1998 A longitudinal analysis of risk factors for child maltreatment: Findings of a 17-year prospective study of officially recorded and self-reported child abuse and neglect. *Child Abuse and Neglect,* **22,** 1065-1078.
Burgess , A. W., & Hazelwood, R. R. 2001 False Rape Allegations. In R. R. Hazelwood, & A. W. Burgess, (Eds.), *Practical aspects of rape investigation a multidisciplinary approach*（3rd ed.）. CRC Press. Pp. 177-197.
Burgess, A. W., & Holmstrom, L. L. 1974 Rape trauma syndrome. *American Journal of Psychiatry,* **131,** 981-986.
Cnater, D. 1994 *Criminal Shadows: In side the Mind of the Serial Killer.* Harper Collins. 吉田利子（訳）　1996　心理捜査官ロンドン殺人ファイル　草思社
Dussich, P. J., & Shinohara, S. 2001 Non-Reporting of Sexual Assault in Japan. *Acta Crim, Japon,* **67**(1), 21-33.
法務省　2002　法務総合研究所研究部報告18―第1回犯罪被害実態（暗数）調査（第2報告）　先進12か国に関する国際比較―
法務省　2005　法務総合研究所研究部報告29―第2回犯罪被害実態（暗数）調査―
法務省　2006　犯罪白書（平成18年版）
石川義之　1994　性的被害の実像―被害内容に関する経験的一般化―　島根大学法学部紀要文学科編，**22**，33-68.
石川義之　1995a　現代日本における児童虐待の実状（Ⅰ）―大学生・専門学校生等調査から―　島根大学法文学部紀要文学科編，**23**，1-28.
石川義之　1995b　現代日本における児童虐待の実状（Ⅱ）―大学生・専門学校生等調査から―　島根大学法文学部紀要文学科編，**24**，1-30.
板谷利加子　1998　御直披　角川書店
岩崎直子　2000　日本の男女学生における性的被害―date/acquaintance rape の経験および被害者にとっての"重要な他者"としての経験―　こころの健康，**15**(2)，52-61.
角山　剛・松井賚夫・都築幸恵　2003　セクシュアル・ハラスメントを生む組織風土―統合過程モデルの検証―　産業・組織心理学研究，**17**(1)，25-33.
Kanin, E. J. 1994 False rape allegations. *Archives of Sexual Behavior,* **2**(1), 81-92.
警察庁　2007　少年非行等の概要（平成18年1～12月）　http://www.npa.go.jp/toukei/index.htm
警察庁　2009　犯罪統計書　平成20年の犯罪　http://www.npa.go.jp/toukei/keiji37/h20hanzaitoukei.htm
小宮山要・松本　巌・土井敏彦・齋藤勝次　1970　単独強姦の犯行過程（1)―攻撃場面を中心とした

文献

既遂，未遂要因の比較 科学警察研究所報告防犯少年編，**11**(1)，50-58.
小西清美・小西吉呂 2002 女子大生の性被害による異性に対する嫌悪感および結婚観への影響 母子衛生，**43**(2)，381-386.
小西聖子 1996 日本の大学生における性被害の調査 日本＝性研究会議会報，**8**(2)，28-47.
小西吉呂・名嘉幸一・和氣則江・石津宏 2000 大学生の性被害に関する調査報告―警察への通報および求められる援助の分析を中心に― こころの健康，**15**(2)，62-71.
Koss, M. P., & Oros, C. J. 1982 Sexual experience survey: A research instrument investigating sexual aggression and victimzation. *Journal of Consulting and Clinical Psychology*, **50**, 455-457.
厚生労働省 2006 平成17年度社会福祉行政業務報告（福祉行政報告例）結果の概況
http://www.mhlw.go.jp/toukei/saikin/hw/gyousei/05/index.html
厚生労働省 2007 平成18年度社会福祉行政業務報告（福祉行政報告例）結果の概況
http://www.mhlw.go.jp/toukei/saikin/hw/gyousei/06/index.html
厚生労働省 2008 平成19年度社会福祉行政業務報告（福祉行政報告例）結果の概況
http://www.mhlw.go.jp/toukei/saikin/hw/gyousei/07/index.html
厚生労働省 2009 平成20年度社会福祉行政業務報告（福祉行政報告例）結果の概況
http://www.mhlw.go.jp/toukei/saikin/hw/gyousei/08/index.html
Krahé, B. 2001 *The Psychology of aggression*. New York: Psychology Press. 秦 一士・湯川進太郎（編訳）2004 攻撃の心理学 北大路書房
Muehlenhard, C. L. 1988 Misinterpreted dating behaviors and the risk of data rapa. *Journal of Social and Clinical Psychology*, **6**(1), 20-37.
Muehlenhard, C., & Linton, M. 1987 Date rape and sexual aggression in dating situations: Incidence and risk factors. *Journal of Counseling Psychology*, **34**, 186-196.
越智啓太 2005 目撃証言と取調べ 越智啓太（編）犯罪心理学 朝倉書店 Pp. 99-118.
越智啓太 2006 虐待の疑いのある子どもに対する面接技法の開発―被誘導性対策を中心として― 科学研究費補助金成果報告書基盤研究（C）研究成果報告書
岡田和也 2006 警察統計 浜井浩一編 犯罪統計入門 日本評論社 Pp. 50-77.
小俣謙二 1997 セクシュアル・ハラスメントに関する女子短大生の被害体験と態度 学校保健研究，**39**(5)，423-431.
Omata, K. 2002 Long-term psychological aftereffects of sexual victimzation and influence of victim-assailant relationship upon them among Japanese female college students. *Japanese Journal of Criminal Psychology*, **40**, 1-19.
小俣謙二 2003 セクシュアル・ハラスメント被害がもたらす心理的影響に関する研究―女子短期大学生を対象とした調査― 駿河台大学論叢，**27**，135-150.
佐野幸子 2006 セクシュアル・ハラスメントに対する意識―行動への不快感・被害者への認知等の視点から― 臨床心理学，**3**，31-37.
笹川真紀子・小西聖子・安藤久美子・佐藤志穂子・高橋美和・石井トク・佐藤親次 1998 日本の成人女性における性的被害調査 犯罪学雑誌，**64**(6)，202-212.
性暴力被害少年対策研究会 1999 少年の性暴力被害の実態とその影響に関する研究報告書 （財）社会安全研究財団助成研究事業
田口真二 2000 性犯罪のプロファイリングII 強姦 田村雅幸（監修）高村 茂・桐生正幸（編）プロファイリングとは何か 立花書房 Pp. 138-151.
津富 宏 2003 女子学生の性的被害の測定 犯罪社会学研究，**28**，141-144.
内山絢子 2000 性犯罪被害の実態（2）―性犯罪被害調査をもとにして― 警察学論集，**53**(4)，146-156.
内山絢子・及川里子・加門博子 1998 高校生・大学生の性被害に対する社会的態度 科学警察研究所報告防犯少年編，**39**(1)，44-51.
Vigarello, G. 1998 *Histoire du viol, XVIe-XXe siècle*. Éditions du Paris: Seuil. 藤田真利子（訳）1999 強姦の歴史 作品社

文　献

渡邉和美・鈴木　護・宮寺貴之・横田賀英子　2005　子どもから事情を聴取するとき　渡辺昭一（編）捜査心理ファイル―犯罪捜査と心理学のかけ橋―　東京法令出版

（第2節）
広島県警察　2010　犯罪の被害に遭われた方へ（被害者の手引き）
警察庁　2010　警察による犯罪被害者支援（広報パンフレット）
検察庁　2008　犯罪被害者の方々へ
岡村　勲（監修）　2007　犯罪被害者のための新しい刑事司法―解説　被害者参加制度と損害賠償命令制度―　明石書店
富田信穂　2000　犯罪被害者の権利宣言　大谷　實・山上　皓（代表編集）　宮沢浩一・國松孝次（監修）　講座　被害者支援　第5巻　犯罪被害者に対する民間支援　東京法令出版　Pp. 130-131.
山上　皓・穴田富美子（編著）　2001　犯罪被害者の心理と援助―被害者援助に携わる人のために―　東京法令出版

（第3節）
American Psychiatric Association 2000 *Diagnostic and statistical manual of mental disorders. 4th ed., text revision.* Washington, DC: Author. 高橋三郎・大野　裕・染矢俊幸（訳）2002　DSM-IV-TR精神疾患の診断・統計マニュアル　医学書院
飛鳥井　望・廣幡小百合・加藤　寛・小西聖子　2003　CAPS（PTSD臨床診断面接尺度）日本語版の尺度特性　トラウマティック・ストレス，**1**，47-53.
Asukai, N., Kato, H., Kawamura, N., Kim, Y., Yamamoto, K., Kishimoto, J., Miyake, Y., & Nishizono-Maher, A. 2002 Reliability and validity of the Japanese language version of the Impact of Event Scale-Revised (IES-R-J): Four studies of different traumatic events. *Journal of Nervous and Mental Disease*, **190**, 175-182.
Benson, H., & Klipper, M. Z.　2000　*The Relaxation Response.* New York: Harper Collins. 中尾睦宏・熊野宏昭・久保木富房（訳）　2001　リラクセーション反応　星和書店
Foa, E. B., & Hembree, E. A. 2007 *Prolonged exposure therapy for PTSD.* New York: Oxford University Press. 金　吉晴・小西聖子（監訳）2009　PTSDの持続エクスポージャー療法　星和書店
Foa, E. B., Keane, T. M., & Friedman, M. J. (Eds.)　2000　*Effective treatments for PTSD: Practice guidelines from the international society for traumatic stress studies.* New York: Guilford.　飛鳥井　望・西園　文・石井朝子（訳）2005　PTSD治療ガイドライン―エビデンスに基づいた治療戦略―　金剛出版
Foa, E. B., & Rothbaum, B. O. 1998 *Treating the trauma of rape: Cognitive behavioral therapy for PTSD.* New York: Guilford.
井上和臣　2006　認知療法への招待（改訂4版）金芳堂
金　吉晴（編）　2006　心的トラウマの理解とケア（第2版）じほう
金　吉晴　2007　外傷後ストレス障害　下山晴彦（編）　認知行動療法　金剛出版　Pp. 149-160.
Kojima, M., Furukawa, T. A., Takahashi, H., Kawai, M., Nagaya, T., & Tokudome, S. 2002 Cross-cultural validation of the Beck Depression Inventory-II in Japan. *Psychiatry Research,* **110**, 291-299.
Meichenbaum, D. 1985 *Stress inoculation training.* New York: Pergamon Press.　上里一郎（監訳）1989　ストレス免疫訓練―認知行動療法の手引き―　岩崎学術出版社
長江信和・増田智美・山田幸恵・金築　優・根建金男・金　吉晴　2004　大学生を対象としたライフ・イベントの実態調査と日本版外傷後認知尺度の開発　行動療法研究，**30**，113-124.
Rothbaum, B. O., & Foa, E. B. 1996 Cognitive-behavioral therapy for posttraumatic stress disorder. In van der Kolk, B. A. , McFarlane, A. C., & Weisaeth, L. (Eds.), *Traumatic stress: The effects of overwhelming experience on mind body, and society.* New York: Guilford.　西澤　哲（監訳）2001　トラウマティック・ストレス―PTSDおよびトラウマ反応の臨床と研究のすべて―　誠信書房
佐藤健二・坂野雄二　2001　PTSDの認知行動療法　不安・抑うつ臨床研究会（編）　PTSD―人は傷つくとどうなるか―　日本評論社　Pp. 51-60.
内山喜久雄・坂野雄二（編）　2008　認知行動療法の技法と臨床　日本評論社

文 献

■第4章
(第1節)
American Psychiatric Association 2000 *Diagnostic and statistical manual of mental disorders, 4th ed. text revision*: DSM-IV-TR, Washington D. C.: American Psychiatric Association.
Barratt, E. S. 1994 Impulsiveness and aggression. In J. Monahan & H. J. Steadman (Eds.), *Violence and mental disorder: Developments in risk assessment*. Chicago: University of Chicago Press. Pp.61-79.
Beckett, R. C. 1987 *The children and sex questionnaire*, Beckett, Oxford Regional Forensic Service, Fairmile Hospital, Wallingford, Oxon, OX10 9HH, England.
Beckett, R. C. & Fisher, D. 1994 *Assessing victim empathy: A new measure*. Paper presented at the 13th annual conference of the Association for the Treatment of Sexual Abusers, San Francisco.
Canter, D. V., & Heritage, R. 1990 A multiavariate model of sex offence behavior: Developments in 'offender profiling'. *The Journal of Forensic Psychiatry*, **3**, 73-96.
Christiansen, A. R., & Thyer, B. A. 2002 Female sex offenders: A review of empirical research. *Journal of Human Behavior in the Social Environment*, **6**(3), 1-16.
Connolly, M., & Woollons, R. 2008 Childhood sexual experience and adult offending: An Exploratory comparison of three criminal groups. *Child Abuse and Review*, **17**, 119-132.
Davis, M. H. 1980 A multi-dimensional approach to individual differences in empathy. *JSAS Catalogue to Selected Documents in Psychology*, **10**, 85.
Elliot, I. A., Beech, A, R.,Mandeville-Nordon, R., & Hays, E. 2009 Psychological profiles of Internet sex offenders- comparison with contact sexual offenders. *Sexual Abuse: A Journal of Research and Treatment*, **21**(1), 76-92.
Graham, K. R. 1996 The childhood victimization of sex offenders: An underestimated issue. *International Journal of Offender Therapy and Comparative Criminology*, **40**(3), 192-203.
Groth, A. N., Burgess, A. W., & Holmstrom, L. L. 1977 Rape: Power, anger, and sexuality. *American Journal of Psychiatry*, **134**, 1239-1243.
Hanson, R. K., & Thornson, D. 1999 *Static-99: Improving actuarial risk assessment for sex offenders*. (User Report 99-02). Ottawa: Department of the Solicitor General of Canada.
Hazelwood, R. R., & Burgess, A. W. 1995 *Practical aspects of rape investigation: A multidisciplinary approach*. Boca Raton: CRC Press.
法務総合研究所 2000 第1回犯罪被害実態（暗数）調査—法務総合研究所報告10— 法務総合研究所
Hunter, J. A., Becker, J. V., & Lexier, L. J. 2006 The female juvenile sex offender. In H. E. Barbaree, & W. L. Marshall 2006 *The Juvenile Sex Offender* (2nd ed.). NY: Guilford Press. Pp.148-165.
警察庁 1946〜2008 昭和21年の犯罪〜平成20年の犯罪 警察庁
Keltner, A. A., Marshall, P. G., & Marshall, W. L. 1981 Measurement and correlation of assertiveness and social fear in a prison population. *Corrective and Social Psychiatry*, **27**, 41-47.
熊本悦明 2007 高齢男性の性と性行動—Andrologyの立場から— 老年精神医学雑誌, **16**, 1232-1243.
Langevin, R., Wright, P., & Handy, L. 1989 Characteristics of sex offenders who were sexually victimized as children. *Annals of Sex Research*, **2**, 227-253.
Långström,N., Sjöstedt, G., & Grann, M. (2004) Psychiatric disorders and recidivism in sexual offenders. *Sexual Abuse: A Journal of Research and Treatment*, **16**, 139-150.
Lanning, K. V. 1986 *Child molesters: A behavioral analysis for law enforcement officers investigating cases of child sexual exploitation*. National Center for Missing and Exploited Children.
Longdon, C. 1993 A survivor and therapist's viewpoint. In M.Elliot (ed.), *Female sexual abuse of children : The ultimate taboo*. Harlow : Longman.Matthews, Matthews and Speltz (1989)
Marshall, W. L., Hudson, S. M., & Hodkinson, S. 1993 The importance of attachment bonds in the

development of juvenile sex offending. In H. E., Barbee, W. L., Marshall, & S. M. Hudson (Eds.), *The juvenile sex offender*. New York: Guilford Press. Pp.164-181.

Nowicki, S., & Duke, M. P. 1974 A locus of control scale for college as well as non-college adults. *Journal of Personality Assessment*, **38**, 136-137.

Prentky, R. A., & Righthand, S. 2003 *Juvenile Sex Offender Assessment Protocol: Manual*. Bridghwater, MA: Justice Resource Institute.

Proeve, M., & Reilly, E. 2007 Personal and offending characteristics of child sexual offenders who have been sexually abused. *Psyciatry. Psychology and Law*, **14**(2), 251-259.

Quinsey, V. L. & Lalumière, M. 2001 *Assessment of sexual offenders against children*. (2nd ed.). The APSAC study guides1, American professional society on abuse of children. Thousand Oaks: Sage publications.

Quinsey, V. L., Rice, M. E., & Harris, G. T. 1995 Actuarial prediction of sexual recidivism. *Journal of Interpersonal Violence*, **10**, 85-105.

Seto, M. C. 2008 *Pedophiles and sexual offending against children-theory, assessment, and intervention*. Washington D. C.: American Psychological Association.

Smallbone, S. 2006 Social and Psychological factors in the development of delinquency and sexual deviance, In H. E. Barbaree, & W. L. Marshall 2006 *The juvenile sex offender*, (2nd ed.). New York: The Guilford Press. Pp.105-127.

Soothill, K., Francis, B., Sanderson, B., & Ackerley, E. 2000 Sex offenders: Specialists, generalists or both?- A 32-year criminological study. *British Journal of Criminology*, **40**, 56-67.

Vandiver, D. M., & Walker, J. T. 2002 Female sex offenders: An overview of 40 cases. *Criminal Justice Review*, **27**(2), 284-300.

渡邉和美・鈴木　護・田村雅幸　2001　年少者を対象とした強姦・強制わいせつ事件の加害者の犯歴分析　犯罪心理学研究，**39**（特別号），28-29.

渡邉和美・高橋良彰　2004　新犯罪社会心理学（第2版）　学文社

山上　皓・渡邉和美　2007　高齢者にみられる性犯罪　老年精神医学雑誌，**16**，1274-1280.

横田賀英子・岩見広一・渡邉和美・藤田悟郎（2004）屋内強姦犯の犯行スタイルの識別性に関する分析―多次元尺度法を用いた検討―行動計量学会第32回大会発表論文抄録集，142-143

(第2節)

Alexander, M. A. 1999 Sexual offender treatment efficacy revisited. *Sexual Abuse: A Journal of Research and Treatment*, **11**, 101-116.

Andrews, D. A., & Bonta, J. 1998. *The psychology of criminal conduct* (2nd ed.). Cincinnati, OH: Anderson.

Andrews, D., Zinger, I., Hoge, R. D., Bonta, J., Gendreau, P., & Cullen, F. T. 1990 Does correctional treatment work? A psychologically informed meta-analysis. *Criminology*, **28**, 269-404.

Aos, S., Miller, M., & Drake, E. 2006 *Evidence-based adult corrections programs: What works and what does not*. Olympia. WA: Washington State Institute for Public Policy.

Bard, L. A., Carter, D. L, Cerce, D. D., Knight, R. A., Rosenberg, R., & Schneider, B. 1987 A descriptive study of rapists and child molesters: Developmental, clinical, and criminal characteristics. *Behavioral Sciences & the Law*, **5**(2), 203-220.

Doren, D. M. 2002 *Evaluating sex offenders: A manual for civil commitments and beyond*. Thousand Oaks, CA: Sage Publications.

Doren, D. M. 2006. Recidivism risk assessments: Making sense of controversies. In W. L. Marshall, Y. M. Fernandez, L. E. Marshall, & G. A. Serran (Eds.), *Sexual offender treatment: Controversial issues.*, West Sussex, UK: John Wiley & Sons.

Dowden, C., Antonowicz, D., & Andrews, D. A. 2003. The effectiveness of relapse prevention with offenders: A meta-analysis. *International Journal of Offender Therapy and Comparative Criminology*, **47**(5), 516-528.

Epperson, D. L., Kaul, J. D., Hout, S., Goldman, R., & Alexander, W. 2003 Minnesota sex offender tool-revised (MnSOST-R) technical paper: Development, validation, and recommended risk level cut scores.

Gallagher, C. A., Wilson, D. B., Hirschfield, P., Coggeshall, M. B., & MacKenzie, D. L. 1999 A quantitative review of the effects of sex offender treatment on sexual reoffending. *Corrections Management Quartery,* 3(4), 19-29.

Grove, W. M., Zald, D. H., Lebow, B. S., Snitz, B. E., & Nelson, C. 2000 Clinical versus mechanical prediction: A meta-analysis. *Psychological Assessment,* 12(1), 19-30.

Hall, G. C. N. 1995 Sexual offender recidivism revisited: A meta-analysis of recent treatment studies. *Journal of Consulting and Clinical Psychology,* 63, 802-809.

Hanson, R. K. 1997 *The development of a brief actuarial risk scale for sexual offense recidivism. User Report 97-04.* Ottawa: Department of the Solicitor General of Canada.

Hanson, R. K., Gordon, A., Harris, A. J. R., Marques, J. K., Murphy, W. D., Quinsey, V. L., & Seto, M. C. 2002 First report of the collaborative outsome data project on the effectiveness of psychological treatment for sex offenders. *Sexual Abuse: A Journal of Research and Treatment,* 14(2), 169-194.

Hanson, R. K., & Harris, A. 2000 *The sex offender need assessment rating (SONAR): A method for measuring change in risk levels. Correctional Research.* ottawa: Department of the Solicitor General of Canada.

Hanson, R. K., Harris, A., Scott, T. L., & Helmus, L. 2007. *Assessing the risk of sexual offenders on community supervision: The dynamic supervision project.* Public safety Canada.

Hanson, R. K., Morton, K. E., & Harris, A. J. R. 2003. Sexual offender recidivism risk: What we know and what we need to know. In R. A. Prentky, E. S. Janus, & M. C. Seto (Eds.), *Sexually coercive behavior: Understanding and management, Annals of the New York Academy of Science, 989.* New York: The New York Academy of Science. Pp.154-166.

Hanson, R. K., & Thornton, D. 1999 *Static-99: Improving actuarial risk assessments for sex offenders. User Report 99-02.* Ottawa: Department of the Solicitor General of Canada.

Hanson, R. K., & Thornton, D. 2003 *Notes on the development of Static-2002. User Report No. 2003-01.* Ottawa: Department of the Solicitor General of Canada.

橋本牧子 2006a 刑事施設における性犯罪者処遇プログラムについて 犯罪と非行，**149**，46-60.

橋本牧子 2006b 性犯罪に関するコミュニティ・エデュケーション—米国の例，罪と罰— **43**(2)，51-55.

Hollin, C. R. 1999 Treatment programs for offenders: Meta-analysis, 'what works' and beyond. *International Journal of Law and Psychiatry,* 22, 361-372.

法務省性犯罪者処遇プログラム研究会 2006 性犯罪者処遇プログラム研究会報告書 http://www.moj.go.jp/PRESS/060331-1.pdf.

Knight, R. A., Rosenberg, R., & Scheneider, B. A. 1985 Classification of sexual offenders: Perspectives, methods, and validation. In A. W. Burgess (Ed.), *A Handbook of Research on Rape and Sexual Assault,* Pp.222-293.

Lieb, R., & Nelson, C. 2001 Treatment programs for sexually violent predators: A review of states. In A. Schlank (Ed.), *The sexual predator: Legal issues, clinical issues, special populations. vol. II,* 5. 1-5. 15, Kingston, NJ: Civic Research Institute.

Lipsey, M. 1995 What do we learn from 400 research studies on the effectiveness of treatment with juvenile delinquents? in J. McGuire (Ed.), *What works: Reducing reoffending,* Chichester, England: Wiley. 63-78.

Lösel, F. 2001 Rehabilitation of the offender. In P. B. Baltes (Ed.), *International Encyclopedia of the Social & Behavioral Sciences. 19,* Amsterdam, Netherland: Elsevier. Pp.12988-12993

Lösel, F., & Schmucker, K. 2005 The effectiveness of treatment foe sexual offenders: A comprehensive meta-analysis. *Journal of Experimental Criminology,* 1, 117-146.

Marshall, W. L. 1992 The social value of treatment for sexual offenders. *The Canadian Journal of Human Sexuality*, **1**(3), 109-114.
Martinson, R. 1974 What works? Questions and answers about prison reform. *The Public Interest*, **35**, 22-54.
McGuire, J. 2000 Explanations of criminal behavior. In J. McGuire, T. Mason, & A. O' Kane (Eds.). *Behavior, crime and legal process: A guide for legal practitioners*, West Sussex, UK: John Wiley & Sons. Pp.135-159.
McGuire, J. 2002 Integrating findings from research reviews. In J. McGuire (Ed.), *Offender rehabilitation and treatment: Effective programmes and policies to reduce reoffending*. Chichester, UK: Wiley. Pp.3-38.
名執雅子・鈴木美香子 2006 法務省における性犯罪者処遇プログラムの策定経緯とその基本的枠組について 犯罪と非行, **149**, 34-45.
Ogloff, J. R. O., & Davis, M. R. 2004 Advances in offender assessment and rehabilitation: Contributions of the risk-needs-responsivity approach. *Psychology, Crime and Law*, **10**, 229-242.
Porter, S., Fairweather, D., Drugge, J., Hervè, H., Birt, A., & Boer, D. P. 2000 Profiles of psychopathy in incarcerated sexual offenders. *Criminal Justice and Behavior*, **27**(2), 216-233.
Prentky, R., & Burgess, A. W. 1990 Rehabilitation of child molesters: A cost-benefit analysis. *American Journal of Orthopsychiatry*, **60**(1), 108-117.
Prentky, R., & Righthand, S. 2003 Juvenile sex offender assessment protocol-II (J-SOAP-II) manual, Office of Juvenile Justice and Delinquency Prevention, Office of Justice Programs, U.S. Department of Justice, Washington: DC. Available at http://www.ncjrs.gov/pdffiles1/ojjdp/202316.pdf
Quinsey, V. L., Harris, G. T., Rice, M. E., & Cormier, C. A. 1998 *Violent offenders: Appraising and managing risk*. Washington, DC: American Psychological Assessment.
Reitzel. L. R., & Carbonell, J. L. 2006 The effectiveness of sexual offender treatment for juveniles as measured by recidivism: A meta-analysis. *Sexual Abuse: A Journal of Research and Treatment*, **18**, (4), 401-421.
Schlank, A. 2006. The civil commitment of sexual offenders: Lessons learned. In Marshall, W. L., Y. M. Fernandez, L. E. Marshall, & G. A. Serran (Eds.). *Sexual Offender Treatment: Controversial Issues*, West Sussex, UK: John Wiley & Sons. Pp.45-60.
多久島晶子 2006 保護観察所における性犯罪者処遇プログラムについて 犯罪と非行, **149**, 61-70.
Ward, T., McCormack, J., Hudson, S. M., & Polaschek, D. 1997 Rape: Assessment and treatment. In D. R. Laws, & W. O' Donohue (Eds.), *Sexual Deviance: Theory, Assessment, and Treatment*. New York: The Guilford Press. Pp.356-393.
Ward, T., Polaschek, D. L. L., & Beech, A. R. 2006 *Theories of sexual offending*. West Sussex, UK: John Wiley & Sons.

(第3節)

Beck, A. T., Rush, A. J., Shaw, B. F., & Emery, G. 1979 *Cognitive therapy of depression*. New York: Guilford Press.
Crits-Christoph, P., Frank, F., Chambless, D. L., Brody, C., & Karp, J. F. 1995 Training in empirically validated treatments: What are clinical psychology students learning? *Professional Psychology*, **26**, 514-522.
Ellis, A., & Grieger, R. (Eds.) 1977 *The basic clinical theory of rational-emotive therapy*. New York: Springer.
法務省性犯罪者処遇プログラム研究会 2006 性犯罪者処遇プログラム研究会報告書
小関俊祐・嶋田洋徳・佐々木和義 2007 小学5年生に対する認知行動的アプローチによる抑うつの低減効果の検討 行動療法研究, **33**, 45-57.
Meichenbaum, D. 1985 *Stress inoculation training*. Oxford: Pergamon Press.

文献

(第4節)
American Psychiatric Association 2000 *Diagnosis and Statistical Manual of Mental Disorders, 4th ed. Text Revision.* Washington, DC. 高橋三郎・大野　裕・染矢俊幸（訳）　2004　DSM-Ⅳ-TR　精神疾患の診断・統計マニュアル　医学書院
Bradford, J. M. W., & Greenberg, D. M. 1996 Pharmacological treatment of deviant sexual behavior. *Annals Review of Sex Research*, **7**, 283–306.
Bradford, J. M. W., & Pawlak, A. 1993 A double-blind placebo crossover study of cyproterone acetate in the treatment of the paraphilias. *Archives Sexual Behavior*, **22**, 383–402.
Bremer, J. 1959 *Asexualization*. New York: Macmillan.
Briken, P. 2002 Pharmacotherapy of paraphilia with luteinizing hormone-releasing hormone agonists. *Archives of General Psychiatry*, **59**, 469–470.
Briken, P. et al. 2001 Treatment of paraphilia with luteinizing hormone-releasing hormone agonists. *Journal of Sex & Marital Therary*, **27**, 45–55.
Cooper, A. J. et al. 1992 A double-blind placebo controlled trial of medroxyprogesterone acetate and cyproterone acetate with seven pedophilies. *Canadian Journal of Psychiatry*, **37**, 687–693.
Cooper, A. J., & Cernowsky, Z. Z. 1994 Comparison of cyproterone acetate (CPA) and leuprolide acetate (LHRH agonist) in a chronic pedophile: a clinical case study. *Biological Psychiatry*, 36, 269–271.
Daniel, F. E. 1893 Should insane criminals, or sexual perverts: be allowed to procreate? *Medico Legal Journal*, **11**, 275–292.
Everts, O. 1888 Asexualization, as a penalty for crime and reformation of criminals. *Cincinnati Lancet Clinic*, **20**, 377–380.
Federoff, J. P. 1993 Serotonergic drug treatment of deviant sexual interests. *Annals of Sex Research*, **6**, 1205–1210.
Federoff, J. P. et al. 1992 Medroxyprogesterone acetate in the treatment of paraphilic sexual disorders: Rate of relapse in paraphilic men treated in longterm group psychotherapy with or without medroxyprogesterone acetate. *Journal of Offender Rehabilitation*, **18**, 109–123.
Flood, E. 1899 Notes on the castration of idiot children. *American Journal of Psychology*, **10**, 296-301.
French, G. F. 1880 The Eradication of Syphilis, and Crime by the Extirmation in that Class of the Procreative Power. *Chicago Medical Review*, **2**, 377–379.
Gijs, I. & Gooren, L. 1996 Hormonal and psychopharmacological interventions in the treatment of paraphilias: An update. *Journal of Sex Research*, **33**, 273–290.
Golla, F. L., & Hodge, S. R. 1949 Hormone treatment of sexual offenders. *Lancet*, **1**, 1006–1007.
Greenberg, D. M. et al. 1996 A controlled study of the treatment of paraphilia disorders with selective serotonin inhibitors. Paper presented at the annual meeting of the Canadian Academy of Psychiatry and the Law, Tremblay, Quebec.
Heim, N., & Hursch, C. K. 1979 Castration for sex offenders: treatment or punishment? A review and critique of recent European literature. *Archives of Sexual Behavior*, **8**, 281–304.
Hill, A., et al. 2003 Differential pharmacological treatment of paraphilias and sex offenders. *International Journal of Offender Therapy and Comparative Criminology*, **47**, 407–421.
池田　稔・池田景子　2002　過剰性欲の1例　日本性科学会雑誌，**20**，76–79.
池田　稔・池田景子　2009　窃視症の1例　日本性科学会雑誌，**27**，71–74.
Kafka, M. P. 1991 Successful antidepressant treatment of nonparaphilic sexual addictions and paraphilias in men. *Journal of Clinical Psychiatry*, **52**, 60–65.
Krueger, R. B., & Kaplan, M. S. 2001 Depot-leuprolide acetate for treatment of paraphilias: A report of twelve cases. *Archives of Sexual Behavior*, **30**, 409–422.
Maletzky, B. M. 1991 *Treating the sexual offender*. Newbury Park, CA: Sage. Pp. 213-267.
Maletzky, B. M. 1997 Castration: A personal foul. *Sexual Abuse: A Journal of Research and Treatment*, **9**, 1–5.

Maletzky, B. M. & Field, G. 2003 The biological treatment of dangerous sexual offenders: A review and preliminary report of the Oregon pilot depo-Provera program. *Aggression and Violent Behavior*, **8**, 391–412.
Meyer, W. J., et al. 1992 Depo Provera treatment for sex offending behavior: An evaluation of outcome. *Bulletin of the American Academy of Psychiatry and the Law*, **20**, 249–259.
Miller, R. D. 1998 Forced administration of sex-drive reducing medications to sex offenders: Treatment or punishment? *Psychology, Public Policy, and Law*, **4**, 175–199.
Millikin, M. 1894 The proposed castration of criminals and sexual perverts. *Cincinnati Lancet Clinic*, **33**, 185–190.
Money, J. 1970 Use of androgen-depleting hormone in the treatment of male sex offenders. *Journal of Sex Research*, **6**, 167–172.
奈良新聞　小一女児誘拐殺害事件詳報より　http://www.nara-np.co.jp/n_soc/041119/special.shtml
大阪地方裁判所　平成17年（わ）第4843号2006年1月26日被告人質問より
Ortmann, J. 1980 The treatment of sexual offenders: Castration and antihormone therapy. *International Journal of Law and Psychiatry*, **3**, 443–451.
Rosler, A., & Witzum, E. 2000 Pharmacotherapy of paraphilias in the next millennium. *Behavioral Sciences and the Law*. **18**, 43–56.
Rousseau, L. et al. 1988 Sexuality changes in prostate cancer patients receiving antihormonal therapy combining the antiandrogen flutamide with medical （LHRH agonist） or surgical castration. *Archives of Sexual Behavior*, 17, 87–98.
Scott, C. L. & Holmberg, T. 2003 Castration of sex offenders: prisoners' rights versus public safety. *Journal of the American Academy of Psychiatry and the Law*, **31**, 502–509.
Sharp, H. C. 1902 The severing of the vasa deferentia and its relation to the neuropsychopathic constitution. *New York Medical Journal*, **75**, 411–414.
Sharp, H. C. 1909 Vasectomy as a means of preventing procreation in defectives. *The Journal of the American Medical Association*, **53**, 1897–1902.
Sturup, G. K. 1968 Treatment of sexual offenders in Herstedrester, Denmark: the rapists. *Acta Psychiatrica Scandinavica*, Supplementum, 204, 44.
Whittaker, L. H. 1959 Oestrogens and psychosexual disorders. *Medical Journal of Australia*, **2**, 547–549.

■第5章
（第1節）
安全安心まちづくり研究会（編）　2001　安全・安心まちづくりハンドブック―防犯まちづくり実践手法編―　ぎょうせい
Brizendine, L. 2006 *The female brain*. New York: Broadway Books.
Crowe,T, D. 1991 *Crime prevention through environmental design*. Oxford: Butterworth-Heinemann.　猪狩達夫（監）・高杉文子（訳）　1994　環境設計による犯罪予防　㈶都市防犯研究センター
Greydanus, D. E.(Ed.)　2003 *Caring for your teenager*. The American Academy of Pediatrics. 関口進一郎・白川佳代子（監）・板東伸泰・田沢晶子（訳）2007　10代の心と身体のガイドブック　誠信書房
池原朝美・松田睦代・板山　昂・森　裕樹・中妻拓也・桐生正幸　2009　女性の犯罪に対する気分の研究―エレベーター内における不快感について―　犯罪心理学研究, **47**（特別号）, 印刷中
警察庁広報室　2005　警察庁広報誌　けいさつのまど　133号
桐生正幸　2005　幼児の犯罪被害と犯罪不安（1）―アンケート・面接・現場調査による基礎調査　犯罪心理学研究, **43**（特別号）, 108–109.
桐生正幸　2006　自分で自分の身を守る教育―犯罪心理学の視点から考える―児童心理, **60**(8), 815–819.
桐生正幸（編）　2009　平成20年度関西国際大学現代GP「安心・安全まちづくり」報告書（文部科学

文　献

省現代ＧＰ採択事業：大学，住民及び行政等の協働と地域活性化）　関西国際大学
小出　治（監）・樋村恭一（編）　2003　都市の防犯—工学・心理学からのアプローチ—　北大路書房
国崎信江　2005　犯罪から子どもを守る50の方法　ブロンズ新社
Lab, S. P. 2004　*Crime prevention: Approaches, practices and evaluations.* Matthew Bender & Company. 渡辺昭一・島田貴仁・齊藤知範・菊池城治（訳）　2006　犯罪予防—方法，実践，評価—　㈶社会安全研究財団
中村　攻　2000　子どもはどこで犯罪にあっているか—犯罪空間の実情・要因・対策—　晶文社
中里見　博　2007　ポルノグラフィと性暴力—新たな法規制を求めて—　明石書店
岡本拡子・桐生正幸　2006　幼い子どもを犯罪から守る—命をつなぐ防犯教育—　北大路書房
小野寺理江・桐生正幸　2003　空間に関する情報が犯罪不安に及ぼす影響　犯罪心理学研究, **41**(2), 53-62.
小野寺理江・桐生正幸・羽生和紀　2005　犯罪不安喚起に関わる環境要因の検討—大学キャンパスを用いたフィールド実験—　MERA Journal, **8**(2), 11-20.
Ressler, R. K., Burgess, A. W., & Douglas, J. E. 1988　*Sexual homicide: Patterns and motives.* Lexington: Lexington Books, 狩野秀之（訳）1995　快楽殺人の心理　講談社
杉田　聡　1999　男権主義的セクシュアリティ—ポルノ・買売春擁護論批判—　青木書房
竹花　豊（監）・樋村恭一・飯村治子（編）　2007　地域の防犯—犯罪に強い社会をつくるために—　北大路書房
横矢真理　2004　身近な危険から子どもを守る本—子どもの安全・安心ノート—　大和書房

事項索引

●あ
RNR原則　159
愛着　149
アスペルガー障がい　199
アセスメント　153
アナトミカルドール　99, 231
アナログ研究　15, 57, 218
アメリカ精神医学会　117
アリバイ作り　101
アルコール　68, 222
暗数　13, 139, 227
安全・安心まちづくり　204

●い
EMDR　121
一夫一妻　33, 34
遺伝子　35
意に反する性交　13, 87
いのちの電話　135
飲酒　68

●う
ヴィクトリアニズム　6

●え
HMCモデル　42, 54
営利目的　101
ASD（急性ストレス障害）　85, 99
ABC理論　176, 177
エクスポージャー　120
エストラジオール　38
エストロゲン（製剤）　38, 186
エビデンスベース　2
LH（黄体化ホルモン）　182
LH-RH（黄体化ホルモン放出ホルモン）　182
LH-RHアゴニスト　186, 188
援助交際　238

●お
応報　160

オキシトシン（射乳ホルモン）　34, 35
親の投資理論　23

●か
改善更生　162
階層的媒介合流モデル　42
介入　158
快楽殺人　194
科学捜査研究所　215
化学的去勢　184, 192, 229
隔離　161
下垂体　182
家庭裁判所　104
環境型セクシュアルハラスメント　71
環境設計による犯罪予防　204
環境犯罪学　59

●き
既遂（率）　63, 95
起訴　103
偽薬計画　69
偽薬＋対照計画　69
虐待経験　150
CAPセンター・JAPAN　20
究極要因　21
共感性　43
強制わいせつ　1, 10
強制わいせつの認知件数　137
協同的経験主義　172
虚偽通報　100
去勢　32
緊急避妊　134
キンゼイ研究所　6
近接性　60

●け
刑事手続　102
軽犯罪法　1
計量犯罪学　65
外科的去勢　32, 183, 192

259

事項索引

検察審査会　112

●こ

抗アンドロゲン剤　186
抗アンドロゲン療法（化学的去勢）　184
公開制度　159
強姦　1, 10
強姦罪　128, 226
強姦の認知件数　137
攻撃行動　65
攻撃性　36, 37
攻撃促進効果　69
攻撃的窃視者　79
公然わいせつ罪　1, 83
構造方程式モデリング　51, 55
公判　104
合理情動行動療法　176
勾留　102
合流モデル　26, 28, 42, 46, 52
高齢者による性犯罪　148
告訴期間　112
個人レベルの研究　65
子どもの権利条約　198

●さ

再犯リスク　154
再被害　99
酢酸クロルマジノン（CMA）　186
酢酸シプロテロン（CPA）　32, 186
酢酸メドロキシプロゲステロン（MPA）　32, 186
三項随伴性　173

●し

J-SOAP-Ⅱ　152
ジェンダーハラスメント　71
自覚的障害単位　123
色情盗　1, 81
至近要因　21, 31
自己報告研究　48
視床下部　39, 182
自然監視性　60
持続エクスポージャー　121
児童虐待　96
児童相談所　105

児童ポルノ　1, 198
ジヒドロテストステロン（DHT）　38
社会的スキル訓練（SST）　178
社会的制裁　53
社会的望ましさの影響　49
重傷病給付金の支給範囲等の拡大　108
集団強姦　62, 222
集団レベルの研究　64
重要な他者　94
状況的犯罪予防論　204
常習性　151
小児性愛　143
小児わいせつ犯　142
処遇プログラム　159, 162
女性の性犯罪者　145, 146
進化心理学　22, 220
進化的適応　23, 24
進化的なアプローチ　22
申告率　13, 93
身体的被害　95
審判　104
心理的ダメージ　91
心理療法　170

●す

スクリーニング　49, 90
Static-99　152
ステロイド性激怒　37
ストーカー行為　235
ストレス免疫訓練（法）　120, 176
スプリー犯　144

●せ

精管切除術　183
性教育　208, 230
性器露出　1
性交志向性欲尺度　77
性嗜好異常仮説　152
精神分析学的アプローチ　170
性腺刺激ホルモン放出ホルモン　32
性的虐待　96, 98
性的客体物化　213
性的経験調査（SES）　49
性的攻撃への誘引度　66
性的殺人　194

事項索引

性的盗撮　79
性的被害　10
性的モノ化　213
性的欲求　42, 77
静的リスク　155
性の発達段階（説）　75
性犯罪　1, 2, 10, 218
性犯罪行為可能性　66
性犯罪指定捜査員　109
性犯罪者処遇プログラム　164, 167, 169, 179
性犯罪神話　48
性犯罪の発生状況　137
性犯罪被害調査　87
性被害　10
性非行　10
性暴力　10, 15
性暴力被害少年対策研究会　16, 98
性暴力を支持する態度　66
セクシュアリティ　212
セクシュアルハラスメント　10, 71, 100, 225
接触型　144
窃盗罪　1
セルフ・モニタリング　73, 175
セロトニン　31, 39, 187
全国被害者支援ネットワーク　113, 114, 228
潜在的繁殖速度　23
選択的セロトニン再取り込み阻害剤（SSRI）　187

●そ
捜査　102
送致　102
ソクラテス式質問　172
SORAG　152
損害賠償命令制度　113

●た
対価型セクシュアルハラスメント　71
第2回犯罪被害実態（暗数）調査　13
大脳辺縁系　39
耐誘導トレーニング　99
短期的な配偶行動　28
短期的配偶戦略　30, 33
男権主義　212
男性器志向性欲尺度　77

男性の性的被害　127
男性ホルモン　31, 32, 36, 182
男性用性的欲求尺度　49, 77
単発犯　144

●ち
地域防犯活動　203
痴漢　129
秩序型　195, 196
注射針理論　66
長期エクスポージャー　121

●つ
通報をためらわせる要因　92
つきまとい等　235
「罪と恥」仮説　54
罪の意識　53
釣り合い型偽薬計画　69

●て
出会い系サイト　134, 237
DSM-Ⅳ-TR　117
抵抗　95
デートレイプ　92, 211, 227
テーマ分析　63, 221
適応　21
敵対的な男性性　28
テストステロン　31, 32, 37, 182
転移　205
典型的窃視者　79

●と
統合過程モデル　71
盗撮　1
同情と注意　101
動的リスク　156
登録制度　159
ドーパミン　35
特異性欲尺度　77
トラウマ　3, 85, 117
トラウマ記憶　117
トリプトレリン　32, 186
トルネード仮説　63

261

事項索引

● な
ナンパ　73

● に
二次受傷　131
二次的被害　16, 94, 226
日常性欲尺度　77
日本家族計画協会　19
日本性科学会　19
日本性機能学会　19
日本性教育協会　19
人間性心理学的アプローチ　170
"人間と性"教育研究協議会　20
認知行動療法　117, 120, 162, 169, 228
認知行動論的アプローチ　170
認知的再体制化　176, 177, 180
認知の歪み　44, 177, 180
認知療法　176

● ね
ネガティブフィードバック　182

● の
脳下垂体　39
のぞき　1, 79
のぞき神話　80

● は
パーソナリティ特性　43
配偶相手欠乏仮説　25
配偶戦略　28
売春　237
恥の意識　53
バソプレッシン（抗利尿ホルモン）　31, 34, 35
発生時間　61
発生場所　59
パラフィリア（性嗜好異常）　32, 190, 201
犯行テーマ　144
犯罪環境心理学　59
犯罪者プロファイリング　12, 196, 216
犯罪統計　137
犯罪被害給付制度　108
犯罪被害者等基本計画　107
犯罪被害者等基本法　107
犯罪被害者等給付金支給法　108
犯罪被害者等給付金の支給等に関する法律　107
犯罪被害者等早期援助団体　115
犯罪被害者等に関する情報の保護　113
犯罪被害者の権利宣言　115
犯罪被害者保護法　112
犯罪不安　209

● ひ
PE　121
PE治療　124
PTSD（外傷後ストレス障害）　3, 85, 91, 99, 116-118
被害者参加制度　113
被害者支援　105, 225
被害者支援車両　109
被害者ホットライン　111
被疑者　102
被告人　104
非接触型　144
非人間的性交　42, 46
被誘導　99

● ふ
不安　209
不安管理訓練　122
不安定な愛着　149
フェティシズム　201
復讐　101
服装　129
不法侵入　1

● へ
扁桃体　40

● ほ
芳香化　38
防犯環境設計　60, 221
防犯教育　209
暴力的ポルノグラフィー　64
保険統計式ツール　155, 156
保護処分　104
没個性化理論　63
ホットスポット　123

ホモヘテロ性欲尺度　77
ポルノグラフィー　64, 67, 223
本当のレイプ　16

●ま
マスターベーション条件付け　80

●み
未遂（率）　95
民事拘禁制度　161

●む
無秩序型　195, 196

●め
迷惑防止条例　1
メタ・アナリシス　162
メタ分析　64

●も
モントリオール宣言　19

●や
薬物による性的欲求の抑制　32

●ゆ
誘導による発見　172

●よ
抑止　160

●ら
乱婚性　28, 46

●り
リスク・アセスメント・ツール　156, 158
リスク認知　209
リスク要因　92
リュープロレリン　186
領域特異的な心　22

●る
ルーティン・アクティビティ　221

●れ
レイプ可能性　66
レイプ神話　42, 44, 45, 47, 67
レイプ神話受容尺度　67
レイプ・トラウマ症候群　85
連続犯　144

●ろ
露悪的傾向　49
濾過効果　14
露出症　83

●わ
割れ窓理論　59, 221

人名索引

● A
アビイ（Abbey, A.） 17
安香 宏 15
アレン（Allen, M.） 64
アンドリューズ（Andrews, D. A.） 159, 162
アラタ（Arata, C. M.） 91

● B
バートル（Bartol, A. M.） 14, 63
バートル（Bartol, C. R.） 14, 63
ベック（Beck, A. T.） 176
ボンタ（Bonta, J.） 159
ブレマー（Bremer, J.） 184
バージェス（Burgess, A. W.） 85, 145
バークハート（Burkhart, B. M.） 91
バート（Burt, M. R.） 47

● C
カンター（Canter, D. V.） 144, 196
曹 陽 15
クラーク（Clarke, R. V.） 204
コノリー（Connolly, M.） 150

● D
デイビス（Davis, M. H.） 43
デイビス（Davis, M. R.） 159
ダイアモンド（Diamond, M.） 65
デュースイッツ（Dussich, P. J.） 93

● E
エリオット（Elliot, I. A.） 144
エリス（Ellis, A.） 176
エリス（Ellis, L.） 42

● F
フェデロフ（Federoff, J. P.） 187
フィグリー（Figley, C. R.） 131
フィンケラー（Finkelhor, D.） 46
フォア（Foa, E. B.） 117, 122
フレンチ（French, G. F.） 183

藤岡淳子 42

● G
儀間義一 65
グリーンベルグ（Greenberg, D. M.） 189
グロス（Groth, A.） 145
グロウブ（Grove, W. M.） 158

● H
羽生和紀 59
橋本牧子 161, 164
ヘイゼルウッド（Hazelwood, R. R.） 145
ヘイム（Heim, N.） 184
ヘンブリー（Hembree, E. A.） 122
ヘリテイジ（Heritage, R.） 144
ヒル（Hill, A.） 189, 190
平 伸二 214
ホルムストローム（Holmstrom, L. L.） 85
ハーシュ（Hursch, C. K.） 184

● I
池田景子 193, 230
池田 稔 193, 230
池原朝美 209
井上和臣 122
石川義之 96
岩崎直子 127

● J
ジェフェリー（Jeffery, C. R.） 204

● K
角山 剛 15, 72
ケーニン（Kanin, E. J.） 100
金 吉晴 122
キンゼイ（Kinsey, A.） 6
桐生正幸 135, 209, 214
小西清美 91
小西吉呂 16, 91
小西聖子 91, 98

264

人名索引

クラーエ（Krahé, B.） 70, 92
熊本悦明 148

● L
ラルミエール（Lalumiére, M. L.） 25, 143
ラニング（Lanning, K. V.） 143
リプシー（Lipsey, M.） 162
ロングドン（Longdon, C.） 146

● M
マラムス（Malamuth, N. M.） 26, 28, 30, 42, 44, 46, 54
マーシャル（Marshall, W. L.） 149
マーチンソン（Martinson, R.） 162
マイケンバウム（Meichenbaum, D.） 176
メイヤー（Meyer, W. J.） 188
宮地尚子 127
モイヤー（Moyer, K. E.） 36

● N
中村攻 209
中里見博 213
名執雅子 164

● O
越智啓太 15, 54, 99
オグロフ（Ogloff, J. R. O.） 159
大渕憲一 15, 42, 44, 46
岡田和也 86
岡本拡子 135, 209
小野寺理江 209
オートマン（Ortmann, J.） 184

● P
ポラード（Pollard, P.） 66

● Q
キンゼイ（Quinsey, V. L.） 143

● R
レスラー（Ressler, R. K.） 81, 194
ロスモ（Rossmo, D. K.） 197
ロスバウム（Rothbaum, B. O.） 117, 122

● S
坂本真士 15
坂野雄二 117
瀬川晃 64
シャープ（Sharp, H. C.） 183
篠原清夫 93
スモールボーン（Smallbone, S.） 149
スートヒル（Soothill, K.） 151, 152
スタラップ（Sturup, G. K.） 184
杉田聡 212
鈴木美香子 164

● T
田口真二 48, 49, 214
高村茂 81
多久島晶子 164
田村雅幸 13
田中堅一郎 15
ソーンヒル（Thornhill, R.） 23, 24
高木修 15
徳山孝之 81
泊真児 15, 48
トリヴァース（Trivers, R. L.） 23
津富宏 87, 91

● U
内山絢子 65, 91, 93
内山喜久雄 117

● V
バンディバー（Vandiver, D. M.） 147
ベガ（Vega, V.） 44, 54
ヴィガレロ（Vigarello, G.） 85

● W
ウォーカー（Walker, J. T.） 147
ワード（Ward, T.） 159
渡邉和美 15, 148, 151
ウーロンズ（Woollons, R.） 150

● Y
山上皓 15, 113, 148
山岡一信 12
横矢真理 209
湯川進太郎 15, 48

編者紹介

田口真二（たぐち　しんじ）
1956年　熊本県に生まれる
1980年　熊本大学教育学部心理学専修卒業
現　在　熊本県警察本部刑事部科学捜査研究所管理官
主著・論文
　プロファイリングとは何か（共著）　立花書房　2000年
　犯罪に挑む心理学（共著）　北大路書房　2002年
　犯罪心理学－行動科学のアプローチ－（編訳）　北大路書房　2006年
　男性用性的欲求尺度（SDS-M）の作成と信頼性・妥当性の検討　犯罪心理学研究，45, 1-13. 2007年

平　伸二（ひら　しんじ）
1959年　広島県に生まれる
1986年　広島修道大学大学院人文科学研究科博士課程単位取得退学
現　在　福山大学人間文化学部教授・博士（心理学）
主著・論文
　心理的時間（共編著）　北大路書房　1996年
　表出行動とウソ発見の心理学　多賀出版　1998年
　ウソ発見（共編著）　北大路書房　2000年
　犯罪心理学（共著）　朝倉書店　2005年
　脳機能研究による concealed information test の動向　生理心理学と精神生理学，27, 57-70. 2009年
　Tonic arousal during field polygraph tests in guilty vs. innocent suspects in Japan.（共著）Applied Psychophysiology and Biofeedback, 34, 173-176. 2009年

池田　稔（いけだ　みのる）
1957年　熊本県に生まれる
1984年　福岡大学医学部卒業
現　在　医療法人　榮邦会　池田クリニック院長（1995年より）・医学博士
主著・論文
　私の体は神様がイタズラで造ったの？　悠飛社　2001年
　性同一性障害について　健康教室　第637集　66-70, 2003年
　射精に関するエトセトラ　Sexuality　NO.23　56-61, 2005年

桐生正幸（きりう　まさゆき）
1960年　山形県に生まれる
1984年　文教大学人間科学部人間科学科心理学専修退学
　　　　（学位授与機構より文学士（文学）授与）
現　在　関西国際大学人間科学部教授・博士（学術）　防犯・防災研究所長
主著・論文
　ウソ発見（共編著）　北大路書房　2000年
　犯罪捜査場面における虚偽検出検査の研究　北大路書房　2005年
　幼い子どもを犯罪から守る（共編著）　北大路書房　2006年
　嘘とだましの心理学（共著）　有斐閣　2006年
　犯罪者プロファイリング入門（共編著）　北大路書房　2006年

執筆者一覧（執筆順）

平　伸二　　　福山大学人間文化学部　教授
　　　　　　　序章，第5章第2節，トピックス9・16

桐生　正幸　　関西国際大学人間科学部　教授
　　　　　　　序章，第5章第1節・第2節，トピックス13・15・19

田口　真二　　熊本県警察本部刑事部科学捜査研究所　管理官
　　　　　　　序章，第1章，第2章第2節・第3節，第3章第1節，第5章第2節，
　　　　　　　トピックス5・6・8

坂口　菊恵　　東京大学教養学部附属教養教育高度化機構　特任講師
　　　　　　　第2章第1節，トピックス3

荘島宏二郎　　大学入試センター研究開発部　准教授
　　　　　　　第2章第2節

伊藤可奈子　　広島県警察本部警務部警察安全相談課被害者支援室　主任
　　　　　　　第3章第2節，トピックス11

佐藤　健二　　徳島大学大学院ソシオ・アーツ・アンド・サイエンス研究部　教授
　　　　　　　第3章第3節

渡邉　和美　　科学警察研究所犯罪行動科学部捜査支援研究室　室長
　　　　　　　第4章第1節，トピックス14・20

朝比奈牧子　　府中刑務所教育部　調査専門官
　　　　　　　第4章第2節

嶋田　洋徳　　早稲田大学人間科学学術院　教授
　　　　　　　第4章第3節

池田　稔　　　医療法人 榮邦会 池田クリニック　院長
　　　　　　　第4章第4節，トピックス2・18

古満　伊里　　東亜大学人間科学部　教授
　　　　　　　トピックス1

曹　陽　　　　中国科学院心理研究所　研究員
　　　　　　　トピックス4・10

高村　茂　　　徳島県警察本部刑事部科学捜査研究所　専門研究員
　　　　　　　トピックス7

池田　景子　　医療法人 榮邦会 池田クリニック　副院長
　　　　　　　トピックス12

岡田　隆介　　広島市子ども療育センター　心療部長
　　　　　　　トピックス17

性犯罪の行動科学
―発生と再発の抑止に向けた学際的アプローチ―

2010年9月20日　初版第1刷発行
2012年6月20日　初版第2刷発行

定価はカバーに表示
してあります。

編著者　田　口　真　二
　　　　平　　　伸　二
　　　　池　田　　　稔
　　　　桐　生　正　幸

発　行　所　㈱北大路書房

〒603-8303　京都市北区紫野十二坊町12-8
　　　　　　電　話　(075) 4 3 1 - 0 3 6 1代
　　　　　　F A X　(075) 4 3 1 - 9 3 9 3
　　　　　　振　替　01050-4-2083

Ⓒ2010　　　　　　　　　　印刷・製本／シナノ書籍印刷㈱
検印省略　落丁・乱丁本はお取り替えいたします。
　　　　　ISBN978-4-7628-2727-3　　Printed in Japan